Motivando crianças com dificuldades de aprendizagem específicas

Dados Internacionais de Catalogação na Publicação (CIP)
(Câmara Brasileira do Livro, SP, Brasil)

Elbeheri, Gad
  Motivando crianças com dificuldades de aprendizagem específicas : um guia prático para professores / Gad Elbeheri, Gavin Reid, John Everatt ; tradução Leonardo A.R.T. dos Santos. – 1. ed. – Petrópolis, RJ : Editora Vozes, 2021.

  Título original: Motivating Children with Specific Learning Difficulties – A Teacher's Practical Guide
  Bibliografia.
  ISBN 978-65-5713-014-8

  1. Aprendizagem – Metodologia 2. Educação infantil 3. Escrita (Educação infantil) 4. Leitura (Educação infantil) 5. Motivação (Psicologia) em crianças 6. Pedagogia I. Reid, Gavin. II. Everatt, John.

20-53528   CDD-370

Índices para catálogo sistemático:
1. Pedagogia : Educação 370

Aline Graziele Benitez – Bibliotecária – CRB-1/3129

GAD ELBEHERI
GAVIN REID
JOHN EVERATT

Motivando crianças com dificuldades de aprendizagem específicas

UM GUIA PRÁTICO PARA PROFESSORES

Tradução de Leonardo A.R.T. dos Santos

EDITORA VOZES

Petrópolis

© 2018, Gad Elbeheri, Gavin Reid and John Everatt
Tradução autorizada a partir da edição em língua inglesa publicada pela Routledge, membro do Grupo Taylor & Francis.

Tradução realizada a partir do original em inglês intitulado *Motivating Children with Specific Learning Difficulties – A Teacher's Practical Guide*

Direitos de publicação em língua portuguesa – Brasil:
2021, Editora Vozes Ltda.
Rua Frei Luís, 100
25689-900 Petrópolis, RJ
www.vozes.com.br
Brasil

Todos os direitos reservados. Nenhuma parte desta obra poderá ser reproduzida ou transmitida por qualquer forma e/ou quaisquer meios (eletrônico ou mecânico, incluindo fotocópia e gravação) ou arquivada em qualquer sistema ou banco de dados sem permissão escrita da editora.

CONSELHO EDITORIAL

Diretor
Gilberto Gonçalves Garcia

Editores
Aline dos Santos Carneiro
Edrian Josué Pasini
Marilac Loraine Oleniki
Welder Lancieri Marchini

Conselheiros
Francisco Morás
Ludovico Garmus
Teobaldo Heidemann
Volney J. Berkenbrock

Secretário executivo
João Batista Kreuch

Editoração: Fernando Sergio Olivetti da Rocha
Diagramação: Sheilandre Desenv. Gráfico
Revisão gráfica: Alessandra Karl
Capa: Renan Rivero

ISBN 978-65-5713-014-8 (Brasil)
ISBN 978-1-138-67824-8 (Reino Unido)

Editado conforme o novo acordo ortográfico.

Este livro foi composto e impresso pela Editora Vozes Ltda.

Sumário

Figuras, 7

Tabelas, 9

1 Dificuldades específicas no contexto de aprendizagem (DAEs) – Pesquisa para praticar, 11

2 O processo de motivação, 38

3 Teorias da motivação, 49

4 Fatores de motivação, 63

5 Motivando estudantes com dificuldades na leitura, 76

6 Motivando estudantes com dificuldades na escrita, 88

7 Motivando estudantes com dificuldades em matemática, 101

8 Motivando estudantes com dificuldades de coordenação motora, 113

9 Motivando estudantes com dificuldades de atenção, emocionais e comportamentais, 120

10 Motivação e autoconceito, 131

11 Motivação e o papel da tecnologia assistiva, 145

12 Motivação e papel da escola e da família, 151

13 Conclusões e reflexões, 158

Referências, 171

Índice analítico, 207

Figuras

2.1 Processo de motivação, 41
2.2 Matriz de orientação intrínseca e extrínseca ao objetivo, 43
3.1 Hierarquia de necessidades de Maslow, 51
3.2 Explicação do mapeamento entre os níveis de necessidade de Maslow e de Alderfer, 53
4.1 Zona de desenvolvimento proximal de Vygotsky, 71
13.1 Uma estrutura em torno da motivação, 160

Tabelas

2.1 Tipos de motivação extrínseca, 44

2.2 Fontes de necessidades motivacionais, 48

3.1 Características dos indivíduos de acordo com a teoria da motivação de McClelland, 54

3.2 Categorias de atenção, relevância, confiança e satisfação de Keller, 56

4.1 Dimensões da motivação, 74

4.2 Ações a serem tomadas dentro da sala de aula para aumentar a motivação, 75

6.1 Exemplos de vocabulário específico por disciplina, 90

7.1 Diferentes métodos de anotação, 111

8.1 Estratégias de intervenção e motivação, 116

8.2 Estratégias de motivação baseadas nas características de MacIntyre, 118

Tabelas

1
Dificuldades específicas no contexto de aprendizagem (DAEs)
Pesquisa para praticar

Educação e motivação

Embora os esforços atuais para melhorar a qualidade da educação internacionalmente tenham focado na preparação dos professores, no desenvolvimento curricular, nos padrões de qualidade e nas melhores ferramentas de avaliação, pouca atenção foi dedicada ao problema da motivação dos próprios estudantes ao aprendizado. Embora ter melhores gestores escolares, professores preparados e bem-qualificados, bem como ferramentas avançadas de avaliação e monitoramento do progresso, melhorem a qualidade dos serviços educacionais, o aprendizado não ocorrerá se os estudantes não estiverem motivados a aprender. Estudantes com dificuldades específicas de aprendizado não são exceção. Em muitos casos, pensa-se que os estudantes com dificuldades de aprendizagem específicas não têm motivação para aprender devido à sua dificuldade de aprendizagem específica: qualquer motivação que eles possam ter é prejudicada por seus desafios de aprendizagem. Se esses estudantes não estiverem motivados a aprender, os ganhos obtidos serão muito difíceis, se não impossíveis.

Por outro lado, uma maior motivação para aprender sempre esteve ligada a melhor desempenho acadêmico, maior entendimento conceitual, maior satisfação com a escola e melhores sentimentos de autoestima e ajuste social (GOTTFRIED, 2009; RYAN & DECI, 2000a). Usher e Kober (2012) compilaram uma excelente revisão de literatura sobre o tema da motivação e sugeriram que seja menos discutido por ser um assunto tão amorfo e difícil. De acordo com um relatório do Conselho Nacional de Pesquisa nos Estados Unidos (2004), mais de 40% dos estudantes do ensino médio estão desengajados da aprendizagem. O mesmo relatório também notou que a motivação e o envolvimento na escola diminuem constantemente à medida que os estudantes progridem do ensino fundamental para o ensino médio. Bridgeland e seus colegas (BRIDGELAND; DILULIO & MORISON, 2006) realizaram uma pesquisa para descobrir por que os estudantes abandonam o ensino médio e descobriram que 70% daqueles que abandonaram o ensino médio relataram desmotivação como o principal motivo. Embora quase todos os estudantes reconheçam que o aprendizado é importante, alguns simplesmente não são motivados por trabalhos acadêmicos ou pelo amor ao aprendizado. Talvez para esses estudantes, se o aprendizado for reestruturado como um meio para atingir determinados objetivos, eles consigam perceber melhor o valor de aprender.

A importância da motivação como resultado educacional decorre de sua forte relação com a conquista e o desempenho em vários domínios. Incentivar a motivação entre as crianças é fundamental porque antecipa a motivação que será necessária mais tarde na vida (BROUSSARD & GARRISON, 2004). Gottfried (1990) descobriu que a motivação acadêmica intrínseca aos 7 e 8 anos prevê a motivação subsequente, mesmo depois de controlar o QI, o desempenho e a condição socioeconômica.

Este capítulo se concentra na pesquisa sobre variações e aprimoramentos da motivação em contextos educacionais e os fatores associados à motivação nesses contextos. Tal pesquisa informou tanto a prática educacional quanto a teoria relacionada aos estudantes em geral; no entanto, o objetivo específico deste capítulo é a consideração de crianças que pelejam no aprendizado. A ênfase não está em um único tipo de dificuldade de aprendizagem (que será abordada nos outros capítulos deste livro), mas em pesquisas (e teorias) que possam informar práticas direcionadas a qualquer criança que possa ter dificuldades com a aprendizagem e, portanto, mostrar evidências de desmotivação ou desinteresse da aprendizagem. Portanto, a discussão teórica será geral em qualquer área de aprendizagem. No entanto, descrições mais detalhadas de pesquisa e prática se concentrarão no trabalho direcionado à leitura e à escrita (letramento nos propósitos atuais).

A razão de se concentrar nas dificuldades de literacia é que a aquisição de leitura e escrita tem sido objeto de pesquisa educacional por muitas décadas e pode ser considerada mais estudada do que a maioria das outras áreas da educação. Além disso, a capacidade de ler e escrever ainda é fundamental para o sucesso na maioria das áreas do currículo escolar, o que significa que problemas na leitura e na escrita podem levar a um aprendizado ruim em muitas outras áreas da educação. Experiências educacionais negativas relacionadas às dificuldades em aprender a ler e escrever podem ser generalizadas, e essas experiências podem colocar as crianças em maior risco de baixo desenvolvimento psicossocial, além do baixo desempenho acadêmico (ELBEHERI; EVERATT & AL-MALKI, 2009; EVERATT & REID, 2010; FORREST-BANK & JENSON, 2015; HALLAHAN & KAUFFMAN, 1997; MARGALIT, 2003; OFIESH & MATHER, 2012; SORENSEN et al., 2003): de fato, os institutos nacionais de saúde nos Estados Unidos propuseram a visão de que as dificuldades de leitura (e aprendizado relacionado) são um grande desafio para a saúde pública e o bem-estar social. Da mesma forma, uma compreensão das respostas psicossociais negativas à baixa literacia pode ser fornecida por argumentos teóricos relacionados à literacia e inteligência emocional. As ideias relacionadas à inteligência emocional podem apoiar a compreensão dos processos emocionais associados aos problemas de leitura e como eles podem ser influenciados pelo ambiente escolar e pelas intervenções direcionadas à melhoria da aprendizagem (cf., p. ex., PELLITTERI; DEALY; FASANO & KUGLER, 2006).

Pesquisando a motivação

Em termos de pesquisa (e teorias derivadas dessa pesquisa), a motivação pode ser considerada o estudo de por que os indivíduos executam as tarefas de determinada maneira. Essa pesquisa (cf. discussões em GRAHAM & WEINER, 2012) geralmente considera quais fatores levam alguém a começar a executar uma tarefa (Por que um comportamento é iniciado?), o que leva um indivíduo a continuar executando uma tarefa (O que sustenta e/ou direciona um comportamento?) e empenhar-se nela (a intensidade ou a duração de um comportamento) e o que leva à interrupção do desempenho da tarefa (Por que um comportamento é encerrado?). A motivação também implica pensar em uma atividade (cognição) e os sentimentos relacionados ao seu desempenho (emoção). Estes são frequentemente associados a conceitos de autoeficácia e autoestima (i. e., autoconceito), bem como planejamento e avaliação (aspectos associados à metacognição). Nos campos educacionais, a motivação é tipicamente estudada em termos de consecução de objetivos e, muitas vezes, está relacionada a desempenho ou aprendizagem. No entanto, a motivação não pode ser equiparada simplesmente a desempenho ou aprendizado. Conseguir algo não significa necessariamente que você foi motivado – ou que teve níveis mais altos de motivação do que em situações em que algo não foi alcançado. Além disso, embora alcançar metas ou aprender algo possa influenciar na motivação, isso geralmente se baseia no contexto. Não conseguir atingir um objetivo pode desmotivar em alguns contextos, enquanto, em outros, pode levar a um maior esforço (ou motivação) para alcançar o resultado desejado. Da mesma forma, obter sucesso na aprendizagem pode aumentar a motivação para aprender mais, mas também pode levar ao fim do desempenho da tarefa (e a uma redução na motivação associada ao desempenho da tarefa), uma vez que um objetivo foi alcançado. Portanto, existe uma relação complexa entre aprendizado e motivação que precisa ser considerada ao criar modelos educacionais de motivação – e, às vezes, ao considerar a motivação dentro de um contexto específico de aprendizagem.

Quando a pesquisa procura investigar por que alguém faz algo, isso geralmente é medido diretamente, perguntando ao indivíduo. Portanto, a mensuração da motivação geralmente se concentra em questionários (às vezes entrevistas) para obter opiniões sobre uma tarefa. No entanto, mensurações comportamentais alternativas também são usadas para avaliar o envolvimento contínuo em uma tarefa, o que pode ser visto como pelo menos um indicador de motivação para executar/concluir uma tarefa. Ambos os tipos de mensurações podem levar a conclusões sobre a motivação, embora nenhuma delas necessariamente explique completamente a motivação de uma pessoa. Uma mensuração de engajamento que poderia ser usada para avaliar o interesse contínuo no trabalho escolar em geral é o Student Engagement Instrument [Instrumento de Engajamento do Estudante] (cf. BETTS et al., 2010); no entanto, consulte-se também a Student School Engagement Measure [Medida de engajamento estudantil na escola (HAZEL et al., 2014) para obter uma mensuração semelhante de engajamento. Em termos de questionários, o Inventory of School Motivation [literalmente, Inventário de Motivação Escolar] tem sido usado em vários contextos ao redor do mundo (McINERNEY & ALI, 2006; NASSER, 2014). O Motivation for Reading Questionnaire [Questionário de Motivação para Leitura] (WIGFIELD & GUTHRIE, 1995) também tem sido utilizado em uma variedade de estudos de pesquisa, incluindo aqueles que observam mudanças na motivação após intervenções direcionadas à literacia (p. ex., DAKI & SAVAGE, 2010). Outras ferramentas, tipicamente baseadas em questionários, podem ser usadas para avaliar a motivação, o engajamento e o desamparo (para uma discussão de exemplos, cf. DE CASTELLA; BYRNE & COVINGTON, 2013). Na educação, a motivação está fortemente ligada à execução de tarefas; portanto, para o professor, tarefas bem-organizadas e a avaliação da aprendizagem podem ser a maneira lógica de determinar a disposição da criança de se envolver e concluir a atividade. Novamente, porém, como discutido acima, essa conclusão da tarefa também não precisa fornecer uma imagem completa da motivação do estudante. Portanto, uma série de medidas pode ser melhor para fornecer uma imagem mais ampla da motivação – ou a medição escolhida precisa ser apropriada para a pergunta de pesquisa.

Uma breve olhada na história das teorias da motivação ajudará a entender alguns dos conceitos relacionados à motivação. Algumas das teorias mais antigas desse campo argumentavam que a motivação estava associada a necessidades - geralmente a necessidades com base biológica. A teoria da hierarquia de necessidades de Maslow (1943) é a mais frequentemente citada; embora existam perspectivas mais modernas que relacionam as necessidades e a intensidade do desempenho da tarefa (cf., p. ex., KENRICK et al., 2010). Um enfoque histórico alternativo (embora relacionado) da motivação veio do estudo das pulsões, conforme especificado em teorias como as de Hull (1943) e Spence (1958). A mistura de ideias relacionadas a desempenho, necessidades e impulsos provavelmente é mais bem exemplificada pelas teorias iniciais da motivação sobre o valor da expectativa (como ATKINSON, 1957). Aqui, uma tendência para executar uma tarefa é baseada em uma combinação de (i) um motivo de desempenho, que geralmente é visto como um traço de personalidade ou necessidade/impulso relativamente estável, (ii) a probabilidade de conclusão bem-sucedida da tarefa, que pode estar associada à dificuldade percebida da tarefa e (iii) ao valor do sucesso, que normalmente é visto como um estado emocional, particularmente em termos de orgulho de realização. Tais pontos de vista teóricos levaram a motivação a ser associada a aspectos de personalidade e emoção, bem como a questões relacionadas à aprendizagem e autoavaliação. Portanto, este livro cobrirá uma variedade de áreas (cognitivas, de aprendizado, comportamentais, de personalidade, de emoções etc.) consideradas impactantes na motivação, além de discutir alguns dos principais conceitos teóricos derivados dessas áreas e as implicações para a prática educacional em diferentes grupos e contextos.

Versões mais modernas de teorias de expectância-valor têm tido uma influência particular nas pesquisas educacionais atuais ligadas à motivação (p. ex., DURIK; VIDA & ECCLES, 2006; WIGFIELD; TONKS & KLAUDA, 2009). Esses pontos de vista enfatizam as construções internas, de modo que as expectâncias estão mais relacionadas à autoeficácia ou às visões pessoais sobre competência; bem como uma variedade de valores específicos da tarefa, como a importância de fazer bem (valor de realização, que parece mais consistente com as visões originais do orgulho), o prazer derivado do desempenho de uma tarefa (geralmente vista como valor intrínseco), a relação de uma tarefa com objetivos futuros (valor da utilidade) e os custos associados à realização de uma tarefa. O nível percebido de competência ou autoeficácia de um indivíduo é talvez o conceito mais importante para nossa consideração - embora valores específicos de tarefas possam complicar as coisas e serão considerados quando analisarmos diferentes tarefas de aprendizagem (como matemática, leitura e escrita), inclusive como parte das questões práticas abordadas no restante do livro. A competência/autoeficácia demonstrou ser um fator importante em uma série de estudos em ambientes educacionais (cf., p. ex., PAJARES; JOHNSON & USHER, 2007; PINTRICH & DEGROOT, 1990; SCHUNK & PAJARES, 2009). A autoeficácia também se mostrou positivamente relacionada ao desempenho acadêmico (SCHUNK & PAJARES, 2009). Portanto, apesar de alguns dos possíveis problemas teóricos com a separação de interpretações de expectativa *versus* autoeficácia (cf. Williams, 2010), existem importantes aplicações práticas desses conceitos, principalmente para crianças que estão com dificuldade para aprender uma habilidade fundamental (ou uma variedade de habilidades) vital para a obtenção da educação (ou seja, aquelas que têm dificuldade com a leitura e a escrita). Crianças (e adultos) que esperam ser bem-sucedidas (i.e., mostram evidências de autoeficácia), em média, tendem a se sair melhor do que aquelas que têm baixas expectativas em relação ao sucesso. Verificou-se que aquelas com níveis mais altos de autoeficácia exercem mais esforço durante o desempenho da tarefa, são resistentes a problemas que podem atrapalhar a conclusão e escolhem tarefas mais desafiadoras – muitos desses recursos são associados à motivação. Portanto, parte da tarefa de evitar impactos negativos na motivação pode ser a construção de níveis adequados de autoeficácia, o que sugere que o indivíduo deve ter, pelo menos, algum nível de expectativa de sucesso.

O oposto do que se disse acima pode ser igualmente complexo. Em pelo menos alguns casos, a criança que está falhando em atingir os níveis esperados de desempenho mostrará evidências de baixa escolaridade que pode estar relacionada a afeto fraco, baixo autoconceito, perda de controle e sentimentos de desamparo associados a baixos níveis de motivação; e cada uma dessas consequências negativas pode, por sua vez, influenciar negativamente ainda mais o desempenho. Essa espiral de consequências negativas pode precisar ser superada em muitas crianças com dificuldades de aprendizagem para aumentar a chance de obter melhores resultados educacionais, tanto em contextos típicos de ensino quanto na implementação de intervenções de aprendizado. Se uma criança pode superar suas dificuldades de aprendizagem no início da escola, isso deve aumentar a confiança e permitir que ela lide melhor com as pressões mais tarde na vida. Além disso, a resiliência pode manter a motivação, mesmo em contextos onde o aprendizado é desafiador, principalmente quando acompanhado por níveis razoáveis de autoeficácia que se desenvolveram por meio do sucesso. Por outro lado, uma criança que não teve a experiência de superar desafios relacionados à sua deficiência pode mostrar afeto negativo (aumento de estresse ou ansiedade), o que pode minar a motivação e a autoeficácia e levar a níveis mais baixos de realização.

Evidentemente, o impacto das expectativas não precisa ser específico para aqueles com dificuldades de aprendizagem. Percepções da importância do desempenho escolar, mesmo para aqueles que alcançam níveis razoáveis, podem impactar a relação entre desempenho acadêmico e afeto negativo (cf. HETTINGER, 1982). Estudantes relativamente bem-sucedidos podem não estar cientes de seu próprio sucesso, particularmente no ambiente relativamente competitivo da educação (e da sociedade) moderna. A necessidade de ter "mais" sucesso pode colocar enormes pressões sobre qualquer estudante. Portanto, expectativas, autoeficácia e motivação estão inter-relacionadas: o que o estudante já alcançou precisa estar vinculado à aprendizagem atual e futura, apropriada para desenvolver ainda mais a motivação. Essas perspectivas defendem métodos de ensino que apoiam o desenvolvimento de novas habilidades com base nos fundamentos adquiridos anteriormente, bem como a obtenção gradual de habilidades adicionais (essas ideias serão abordadas nos capítulos seguintes). Tais métodos de ensino e aprendizagem pareceriam mais propensos a desenvolver autoeficácia (aprendizado baseado na experiência de realização, bem como nas expectativas de realização), bem como nas atribuições mais associadas à autoeficácia e motivação resilientes.

Aprendizado e motivação

Aprender algo novo tem o potencial de ser emocionante e gratificante. No entanto, como dito acima, também existem aspectos específicos da tarefa para a motivação e os fatores (internos e externos) que influenciam a motivação, o que significa que a tarefa a ser aprendida é uma consideração importante. Embora qualquer tarefa possa ser motivadora ou desmotivadora, o que a motiva ou desmotiva dependerá de uma série de diferenças entre os indivíduos, como também do contexto em que tarefa se situa. (Muitas dessas questões internas e externas serão abordadas nos capítulos seguintes, mas o presente capítulo apresenta alguns desses conceitos.) Sendo assim, a motivação é um aspecto do aprendizado em qualquer sala de aula e em todos os âmbitos do currículo. No entanto, existe a percepção de que algumas tarefas (e algumas áreas curriculares) podem ter mais probabilidade de instigar interesse e prazer, sendo, portanto, motivadoras. Para muitas crianças, o esporte ou a educação física tem sido considerados como áreas de diversão e, portanto, de motivação. Contudo, pode ser que isso não valha para todas – algumas podem considerar a educação física em seu horário de aulas com sentimentos de pavor: esse pode ser particularmente o caso daqueles com dispraxia (cf. cap. 8). Para outros, a aula de matemática pode ser o momento em que tédio e desamparo são os principais sentimentos experimentados – e para aqueles com discalculia esses sentimentos negativos podem ser ainda mais extremos (cf. cap. 9). No entanto, outra criança pode ver na matemática o assunto que mais lhe interessa. Não apenas as diferenças individuais influenciarão essas percepções, mas a maneira como algo é ensinado pode ser importante: um bom professor pode frequentemente instilar interesse em quase qualquer matéria, desde que o contexto seja apropriado e os recursos, os certos. O objetivo deste livro é fornecer ideias sobre como fomentar a motivação em várias circunstâncias, principalmente quando diferenças individuais podem interferir no aprendizado, ou seja, quando aspectos relacionados a dificuldades de aprendizagem específicas precisam ser levados em consideração.

Para introduzir algumas das ideias que serão abordadas no restante do livro, este capítulo se concentra na tarefa de aprender a ler e pesquisar, que forneceu uma base para uma compreensão de como a leitura é adquirida (embora ideias mais detalhadas para a motivação de suporte à leitura possam ser encontradas no cap. 5). Como discutido acima, a leitura e a escrita podem ser fundamentais para o aprendizado dentro e fora da escola. A leitura fornece uma base sobre a qual desenvolver o conhecimento independentemente do professor – e a escrita é frequentemente o meio pelo qual o indivíduo registra novas informações e conclui tarefas. Portanto, problemas com a leitura e a escrita muitas vezes formaram uma base sobre a qual considerar e pesquisar problemas de aprendizagem. Uma atitude desmotivadora em relação à leitura, ou um contexto em que a leitura é entendida como entediante, pode ter um grande impacto no desempenho escolar em várias áreas. Por outro lado, o interesse pela leitura pode fazer parte da motivação para aprender um novo assunto. Portanto, discutiremos algumas das ideias gerais relacionadas ao aprendizado e ensino da leitura abaixo. Isso deve fornecer um contexto no qual considerar algumas das questões abordadas nos capítulos subsequentes, bem como uma apreciação de como a motivação pode interagir com a aprendizagem.

Se focarmos nos dados de pesquisas destinadas a auxiliar o desenvolvimento das habilidades de leitura (e, por associação, também de escrita) ou em pesquisas de intervenção direcionadas àqueles que lutam para aprender a ler, a principal implicação que emerge desse trabalho é que procedimentos que em primeiro lugar reduzem a probabilidade do surgimento de problemas de aprendizagem e a disponibilidade de intervenções apropriadas quando surgem problemas são aspectos vitais de estratégias eficazes para lidar com dificuldades específicas de aprendizado. Um tema comum em grande parte das pesquisas sobre crianças com dificuldades na literacia é que, para aquelas com dificuldade na aquisição inicial, conversar com seus colegas se torna cada vez mais difícil ao longo do tempo. Isso se deve em parte à falta de prática a que podem levar as dificuldades iniciais. Se uma criança não gosta de algo ou acha difícil, não deve surpreender que não pratique essa habilidade. Portanto, os efeitos negativos das dificuldades de aprendizagem e as consequentes influências negativas sobre a motivação e o envolvimento na aprendizagem devem ser reduzidos por meio de métodos de ensino e ambientes de aprendizagem adequados desde o início do aprendizado. Professores bem-treinados (particularmente aqueles que atuam em contextos de aprendizagem precoce), equipados para lidar com uma diversidade de estudantes (incluindo aqueles com necessidades especiais) e instruídos em métodos de ensino atualizados, são a maneira mais eficaz de reduzir as consequências negativas das dificuldades/incapacidades de aprendizagem. Por exemplo, dar suporte à conscientização dos fonemas e ao treinamento com letras no som desde o início do aprendizado da leitura pode reduzir a incidência subsequente de problemas de aprendizado da literacia associados à dislexia (ELBRO & PETERSEN, 2004), e intervenções baseadas em temas como esse mostram bons resultados quando implementadas no início da aprendizagem da literacia (TORGESEN, 2005). Por outro lado, as mesmas intervenções postergadas até que o indivíduo fique mais velho geralmente mostram níveis mais baixos de sucesso ou exigem mais tempo para que sejam encontrados os mesmos níveis de melhoria que, em média, ocorrem com os estudantes mais jovens. Isso pode ocorrer porque (como sugerido acima) um estudante mais velho tem mais o que recuperar, devido à falta de aprendizado fornecida simplesmente pelo ato de ler. Igualmente, porém, as consequências de fracassar em uma habilidade educacional básica podem impactar negativamente o autoconceito e o engajamento, levando a uma espiral descendente de aprendizado deficiente, à falta de motivação para aprender, o que leva a mais problemas com o aprendizado (cf. discussões adicionais sobre esse ponto no cap. 10). Manter a motivação, portanto, é um componente essencial na prevenção das consequências das dificuldades de aprendizagem.

Resultados positivos na aprendizagem precoce também são vitais, uma vez que as atitudes em relação à leitura geralmente se desenvolvem muito cedo (cf. ANDERSON & MEIER-HEDDE, 2011; CHAPMAN; TUNMER & PROCHNOW, 2000). Tais atitudes podem se desenvolver graças ao ambiente doméstico ou a algum contexto da educação infantil (*kindergarten* [literalmente, jardim da infância]), ou no primeiro ou no segundo ano do ensino fundamental. Portanto, esses contextos de aprendizado precoce devem ser motivadores, a fim de desenvolver uma atitude positiva em relação à leitura – o que deve levar à prática autoiniciada. Questões relacionadas à motivação e envolvimento dos pais serão abordadas mais detalhadamente no capítulo 12, mas nesse contexto há muitas evidências de que o ambiente doméstico pode influenciar bastante os comportamentos de leitura. De fato, Pressley (2002) afirma que "a boa instrução de leitura começa em casa" (p. 179) e, de acordo com essa perspectiva, o envolvimento dos pais tem sido associado a um melhor desempenho acadêmico, a notas mais altas nas avaliações, à frequência regular e a um melhor comportamento (DESFORGES & ABOUCHAAR, 2003). Em algumas análises, as variações no envolvimento dos pais tiveram mais impactos importantes no desempenho dos estudantes do que variações em fatores qualitativos da escola. No entanto, Sénéchal (2006) discute uma série de estudos com foco no efeito do envolvimento dos pais no desenvolvimento da literacia das crianças e conclui que eles podem se tornar mais eficazes se receberem apoio e orientação do professor de seus filhos. Apesar das evidências dos benefícios e da reconhecida importância do envolvimento dos pais nas escolas e organizações educacionais, ainda existem muitas barreiras que podem impedir o estabelecimento de relações entre a escola e a casa que levem ao envolvimento efetivo dos pais (cf. tb. HORNBY & LAFAELE, 2011). Interações melhores entre escola e casa podem, portanto, ser um fator potencial que reduz a probabilidade de problemas graves de leitura. Bons relacionamentos entre escolas e lares, bem como reforço e *feedback* consistentes e adequados de professores e pais, também têm o potencial de motivar o novo estudante. Uma leitura dos pais com um jovem aprendiz pode ser altamente motivadora – e se o que eles estão lendo se relaciona com o que está acontecendo na escola, a motivação deve continuar entre os dois contextos. Como alternativa, um pai com uma perspectiva negativa sobre o que a escola está fazendo pode provocar os mesmos sentimentos em seu filho, o estudante, com as influências negativas acumuladas que atitudes ruins em relação à leitura podem acarretar.

    O aprendizado precoce da leitura será benéfico se alguns aspectos básicos da relação entre linguagem e literacia forem o foco do ensino. Isso foi demonstrado em vários contextos: confronte-se o trabalho de Lundberg, Olofsson e Wall (1980) com crianças pré-escolares suecas que mostraram que a consciência fonológica é um bom preditor de níveis posteriores de literacia com o estudo de Bradley e Bryant (1983) sobre a pré-escola inglesa aos 4 anos de idade, que incluíam treinamento em consciência fonológica relacionado a níveis mais elevados de leitura e ortografia (cf. discussões adicionais em GILLON, 2004; SNOWLING & HULME, 2007). Aqui, "consciência fonológica" se refere à capacidade de reconhecer sons básicos nas palavras: que duas palavras rimam (como "*dog*" e "*log*"), ou que outras duas palavras compartilham um som ou fonema básico comum (p. ex., "*hat*" e "*hill*") – às vezes chamado de reconhecimento de fonemas. Argumentou-se que esse vínculo entre sons da linguagem e leitura é a base para ensinar as crianças a emitir palavras (decodificar sequências de letras em sua forma de linguagem) e a razão para ensinar as crianças a reconhecerem sons nas palavras – para estarem cientes dos sons básicos em palavras. Essa aprendizagem do "código" (i. é, do elo entre letras e sons) pode ser a base da independência na aprendizagem: se a criança puder reconhecer uma nova palavra decodificando, estará livre para ler o texto sem que um leitor mais experiente diga como soa uma nova palavra – e essa independência deve ser motivadora nos contextos certos.

No entanto, os programas fonéticos tradicionais às vezes têm sido considerados mais focados no professor e relativamente rígidos na abordagem: alguns podem não reconhecer as diferenças que as crianças podem trazer para o aprendizado inicial em termos de habilidades e conhecimentos relacionados à leitura (principalmente se foram expostos ao ensino fonético antes de ingressarem na escola). De fato, um problema com alguns métodos de ensino concentrados puramente na decodificação foi a desconexão infeliz em alguns programas de leitura entre aprender a estratégia e derivar significado do texto. Isso pode levar a uma redução no prazer da leitura, que é uma parte importante de aquisição – como mencionado acima, o interesse levará a mais prática e, portanto, melhor aquisição. Embora esses programas possam ter se concentrado em uma parte importante da aquisição, essa falta de prazer pode ser uma barreira à motivação para ler, o que levará a baixos níveis de prática e prejudicará as próprias habilidades que o ensino da consciência e decodificação fonológica deve auxiliar. Um programa rígido, repetitivo e potencialmente chato pode ser tanto um problema para o engajamento quanto uma dificuldade de aprendizagem.

Embora exista uma tendência compreensível de ensinar a reconhecer sons em palavras separadamente da leitura de um texto conectado, principalmente quando se trabalha com leitores com dificuldades, vincular os dois é um componente importante do suporte à aquisição de leitura para todos os estudantes. Tal separação geralmente surge como uma tentativa de focalizar as deficiências fonológicas que foram discutidas como causadoras dos problemas de leitura associados à dislexia (cf. SNOWLING, 2000). Contudo, a pesquisa mostrou consistentemente efeitos mais fortes na leitura quando o treinamento da consciência fonológica é combinado com o conhecimento do som da letra, contrastando quando os sons nas palavras são ensinados isoladamente (cf. HATCHER; HULME & ELLIS, 1994). Da mesma forma, a evidência de que o desempenho na leitura está altamente relacionado à capacidade de traduzir letras e grupos de letras em sua forma fonológica correspondente (cf. discussões em EHRI, 2005; GILLON, 2004; SNOW & JUEL, 2005; SNOWLING,

2000; TUNMER & NICHOLSON, 2011) é um argumento contrário a se ensinar as crianças a decodificarem, dando primazia a pistas semânticas e sintático-contextuais sobre pistas grafêmico-fonêmicas, como em alguns métodos mais focados na abordagem *whole-language* [método global] (cf. PRESSLEY, 2006). A necessidade de usar pistas contextuais para embasar a decodificação de palavras pode ser mais representativa das estratégias usadas por aqueles com problemas de leitura (NATION & SNOWLING, 1998) – um ponto ao qual retornaremos mais adiante nesta subseção – e ensinar uma criança a ler como um leitor fraco parece contraproducente. Portanto, o suporte ao aprendizado da decodificação, ou estratégias baseadas em fônicos, não deve ser divorciado do prazer de ler texto, mesmo nos estágios iniciais de aquisição do código.

A prevenção, ou a identificação precoce de problemas de aprendizagem, pode, portanto, reduzir as consequências negativas associadas às dificuldades/deficiências de aprendizagem. Se tais problemas de aprendizagem não forem reconhecidos cedo o suficiente, as intervenções precisarão se concentrar muito mais na pessoa toda – um tema de grande parte do restante deste livro. Esse trabalho de intervenção provavelmente precisará ser informado pelas causas e consequências da dificuldade de aprendizagem. Também pode ser necessário considerar diferenças individuais que influenciarão a manifestação de dificuldades, bem como o sucesso de intervenções – como atitudes em relação à leitura e níveis de envolvimento. Embora as evidências nos digam que as intervenções que incorporam consciência fonológica e treinamento em decodificação podem ser bem-sucedidas, mesmo com estudantes mais velhos que tiveram dificuldades em aprender a ler e escrever (GILLON, 2004), pode ser necessária uma ampla gama de ferramentas para auxiliar o aprendizado e permitir o acesso ao currículo, principalmente à medida que o estudante cresce e os contextos de aprendizagem mudam. Acima de tudo, a motivação precisará ser mantida, ou o engajamento na aprendizagem, revivido, permitindo que a criança com necessidades especiais faça as coisas em que se sai melhor e das quais gosta. A aprendizagem da literacia pode ser integrada em muitas áreas, incluindo brincadeiras, esportes, arte, teatro e música (cf. exemplos em BRUSTER, 2015; HEIKKILA & KNIGHT, 2012; MILANI; LORUSSO & MOLTENI, 2010; STANLEY, 2011), o que ajudará na prática, mas também no reengajamento. Serão necessários professores treinados para auxiliar diferentes estudantes a implementar uma variedade de ferramentas e procedimentos. No entanto, esses professores bem-treinados também precisarão do apoio de líderes da escola e de profissionais qualificados adicionais que possam lidar com dificuldades ou deficiências específicas. Esses grupos, trabalhando com os professores da sala de aula, devem levar a um sistema educacional inclusivo, onde todos os estudantes tenham a melhor oportunidade de prosperar. E pode-se argumentar que as evidências de um sistema inclusivo seriam todos os estudantes desse sistema demonstrando sinais de motivação contínua para aprender. O restante deste livro, portanto, abrange uma variedade de diferentes grupos de estudantes e fornece ideias que devem auxiliar no aprendizado (principalmente na motivação para aprender) em situações em que o aprendizado e o envolvimento nesse processo são provavelmente desafiadores. Essas ideias são direcionadas aos professores de sala de aula, mas ainda pode haver a necessidade de envolver outras pessoas: pais, gestores e especialistas.

Sistemas que garantem a prevenção de dificuldades de aprendizagem por meio do ensino inicial baseado em evidências, direcionado a todo o aprendizado e que, em seguida, auxilia aqueles que lutam com o aprendizado em uma abordagem faseada que pode começar com o professor da turma, mas passar a um apoio mais especializado, não é nova nos sistemas educacionais (ação escolar e ação escolar mais procedimentos no Reino Unido podem ser considerados um bom exemplo). Em termos de pesquisa, porém, esses procedimentos são mais bem-exemplificados pelo trabalho em programas de Resposta à Intervenção (muitas vezes abreviado para RTI). Esses programas foram especificamente direcionados à intervenção precoce e compreendem múltiplas fases de avaliação e intervenção, bem como o potencial para intervenções multicomponentes (PULLEN et al., 2010; RITCHEY et al., 2012; VAUGHN; GERSTEN & CHARD, 2000). Dessa forma, os métodos utilizados para auxiliar a leitura podem ter como alvo fatores adicionais como ansiedade (GRILLS et al., 2014) e atenção (ROBERTS et al., 2015), além de focar na motivação acadêmica (ZENTALL & LEE, 2012). Normalmente, os programas de resposta à intervenção envolvem uma fase inteira da turma, que envolve boas práticas gerais de ensino, mas também avaliações de aquisição e habilidades subjacentes que são preditivas de dificuldades futuras com a leitura. De fato, os métodos de Resposta à Intervenção se desenvolveram a partir de uma perspectiva de querer separar aqueles com dificuldades de aprendizagem daqueles que lutam com a aquisição da leitura devido a um ambiente de aprendizagem ruim (cf. VELLUTINO et al., 1996; VELLUTINO et al., 2008). Portanto, um foco principal de tais métodos é a avaliação inicial de possíveis problemas de aprendizagem, que levam a decisões sobre os níveis de intervenção e o monitoramento subsequente do sucesso das diferentes fases da intervenção por meio de uma avaliação mais aprofundada. Avaliações em andamento de possíveis áreas de dificuldades, no entanto, precisam ser consideradas nos termos de muitos dos pontos discutidos no restante deste livro. Se a avaliação mostra continuamente défices, a motivação pode ser uma vítima de um processo bem-intencionado.

O monitoramento do progresso é vital em tais procedimentos e é importante para detectar as crianças com dificuldades de aprendizagem, mas, novamente, esses métodos utilizados precisam garantir o envolvimento na aprendizagem, tanto quanto qualquer outro método.

A leitura e muitas outras áreas de habilidades que são o foco da educação são influenciadas por mudanças que a criança experimenta com a idade (p. ex., EHRI, 2005; FRITH, 1985). Se tomarmos a compreensão de leitura como exemplo, uma maneira simples de encarar essa habilidade é que ela é composta pela capacidade de reconhecer ou decodificar palavras individuais e compreender a linguagem (GOUGH & TUNMER, 1986; HOOVER & GOUGH, 1990; TUNMER & CHAPMAN, 2012; para perspectivas semelhantes relacionadas à escrita, cf. BERNINGER et al., 2002). As evidências indicam que a grande relação entre decodificação de palavras e compreensão de leitura encontrada nos primeiros anos do desenvolvimento da literacia de uma criança diminui à medida que a criança amadurece (CATTS; HOGAN & ADOLF, 2005). À medida que a relação com a decodificação diminui, a relação entre leitura e compreensão auditiva aumenta (GOUGH; HOOVER & PETERSON, 1996). Da mesma forma, à medida que o leitor amadurece, há mais evidências de que ele é mais capaz de inferir e prever informações em um texto (CAIN; OAKHILL & BRYANT, 2004). Wilson e Rupley (1997) propuseram um modelo de compreensão de leitura envolvendo uma série de estágios de desenvolvimento, nos quais, inicialmente, o leitor compreende o material escrito baseado principalmente na compreensão no nível das palavras e o material acessado quase inteiramente pelo texto; mas, com a idade, ele desenvolve a capacidade de auxiliar a compreensão por meio do uso de conhecimento prévio e, mais tarde, utilizando o conhecimento derivado de diferentes estratégias. Paris, Wasik e Turner (1991) também discutem estratégias de leitura que auxiliam o processo de compreensão e que podem fazer parte de um curso de desenvolvimento ao longo dos anos da escola primária e até a escola secundária. No nível de decodificação, também existem visões para efeitos diferenciais com o desenvolvimento de estratégias de leitura. Por exemplo, a decodificação pode ser considerada como compreendendo leitura precisa, mas também leitura rápida ou fluente. Silverman, Speece, Harring e Ritchey (2013) argumentam que essas habilidades funcionam intimamente em leitores mais jovens (uma leitura mais precisa dominará a velocidade), mas podem ser mais claramente separadas quando se olha para leitores mais velhos (as estratégias de leitura podem permitir que a fluência seja comprometida por precisão ao ler texto complexo, mas igualmente uma certa precisão pode ser comprometida se a velocidade for essencial).

As influências das estratégias de leitura com a idade também devem ser consideradas em termos de motivação. À medida que a leitura se torna mais experiente e as habilidades de leitura se desenvolvem, os requisitos (educacionais) da leitura também mudam. Para o leitor iniciante, a precisão das palavras pode ser primordial e as tarefas (métodos de ensino) que se concentram na precisão da leitura das palavras podem ser motivadoras. Aprender as palavras singularmente, jogar com os sons que as compõem, ler textos relativamente simples e ler textos mais complexos com um adulto são estratégias que podem motivar o leitor mais jovem. No entanto, com a idade, o foco mudará para a compreensão (e talvez para a fluência), que passará a ser mais importante. Um foco contínuo no reconhecimento de palavras e jogos com sons dentro das palavras, portanto, pode ser até certo ponto desmotivador. Para o estudante, o aprendizado deve ser relevante para que a motivação seja mantida. Leitores adultos com histórico de dislexia são um bom exemplo (cf. FIDLER & EVERATT, 2012; RIDDICK; FARMER & STERLING, 1997), embora argumentos parecidos sejam apropriados para adolescentes.

Embora a pesquisa indique que os pontos fracos da leitura em adultos com dislexia apresentam características semelhantes às mostradas pelas crianças com dislexia (como habilidades de leitura e ortografia abaixo do esperado, geralmente associadas a pontos fracos no processamento fonológico), a leitura e a escrita silenciosas de texto, em vez de ler as palavras em voz alta, são a tarefa típica necessária. De fato, há evidências de que alguns adultos podem compensar as habilidades precárias de decodificação de palavras, determinando o significado geral de um pedaço de texto (frase, sentença ou passagem) e inferindo o significado das palavras com as quais estão lidando (contraste-se isso com a discussão sobre aqueles com problemas de compreensão de leitura em alguns parágrafos). Se a complexidade do texto não é grande e há tempo disponível para usar essas estratégias baseadas em contexto, os níveis de compreensão de leitura entre adultos com dislexia podem não ser um grande obstáculo para a aprendizagem (cf., p. ex., BRUCK, 1990; ELBRO; NIELSEN & PETERSEN, 1994; FIDLER & EVERATT, 2012; JACKSON & DOELINGER, 2002). Embora o contexto ou as estratégias semânticas não sejam a maneira mais eficiente de processar o texto (cf. STANOVICH, 1980), podem ser suficientes na maioria das circunstâncias experimentadas pelo leitor adulto. Os problemas de literacia associados à dislexia em adultos, portanto, podem ser mais bem considerados em termos de taxa de leitura do que de precisão, juntamente com evidências de má ortografia contínua (já que raramente o contexto ajuda a soletrar palavras) e pontuações ruins em medidas de leitura de pseudopalavras que requerem a leitura de palavras inventadas (p. ex., "sploog") que podem ser pronunciadas usando estratégias de decodificação de letras e sons, mas que não são familiares e, portanto, serão menos influenciadas por estratégias compensatórias que podem ser usadas com palavras familiares. Isso influenciará a compreensão da leitura sob pressão do tempo e quando um texto for complexo e/ou inclua palavras desconhecidas, como termos técnicos (cf. tb. PARIS et al., 2005). Estratégias para auxiliar a leitura entre adultos com dislexia, particularmente aqueles que estudam para obter mais qualificações para o ensino superior, focariam melhor em aprimorar a compreensão para que o adulto possa reconhecer os benefícios de aprender as estratégias. Reduzir os problemas de decodificação e melhorar a velocidade de leitura pode melhorar a compreensão e a retenção de texto para adultos com dislexia; mas, igualmente, o foco nas formas de auxílio específico ao entendimento também deve ser benéfico e potencialmente será mais motivador.

Em pesquisas que visam a facilitar a leitura entre estudantes disléxicos adultos em contextos de ensino superior, consideramos duas estratégias que se concentram no apoio às deficiências da leitura no nível de palavras: (i) usando sistemas computadorizados de conversão de texto em fala para remover problemas de decodificação da tarefa de compreender o texto e (ii) ensinar as palavras-chave do estudante (incluindo termos técnicos) dentro de um texto antes que o adulto o leia para evitar dificuldades em decodificar essas palavras, criando problemas para a compreensão. Estas intervenções no nível da palavra foram comparadas com métodos (às vezes chamados de métodos metacognitivos) que exigiam que o estudante se concentrasse no pensamento sobre o texto: (iii) treinamento dado para produzir um mapa mental simples sobre o texto *versus* (iv) leitura o texto e, ao mesmo tempo, destaque das seções principais/ importantes e com anotações resumidas dos principais fatos percebidos no texto. Em termos de compreensão de leitura, mas também de retenção do texto, os dois últimos métodos apresentaram maiores melhorias do que o primeiro, e os estudantes adultos relataram que estavam mais motivados a continuar usando as duas últimas estratégias do que a primeira. Melhorias similares às dos métodos mais metacognitivos (estratégia de compreensão) também foram encontradas em estudantes com baixos níveis de leitura, mas sem histórico de dislexia (cf. EVERATT, PURVIS, FIDLER & McNEILL, no prelo). O ponto aqui é que a intervenção precisa ser motivadora para ser relevante durante seu aprendizado, mas também para seu uso continuado após o treinamento.

Esse vínculo entre estratégias de aprendizagem que podem auxiliar na aquisição e a motivação da leitura é uma parte vital do aprendizado inicial, mas é igualmente importante à medida que o indivíduo se torna um aprendiz mais experiente. No entanto, para o estudante mais velho, o reconhecimento da importância da tarefa pode ser um aspecto ainda mais crucial da motivação para aprender do que para o leitor iniciante. Para o mais velho, entender um texto mais complexo, independente dos outros, será um resultado que pode ser motivador. Isso não só será motivador em termos de leitura de textos mais complexos para adultos – sendo mais adulta em termos de uso do livro – mas também pode fornecer conhecimentos que podem revelar-se úteis em outros assuntos. Até certo ponto, o foco na aprendizagem do código nos primeiros anos de aquisição da leitura levou a uma redução na ênfase em estratégias de compreensão do ensino. No entanto, para o aprendiz mais velho, estas são provavelmente mais motivadoras do que os jogos sonoros que um leitor principiante pode desfrutar. Do mesmo modo, o enfoque nos problemas de processamento de texto sentidos por crianças com dislexia levou, involuntariamente, a uma relativa falta de investigação sobre a forma de ajudar crianças com problemas de compreensão da leitura na ausência de dificuldades individuais de leitura.

Pesquisas sugerem que até 10% das crianças do ensino fundamental apresentam défices de compreensão, juntamente com a precisão da leitura (ou decodificação) apropriada para a idade (CAIN & OAKHILL, 2007; NATION & NORBURY, 2005; YUILL & OAKHILL, 1991). Semelhante àquelas com problemas de decodificação de palavras, essas dificuldades podem estar associadas a défices de linguagem (BISHOP & SNOWLING, 2004; NATION & SNOWLING, 2004; cf. tb. CATTS & KAMHI, 2005); Considerando que aquelas com mais défices de decodificação de palavras (dislexia) geralmente apresentam dificuldades no processamento fonológico, aquelas com problemas de compreensão de leitura mais específicos parecem demonstrar fragilidades relacionadas ao processamento da semântica ou significados precisos transmitidos na linguagem (cf. NATION & SNOWLING, 1998, 1999). A dissociação potencial entre decodificação de palavras escritas e compreensão de leitura pode ser representada pela visão simples da leitura, que enfatiza a importância dos processos de decodificação e compreensão linguística (GOUGH & TUNMER, 1986; HOOVER & GOUGH, 1990). As crianças podem mostrar variabilidade em um ou nos dois conjuntos de habilidades (ou seja, aquelas habilidades associadas à decodificação *versus* aquelas associadas à compreensão linguística), e essa variabilidade será associada a diferenças na compreensão da leitura. Uma criança com poucas habilidades de decodificação (normalmente chamada de dislexia) mostrará problemas de compreensão de leitura devido ao processamento inadequado de palavras – não se pode entender uma frase se houver dificuldade em reconhecer cada palavra dessa frase. Isso pode ser aparente mesmo quando a compreensão da linguagem está em níveis adequados à idade. O perfil oposto é a criança que pode reconhecer cada uma das palavras, mas que ainda tem défices de compreensão na leitura. Estes provavelmente estão associados a deficiências nas habilidades normalmente vistas como parte da compreensão linguística (RICKETTS; COCKSEY & NATION, 2011).

A importância de contrastar [os que têm] dislexia e aqueles com dificuldades específicas de compreensão de leitura pode ser vista quando consideramos que esses dois grupos de maus leitores podem precisar de intervenções muito diferentes para auxiliar o aprendizado (cf. exemplos em BOWYERCRANE et al., 2008; CLARKE et al., 2010). A intervenção apropriada combinada com métodos de reengajamento na aprendizagem pode ser ainda mais importante para aqueles com dificuldades de compreensão de leitura, pois podem não ser percebidos nos estágios iniciais do processo de aquisição da leitura, com foco na leitura e na decodificação de palavras. Portanto, crianças com problemas específicos de compreensão de leitura podem exigir atenção específica ao considerar métodos para melhorar o prazer da leitura e a motivação para essa prática.

As estratégias para auxiliar a compreensão na leitura incluem resumir, gerar perguntas, criar imagens visuais, mapear de conceitos e tecnologia assistida por computador. Para os adultos, a tecnologia *text-to-speech* [síntese de fala] é altamente prevalente no ensino superior, sendo a tecnologia assistiva mais frequentemente usada em vários contextos de educação de adultos (cf. DRAFFAN; EVANS & BLENKHORN, 2007; HOLMES & SILVESTRI, 2012). No entanto, a pesquisa sobre a eficácia dos aplicativos que convertem texto em voz no suporte à compreensão de leitura de estudantes com dificuldades de leitura tem sido relativamente limitada (cf. GREGG, 2009). Embora possam ser encontrados resultados positivos, eles geralmente estão relacionados a melhorias relacionadas à decodificação de palavras, em vez de à própria compreensão da leitura (STETTER & HUGHES, 2010), e alguns estudantes adultos descreveram a ideia de fazer com que um computador leia para eles como algo perturbador (no sentido de irritante) (cf. DRAFFAN et al., 2007). (Voltaremos ao uso da tecnologia no suporte do aprendizado e da motivação no cap. 11.)

Os métodos alternativos destinados a auxiliar na compreensão da leitura se enquadram em duas áreas gerais. Aqueles que se concentram na melhoria de habilidades/processos básicos de linguagem (como vocabulário) e aqueles que ensinam estratégias metacognitivas. A relação frequentemente encontrada entre vocabulário e compreensão de leitura (cf. NATION & SNOWLING, 2004; TUNMER & CHAPMAN, 2012) argumenta que estratégias que podem ajudar o indivíduo a desenvolver uma boa base de vocabulário e que podem ajudar a determinar o significado de vocabulário desconhecido devem melhorar a compreensão da leitura (DUKE & PEARSON, 2002). Quando Clarke et al. (2010) contrastaram os efeitos sobre a compreensão de leitura do treinamento em linguagem oral *versus* a intervenção específica em compreensão de leitura, eles descobriram que os métodos de treinamento em linguagem oral geralmente comportavam resultados mais positivos. Isso reforça novamente o vínculo entre leitura e linguagem, mas também propõe que métodos direcionados ao desenvolvimento da linguagem também possam auxiliar na aquisição da leitura.

Por outro lado, as estratégias metacognitivas normalmente envolvem processos como resumir informações no texto e exigem que os indivíduos reflitam sobre o que leram, e com frequência parafraseando, excluem e condensam as informações contidas no texto. Esses processos geralmente envolvem o pensamento verbal sobre o texto ou anotações que se concentram nas habilidades relacionadas ao idioma; embora o processamento de informações por meio de formatos visuais, como nas técnicas de mapeamento mental, possa ser uma alternativa útil em alguns casos, principalmente naqueles que podem ter problemas de aprendizado relacionados ao idioma (MILES, GILROY & DuPRE, 2007). Outros exemplos de estratégias metacognitivas incluem aquelas que levam a uma avaliação do conteúdo, bem como a realização de inferências a partir do texto com base em informações contidas no texto e em conhecimentos anteriores (COGMENA & SARACALOGLUB, 2009; EILERS & PINKLEY, 2006; HOCK & MELLARD, 2005). Muitos dos dados sobre a eficácia de tais estratégias metacognitivas em leitores com dificuldades foram extraídos de estudos com crianças (HOCK & MELLARD, 2005; HONG-NAM & LEAVELL, 2011; McNAMARA et al., 2007; SHEOREY & MOKHTARI, 2001; THIEDE; ANDERSON & THERRIAULT, 2003), mas são estratégias potencialmente úteis em todas as idades, dado o seu foco específico na tarefa de compreensão e o recurso adicional de fornecer ao indivíduo maneiras de monitorar e potencialmente recuperar o seu envolvimento com o próprio aprendizado. Isso pode ser particularmente útil para estudantes adultos que precisam "ver" os benefícios de uma intervenção antes de serem motivados a usá-la. Tais procedimentos metacognitivos estão relacionados a boas práticas gerais de aprendizagem (habilidades de estudo) e, portanto, podem ser percebidos pelo estudante adulto como algo que vale a pena (cf. FIDLER & EVERATT, 2012).

Claramente, essas estratégias para auxiliar as habilidades de compreensão de leitura podem ser direcionadas a adultos com dificuldades de literacia. No entanto, também podem ser úteis para adultos sem uma avaliação formal de uma dificuldade específica de aprendizado. Dado que as dificuldades de aprendizagem são normalmente vistas como distúrbios do desenvolvimento neurológico, não é surpreendente encontrar estudos examinando a incidência de problemas de literacia, como dislexia, dentro das famílias, bem como em estudos em larga escala sobre gêmeos (cf. a revisão de estudos com gêmeos em OLSON, 2011; para uma discussão sobre o potencial envolvimento de combinações de genes, bem como interações entre esses genes, na manifestação de dificuldades de aprendizagem, cf. NEWBURY; MONACO & PARACCHINI, 2014). No entanto, a incidência familiar de dislexia é um dos indicadores precoces de risco de dislexia mais confiáveis (cf. uma revisão sobre esse assunto em SNOWLING & MELBY-LERVÅG, 2016) e foi considerada potencialmente preditiva de problemas de leitura em vários contextos diferentes (p. ex., PENNINGTON & LEFLY, 2001; TORPPA et al., 2010). Antes do ingresso na escola, verificou-se que a incidência de dislexia na família de uma criança é preditiva de dislexia futura em cerca de 40 a 50% dos casos, em média; isso contrasta substancialmente com uma incidência correspondente de cerca de 5 a 10% em crianças sem essa incidência familiar (a variação nesses números depende de como a dislexia foi categorizada nesses estudos). Também há evidências de que os fatores de incidência familiar e os preditores de linguagem podem ser fatores de risco interativos nos anos pré-escolares e primários (THOMPSON et al., 2015). No entanto, esse nível de incidência dentro das famílias sugere que o auxílio aos pais em termos de reengajamento na leitura pode ser útil, principalmente para iniciativas casa-escola.

 Além disso, métodos como estratégias metacognitivas ou de habilidades de estudo também devem ser úteis em contextos de formação de professores. Possivelmente, uma característica surpreendente da pesquisa voltada para aqueles que ingressam no magistério tem sido a ampla gama de competências em habilidades de leitura e atitudes em relação à leitura. O nível de fraquezas com habilidades básicas de leitura e linguagem relatadas entre estudantes e professores atuantes pode ser motivo de preocupação (FIELDING-BARNSLEY, 2010; JOSHI et al., 2009; MATHER; BOS & BABUR, 2001; MOATS & FOORMAN, 2003; PURVIS; McNEILL & EVERATT, 2016) e podem requerer suporte específico. Da mesma forma, muitos estudantes em cursos de formação de professores relataram sentir falta de motivação para a leitura (cf. APPLEGATE & APPLEGATE, 2004; BENEVIDES & PETERSON, 2010; NATHANSON, PRUSLOW & LEVITT, 2008); uma vez que os professores são o produto do mesmo sistema (cultura) que qualquer outro estudante adulto e a motivação para a leitura diminuiu na população em geral, não deveria ser uma surpresa encontrar o mesmo acontecendo com os professores. No entanto, esses dados requerem procedimentos motivadores e de auxílio nos níveis de educação de adultos, bem como nos contextos escolares. O desenvolvimento de experiências positivas e motivadoras com a leitura entre jovens professores pode ser tão importante quanto entre qualquer grupo de leitores.

Dificuldades de aprendizagem e motivação

O foco deste livro está em dificuldades (ou deficiências) específicas de aprendizado. Há uma série de problemas específicos de aprendizagem que podem se sobrepor aos níveis esperados de desenvolvimento em muitas áreas da aprendizagem, exceto naquelas em que a dificuldade específica é definida. Tais dificuldades específicas também podem ser contrastadas com dificuldades de aprendizagem mais gerais, que podem gerar fragilidades em todas as áreas da aprendizagem. Embora motivar crianças com dificuldades mais gerais seja tão importante quanto motivar qualquer outro grupo, o foco deste livro indica que problemas de aprendizagem mais gerais só serão considerados quando pertinentes à discussão daqueles relacionados a dificuldades mais específicas. Por exemplo, uma dessas sobreposições com dificuldades de aprendizagem específicas e mais gerais ocorre quando crianças com QI geralmente baixo apresentam níveis baixos de desenvolvimento da leitura. Pesquisas sugerem que os problemas subjacentes à leitura apresentados por essas crianças se sobrepõem substancialmente aos problemas apresentados pelos disléxicos (ELLIS, McDOUGALL & MONK, 1996; SHARE, 1996; STANOVICH & SIEGEL, 1994; STANOVICH & STANOVICH, 1997). No entanto, crianças com dislexia e aquelas com problemas de aprendizagem mais gerais podem diferir em áreas subjacentes que podem embasar estratégias compensatórias (BROOKS & EVERATT, 2009), como aquelas que se concentram na compreensão de textos mais complexos e apropriados à idade. Também pode haver requisitos de políticas educacionais para tratar essas crianças de maneira diferenciada (cf. ELBEHERI & EVERATT, 2009). Portanto, pode ser necessário considerar esses grupos de maneira um pouco diferente nos planos de ajuda e em termos de motivação para a leitura.

Conforme discutido na subseção anterior deste capítulo, as dificuldades de leitura são frequentemente associadas às dificuldades de linguagem; isso pode ser evidente em deficiências relacionadas a processos fonológicos, como a capacidade de reconhecer e manipular sons nas palavras, mas também pode ser identificado nos défices de compreensão/semântica de linguagem demonstrados por crianças com deficiências de compreensão na leitura (BISHOP & SNOWLING, 2004). Crianças com dificuldades específicas de aquisição de linguagem (ou deficiências específicas de linguagem) podem muito bem revelar deficiências semelhantes no processamento fonológico da linguagem, juntamente com problemas mais amplos em áreas de linguagem, como vocabulário, sintaxe e compreensão (STACKHOUSE & WELLS, 1997). Portanto, muitas crianças com dificuldades específicas de linguagem provavelmente apresentam dificuldades na aquisição da literacia, o que pode ser particularmente evidente nas deficiências da compreensão de leitura. Mais uma vez, no entanto, a maneira de reenvolver tais estudantes na leitura pode ser diferente da maneira de lidar com aqueles que têm problemas mais específicos no processamento fonológico e na decodificação de palavras individuais. Motivar a criança a pensar sobre significado, bem como a praticar com habilidades gerais de linguagem, pode ser vital. Esse também pode ser o caso de estudantes que têm dificuldade na redação de ensaios coerentes. Novamente, isso pode estar relacionado a problemas com o processamento da linguagem em geral, mas potencialmente esses estudantes se beneficiariam de diferentes estratégias de suporte e motivação (cf. cap. 6).

Os problemas de escrita têm sido frequentemente associados a dificuldades motoras, o que leva a uma escrita e a uma caligrafia inadequadas. Os défices motores são frequentemente associados aos termos transtorno do desenvolvimento da coordenação ou dispraxia. Tais dificuldades foram relativamente menos pesquisadas do que problemas específicos de leitura, como dislexia (NICOLSON, 2000), mas podem estar associadas a deficiências nas habilidades visuais e motoras ou a um défice de aprendizado não verbal (PORTWOOD, 1999; ROURKE, 1989) mais do que os problemas relacionados à linguagem estariam relacionados à dislexia. No entanto, alguns indivíduos com dispraxia também podem apresentar deficiências relativas em sua fonologia e memória verbal (STACKHOUSE & SNOWLING, 1992). Por exemplo, crianças com dispraxia verbal do desenvolvimento podem ser vistas como um caso especial de deficiência de linguagem (cf. discussões em EVERATT & McNEILL, 2014). Além disso, alguns indivíduos com dislexia também revelam deficiências relativas em áreas visuais ou não verbais (RACK, 1997; RAMUS; PIDGEON & FRITH, 2003). Consequentemente, há uma sobreposição entre dispraxia e dislexia em termos de nossa compreensão atual do desenvolvimento cognitivo e de literacia (cf. tb. VISSER, 2003). No entanto, o caminho causal mais provável que conduz a dificuldades de literacia pode variar. Na dislexia, os défices fonológicos parecem o precursor mais provável da baixa literacia, que pode se manifestar particularmente na área de decodificação de letras para sons ou sons para letras. Por outro lado, aqueles com dispraxia podem apresentar défices de coordenação mais pronunciados no processamento de ortografia e texto. Posteriormente, esses fatores podem levar a poucas habilidades de literacia devido à falta geral de motivação para aprender após a experiência do fracasso, além da falta de auxílio recíproco nos diferentes aspectos da literacia. Novamente, o foco do auxílio (e as estratégias implementadas) precisará levar essas diferenças em consideração. (O cap. 6, portanto, fornece uma discussão sobre uma série de estratégias que podem ser usadas para fomentar a motivação na escrita.)

Juntamente com a leitura e a escrita, a matemática é um componente importante do aprendizado precoce na escola. No entanto, também existem problemas devido a problemas específicos de aprendizagem. Tais dificuldades são frequentemente referidas como dificuldades/inabilidades ou discalculias no aprendizado da matemática (cf. EVERATT; ELBEHERI & BROOKS, 2014). A discalculia é uma dificuldade grave em matemática que parece ocorrer nas famílias (cf. SHALEV et al., 2001) e, embora as estimativas variem, possivelmente devido a variações na qualidade do ensino, cerca de 3 a 6% das crianças parecem apresentar fragilidades específicas relacionadas a essa condição (BERCH & MAZZOCCO, 2007; GEARY, 2004; LEWIS; HITCH & WALKER, 1994; WILSON & DEHAENE, 2007). Como a compreensão dos números (i. é, uma apreciação de valores ou quantidades) domina as primeiras experiências matemáticas da criança, parece provável que a discalculia comece com problemas nessa área. Consistentemente, características relativamente precoces da discalculia estão relacionadas a dificuldades em entender como os números trabalham juntos em padrões, como reconhecer que um número tem um valor maior do que outro (RUBINSTEN & HENIK, 2006). Além disso, é provável que haja um uso contínuo de estratégias básicas nos cálculos, como o uso de dedos para ajudar na contagem (GEARY; BOW-THOMAS & YAO, 1992), o que pode ser visto como criança entre os estudantes mais velhos. Além disso, há evidências de ansiedade e más atitudes em relação à matemática entre indivíduos com discalculia que provavelmente inibem o desempenho (BEASLEY; LONG & NATALI, 2001; MALONEY et al., 2010). Portanto, estratégias para superar esse problema específico de aprendizagem precisarão considerar esses aspectos mais emocionais do problema. Novamente, estratégias para ajudar na motivação podem ser uma maneira de superar algumas dessas barreiras adicionais ao aprendizado; e esses métodos são discutidos no capítulo 7.

Também foram identificadas sobreposições entre dificuldades de aprendizagem em leitura, escrita e matemática e défices associados a atenção, dificuldades emocionais ou comportamentais, por exemplo, transtorno do défice de atenção e hiperatividade (TDAH) ou distúrbio emocional e comportamental [Emotional Behavior Disorder] (EBD, segundo as iniciais no inglês). Um parco desempenho educacional, incluindo défices de aquisição na literacia, pode ser encontrado entre crianças avaliadas como tendo tais problemas (BARKLEY,

2006); e aquelas com problemas de aprendizagem podem demonstrar as consequências de suas dificuldades em termos de pouca atenção, emoção negativa e comportamento inadequado ou perturbador (cf. as discussões no cap. 9 deste livro). Embora isso possa sugerir algum nível de sobreposição entre os grupos disléxico, TDAH e EBD, é provável que as causas das dificuldades educacionais sejam diferentes. Por exemplo, os défices fonológicos relacionados à dislexia podem não se manifestar na criança com TDAH (cf. PENNINGTON; GROISSER & WELSH, 1993). Em vez disso, aquelas avaliadas como tendo problemas de atenção, emocionais e/ou comportamentais, podem revelar um desempenho educacional ruim (incluindo deficiências na leitura) devido a desvantagens educacionais produzidas pela incompatibilidade entre seu comportamento e os procedimentos de ensino da escola. Portanto, crianças com problemas associados a problemas atencionais, comportamentais e/ou emocionais podem exigir estratégias adicionais para auxiliar na aquisição, bem como para manter a motivação ou retomar o aprendizado.

Portanto, a pesquisa sugere que as crianças podem apresentar diferentes problemas específicos de aprendizagem e perfis muito diferentes de potencialidades e dificuldades. Para superar as dificuldades educacionais e auxiliar nos níveis de motivação e engajamento, pode ser necessário um conjunto de métodos/estratégias – daí o foco nos diferentes capítulos do presente livro. Depois que uma dificuldade de aprendizagem (DAE) for identificada, as decisões sobre o melhor método de auxílio precisarão levar em consideração a condição do recurso, mas elas também podem informar planos para manter a motivação e o envolvimento. Esse auxílio pode se concentrar em pontos fracos específicos que requerem correção intensiva com base na(s) causa(s) provável(eis) de dificuldades, mas também pode ser melhor se considerarem o ensino de estratégias baseadas em relativas potencialidades que podem compensar pontos fracos e desenvolver resultados positivos de motivação e resultado.

Visão geral dos capítulos deste livro

Como indicado acima, este livro considerará uma variedade de DAEs, tanto em termos de formas de auxiliar no aprendizado, mas também de estratégias para manter ou aprimorar a motivação para o aprender. Por necessidade, isso levará a alguma sobreposição de ideias e estratégias nos capítulos, uma vez que algumas delas serão comuns em diferentes grupos. No entanto, as diferenças se tornarão aparentes com a leitura de todo o livro; de fato, uma compreensão das semelhanças e diferenças deve fornecer ao leitor uma boa compreensão desse campo. Deve-se notar também que os tipos de DAEs considerados neste livro foram relatados, principalmente, como afetando mais meninos do que meninas; portanto, o masculino, seguido de termos femininos, será usado neste livro para reconhecer essas diferenças potenciais. Embora essa diferença potencial seja observada e discutida no livro, as diferenças entre meninos e meninas podem ter menos a ver com a biologia subjacente e mais com a identificação, ou mesmo com uma interação entre essas duas dimensões (cf. discussões em ZABELL & EVERATT, 2000). Por exemplo, uma série de descobertas argumenta que os meninos mostram níveis mais altos de comportamento externalizante (agressão, violência, hiperatividade etc.), enquanto as meninas geralmente se concentram mais nas habilidades sociais, o que pode levar a mais problemas emocionais, e possivelmente com relacionamentos com outros membros de seu grupo de pares (HAYES, 2007; LOADES & MASTROYANNOPOULOU, 2010). Quaisquer que sejam os motivos dessas diferenças (p. ex., biológicos ou culturais), podem levar os meninos a serem mais visíveis em suas dificuldades de aprendizagem, mesmo que as incidências das dificuldades sejam mais equivalentes entre meninos e meninas. Portanto, é importante considerar métodos que considerem tanto a internalização quanto a externalização dos problemas nas salas de aula coeducativas, pois espera-se que ambos influenciem a motivação e o desempenho (cf. discussões adicionais nos cap. 9 e 10).

Como pano de fundo para a compreensão das ideias e estratégias abordadas nos diferentes capítulos deste livro, os próximos três capítulos se concentrarão em teorias e práticas relacionadas à própria motivação. O capítulo 2 considera o que torna algo motivador, ou seja, o que significa ser motivado e quais são os processos que motivam? Como parte disso, o capítulo também considera diferentes tipos de motivação (como intrínseca *versus* extrínseca, ideias relacionadas às quais também são consideradas em muitos capítulos) e o papel do contexto na motivação, que é pertinente ao foco deste livro em contextos educacionais. Antes de o capítulo 4 examinar o que influenciará a própria motivação, o capítulo 3 considerará algumas das principais teorias sobre a motivação que influenciaram a prática educacional. A compreensão dessas diferentes perspectivas teóricas e dos fatores que podem influenciar a motivação deve fornecer ao leitor uma base para entender aspectos da motivação dentro de seu próprio contexto de aprendizagem, bem como desenvolver planos para auxiliar na motivação do estudante.

Os seis capítulos seguintes focam em diferentes áreas relacionadas às dificuldades de aprendizagem. No capítulo 5, voltamos a questões relacionadas à aquisição de leitura, bem como aos problemas de leitura. Dessa vez, o foco estará nas estratégias que podem auxiliar a motivação daqueles que enfrentam dificuldades para aprender a processar o texto escrito. O capítulo 6 analisará questões semelhantes e estratégias para auxiliar na motivação, ao considerar crianças com dificuldades de escrita. Da mesma forma, o capítulo 7 se concentrará naqueles com problemas com o aprendizado de matemática e nas estratégias que podem motivar esses estudantes. Tomados em conjunto, esses três capítulos, portanto, cobrem o aspecto primário da educação infantil, que pode impactar na aprendizagem posterior na escola.

Em contraste com os capítulos 5 a 7, os três capítulos seguintes (8, 9 e 10) se concentrarão em características específicas de comportamento, emoção e autoconceito que podem influenciar o desempenho escolar e a motivação. Embora, estritamente falando, elas não possam ser consideradas como dificuldades de aprendizagem específicas, geralmente são associadas a problemas de aprendizagem na escola e mostram muitos dos recursos que influenciam a motivação para aprender. Oferecem, portanto, uma oportunidade para discutir esses recursos no contexto de dificuldades de aprendizagem. Os problemas de coordenação motora serão o foco específico do capítulo 8. As dificuldades relacionadas à atenção, comportamento e problemas emocionais serão o foco das questões abordadas no capítulo 9. O capítulo 10 relacionará a motivação com aspectos negativos do autoconceito e da resposta emocional.

Nos dois capítulos finais anteriores a um capítulo final, duas áreas da educação serão consideradas como formas específicas pelas quais a motivação pode ser fomentada. O capítulo 11 considerará os possíveis aspectos motivacionais do uso da tecnologia assistida como parte do aprendizado, principalmente para aqueles que podem estar enfrentando dificuldades com os estudantes. A tecnologia pode fornecer uma maneira de superar algumas das principais dificuldades associadas aos problemas de aprendizagem, mas também pode ser usada como um dispositivo motivacional para os jovens estudantes atuais que cresceram com a tecnologia baseada em computador. Como o capítulo discutirá, embora a tecnologia não deva ser considerada um substituto para o ensino ou a única resposta para os problemas de aprendizagem, ela pode fornecer ferramentas que levam a resultados positivos para muitos estudantes desassociados, além de auxiliar na motivação para aprender entre muitas pessoas. O capítulo 12 enfocará o papel da família na vida do estudante e como isso pode se relacionar com o trabalho realizado pela e na escola. Novamente, a família e os colegas são uma parte emocional e motivacional importante da vida de um indivíduo, e as estratégias para envolvê-los na aprendizagem devem levar a uma maior probabilidade de resultados positivos de aprendizagem, além de engajamento.

O capítulo 13 servirá de conclusão, resumindo muitas das ideias abordadas no restante do livro e fornecendo outras para uma análise mais aprofundada. A ênfase do livro nas dificuldades específicas de aprendizado permite que muitas das ideias apresentadas nos diferentes capítulos sejam potencialmente úteis em outros estudantes e em diferentes contextos educacionais – e algumas dessas ideias serão consideradas nesse capítulo final. O objetivo deste livro não é prescrever um método, mas fornecer estratégias que o professor possa considerar dentro do contexto de aprendizagem. Novamente, isso será enfatizado nesse capítulo final. No entanto, com a motivação e a experiência certas, essas estratégias devem fornecer uma série de ferramentas que podem ser usadas para ajudar a maioria das crianças nas salas de aula típicas. Elas devem ajudar os professores em seus esforços para superar os problemas de aprendizagem e alcançar resultados de aprendizagem específicos, mas também fornecer uma base para permitir que os estudantes mantenham seu interesse na aprendizagem – e possivelmente os professores mantenham sua motivação no ensino. Combine-os na sala de aula e você terá a base para um contexto educacional verdadeiramente inclusivo.

2
O processo de motivação

Embora não seja discutida com a frequência necessária, a motivação é um campo de estudo muito importante quando se considera a reforma educacional e o desenvolvimento da aprendizagem, pois está relacionada às experiências coletivas dos estudantes desde a pré-escola (USHER & KOBER, 2012). A motivação afeta a maneira como os estudantes lidam com a escola em geral; como eles se relacionam com seus colegas e com seus professores; o tempo que eles realmente dedicam ao seu estudo e aprendizado; quanto apoio eles procuram quando enfrentam dificuldades; o quanto tentam se envolver ou se distanciar do ambiente de aprendizagem ao seu redor, incluindo seus colegas, famílias e professores; e finalmente como eles se saem em suas avaliações. É nesse contexto mais amplo que quase todos os aspectos do ambiente escolar podem ser e são afetados pela motivação. No entanto, muitos educadores podem não estar familiarizados com os métodos de avaliação e auxílio à motivação, principalmente no nível elementar.

Para entender os fatores que podem aumentar ou diminuir a motivação é preciso primeiro compreender o significado do complexo conceito de motivação. O que é que motiva os estudantes a aprender? Eles pretendem agradar seus pais? Estariam atrás de boas notas? Seria a vontade deles de superar seus pares e o desejo inato de competir? O medo do fracasso ou a esperança de ter sucesso na vida? Eles recebem recompensas prometidas se aprenderem ou se satisfazem simplesmente em desempenhar suas tarefas?

Pesquisadores de vários campos de estudo (educação, psicologia, sociologia, economia e política) têm procurado estudar a motivação para maximizar os resultados do processo de aprendizagem ou da produtividade de funcionários e, eventualmente, melhorar a eficiência geral do sistema, isto é, do aprendizado, do trabalho ou de toda a sociedade. Embora difiram na maneira como abordam o estudo da motivação, o princípio subjacente a essas abordagens sempre foi o mesmo: Que práticas podemos empregar para aumentar a motivação dos indivíduos?

A palavra "motivação" tem origem no verbo latino "*movere*", que significa "mover". Portanto, por definição, motivação é o movimento que um determinado indivíduo faz em relação a certas escolhas ou seu engajamento em tipos específicos de ações. A motivação está relacionada aos nossos movimentos ou ações e a quais fatores os determinam, que podem ser internos ou externos. O que é crucial para entender os resultados da aprendizagem é entender, em primeiro lugar, por que os estudantes querem aprender. A motivação é, portanto, uma questão crucial para a pesquisa porque afeta os "processos de tomada de decisão que determinam a direção, o foco e o nível de esforço que os indivíduos aplicarão em uma atividade de aprendizado" (COLE; FIELD & HARRIS, 2004, p. 67).

Apesar de sua origem etimológica simples e aparentemente direta, a motivação é um construto que está longe da simplicidade. De fato, há muita controvérsia e muitos debates sobre seu significado e definição, como também muitas teorias tentam explicá-la. O efeito positivo de tal controvérsia e debate é que torna o estudo da motivação interessante e agradável. O valor agregado do estudo da motivação para os professores é que ele permite entender completamente os "motivos" subjacentes às ações de seus estudantes e, por sua vez, no sentido de capacitar os estudantes que normalmente estão alcançando (e também aqueles com DAEs) em termos de direção e magnitude de seu comportamento (ações), que podem ser consideradas a essência da motivação.

Graham e Weiner (1996) descreveram a motivação no contexto do desempenho acadêmico como a investigação de por que alguns estudantes concluem tarefas difíceis que os professores lhes pedem para fazer enquanto outros desistem com a menor provocação. Habilitar os professores, e capacitá-los por meio da compreensão da motivação, se manifestaria durante as várias etapas da experiência de aprendizagem, ou seja, enquanto os professores planejam aprender, enquanto se envolvem no ensino e na instrução e, finalmente, enquanto refletem, estimam e avaliam os resultados da aprendizagem. Desnecessário dizer que o aprendizado efetivo em classe depende da capacidade do professor de manter o interesse que levou os estudantes à sala de aula. Portanto, este capítulo se concentrará em fornecer respostas para as seguintes perguntas:

1) Qual o significado da motivação?

2) Quais são as etapas/processos subjacentes ao processo de motivação?

3) Qual é o papel do contexto na motivação?

Atualmente, há pouco consenso sobre o alcance conceitual de referência para motivação, embora a maioria das pessoas compreenda intuitivamente o significado de motivação. No cerne do problema está o fato de que nenhuma teoria isolada até o momento conseguiu (ou tentou fazê-lo) produzir uma descrição/lista abrangente do que pode ser chamado de "motivo" principal a influenciar um indivíduo. Um resultado potencial disso é que não teremos uma única "super" teoria (ou mesmo uma teoria abrangente) da motivação. Assim, primeiro tentaremos abordar as questões definicionais da motivação para que possamos dissecar o termo e compreender o processo de motivação. Se fizermos isso, poderemos ajudar nossos estudantes com DAEs e motivá-los a aprender.

O significado de motivação

A "motivação diz respeito à direção e magnitude do comportamento humano" (DORNYEI & USHIODA, 2013, p. 4). Ela pode ser definida como as "razões subjacentes ao comportamento" (GUAY et al., 2010, p. 712). Envolve a escolha de uma ação específica, a persistência e o esforço despendido. É um estado ou condição interna (algumas vezes descrita como uma necessidade, desejo ou querer) que serve para ativar ou energizar o comportamento e lhe dá orientação. Todas essas definições sugerem que a motivação seja uma atividade para atingir um objetivo, a energia necessária, gerada por fatores internos e afetada pelo ambiente externo.

Quando um indivíduo é motivado, ele sente que tem energia para agir, enquanto uma pessoa desmotivada não sente o mesmo ímpeto para (RYAN & DECI, 2000a, p. 54). Portanto, é evidente para todos que pessoas diferentes têm quantidades diferentes de motivação. Além disso, a motivação humana pode variar não apenas em nível e intensidade, mas também segundo a orientação e o tipo. Motivação acadêmica é o "prazer da aprendizagem escolástica caracterizado por uma orientação de domínio, curiosidade, persistência e o aprendizado de tarefas desafiadoras, difíceis e novas" (GOTTFRIED, 1990, p. 525). Pesquisadores também deram atenção especial às diferentes etapas do processo motivacional. Enquanto muitos se concentraram nos estágios iniciais de motivação (ou seja, nas fases motivacionais iniciais de escolha e engajamento em uma atividade ou conjunto de ações), outros prestaram mais atenção aos efeitos subsequentes de ações e experiências sobre motivação (DORNYEI & USHIODA, 2013). Essa divisão é um reflexo natural do debate em andamento entre os pesquisadores sobre se a motivação seria uma "causa" ou um "efeito" da aprendizagem; atualmente a visão majoritária é que ela ocorre, de fato, em uma relação cíclica com a aprendizagem.

Figura 2.1 Processo de motivação

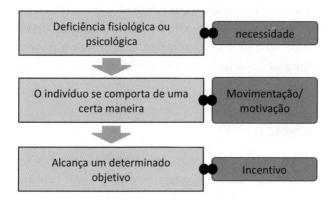

No entanto, na realidade, a situação não é tão simples como uma questão de "causa" e "efeito" e envolve uma série de etapas, incluindo planejamento inicial, estabelecimento de metas, formação de intenção, geração de tarefas, geração de tarefas, implementação de ações e controle de ações antes de finalmente terminar com a avaliação de resultados. Esse processo evolui gradualmente e pode estar associado a diferentes motivos. É por isso que Weiner (1984) destacou a importante questão da natureza complexa da motivação do estudante. Weiner afirma que qualquer teoria da motivação do estudante terá de incluir muitos conceitos e suas inter-relações: "Qualquer teoria baseada em um único conceito, seja esse conceito de reforço, valor próprio, motivação ideal ou qualquer outra coisa, será insuficiente para lidar com a complexidade das atividades em sala de aula" (WEINER, 1984, p. 18). Apesar da complexidade do conceito, a figura 2.1 fornece uma base para entender o significado da motivação em relação aos seus processos internos.

Tipos de motivação

Motivação intrínseca

A motivação intrínseca é definida como sendo a execução de uma tarefa ou atividade, devido à satisfação inerente a ela mesma, e não devido a algum resultado separado. A motivação intrínseca, portanto, reflete a propensão natural das pessoas ao aprendizado e à assimilação. Alguns pesquisadores argumentam que, como a motivação é uma espécie de defensor de uma pessoa para executar um comportamento direcionado, a motivação não pode ser imposta de fora, mas é um desejo natural do indivíduo atingir o objetivo desejado por meio de atividade ou desempenho. Embora o conceito amplo seja relativamente simples de definir, os constituintes da motivação intrínseca são mais complexos.

Motivação extrínseca

"Motivação extrínseca" é uma expressão utilizada para descrever um estado em que uma atividade é realizada, a fim de obter algum resultado específico. Enquanto alguns pesquisadores se referiram a essa divisão como a diferença entre motivação "verdadeira" e "engajamento", outros não veem esses dois tipos como diferentes, mas como dois extremos em um *continuum*, pois qualquer ação poderia ser motivada por uma combinação de fatores intrínsecos e extrínsecos (RIGBY et al., 1992). Ryan e Deci (2000a) resumiram uma série de estudos sugerindo quatro dimensões para a motivação extrínseca: (i) regulação externa, onde o indivíduo se concentra em recompensas e/ou punições que possam resultar da realização de uma atividade; (ii) introjeção, quando uma atividade é realizada para garantir a aprovação de outras pessoas; (iii) identificação, onde o indivíduo começa, conscientemente, a valorizar a atividade; e (iv) integração, onde os resultados da atividade são congruentes com os objetivos mais amplos do indivíduo (RYAN & DECI, 2000, p. 61). A combinação dos dois tipos de motivação pode ser necessária para motivar o maior número possível de estudantes.

Pesquisas sobre motivação extrínseca sugerem que os professores devem ter cuidado ao usar recompensas extrínsecas. Verificou-se que recompensas tangíveis (como notas, dinheiro ou privilégios especiais) têm efeitos significativamente negativos no comportamento de livre-escolha e no interesse autorrelatado quando comparadas com recompensas intangíveis (como *feedback* verbal). No entanto, quando tais recompensas extrínsecas foram inesperadas, elas não apresentaram os mesmos níveis de efeitos negativos (DECI; KOESTNER & RYAN, 1999). Também é importante mencionar que, embora a motivação intrínseca seja altamente desejável, nem todos os estudantes consideram a escola intrinsecamente motivadora. Além disso, mesmo os estudantes motivados se sentirão desmotivados algumas vezes. A pesquisa também revelou uma correlação positiva entre motivação intrínseca e aumento do envolvimento na escola, melhor saúde social e psicológica e melhoria geral no aprendizado (PINTRICH, 2003).

Tradicionalmente, os educadores consideram a motivação intrínseca mais desejável que a motivação extrínseca e como o tipo de motivação que resulta em melhores resultados de aprendizagem. Geralmente, as crianças tendem a entrar na escola com altos níveis de motivação intrínseca. No entanto, esse alto nível de motivação intrínseca tende a declinar com o tempo à medida que as crianças progridem na vida escolar. Em contraste com essa perspectiva de valor da motivação intrínseca, as abordagens iniciais do estudo da motivação estavam de fato enraizadas na literatura sobre reforço extrínseco. Os trabalhos de Skinner (como relatado em STIPEK, 1996) focaram nos reforços externos/extrínsecos, que ele classificou em positivos e negativos. Reforços positivos, ou recompensas, são consequências que aumentam a probabilidade de um determinado comportamento sobre o qual foram contingenciados. Reforços negativos são consequências que aumentam a probabilidade de um determinado comportamento removendo ou reduzindo alguns estímulos externos negativos. Sob essa estrutura, o trabalho do professor é claro, ou seja, usar notas e elogios melhores para recompensar o comportamento desejado e notas ruins ou perda de privilégios como punição. No entanto, essa abordagem é limitada porque recompensas e punições não são igualmente eficazes para todos os estudantes e é difícil reforçar alguns comportamentos desejados (como levar um estudante a prestar mais atenção). Além disso, como argumenta Stipek (1996), os benefícios da motivação extrínseca tendem a decair com o tempo.

Croft (2010) propôs a figura abaixo (fig. 2.2) para explicar os dois tipos de motivação:

Figura 2.2 Matriz de orientação intrínseca e extrínseca ao objetivo

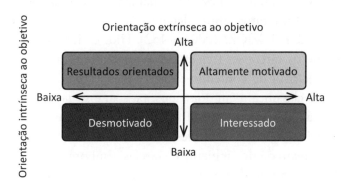

A motivação extrínseca tem sido vista tradicionalmente como algo que mina a motivação intrínseca e vários estudos mostraram de fato que os estudantes perderão seu interesse intrínseco natural em realizar uma atividade

específica se tiverem de fazê-la para satisfazer algum requisito extrínseco (DOR-NYEI & USHIODA, 2013). No entanto, nem todos os estudos encontraram uma relação negativa entre a motivação extrínseca e intrínseca, levando Deci e Ryan (1985) a substituírem a dicotomia extrínseca/intrínseca por um construto mais elaborado, seguindo os princípios mais importantes de sua teoria, a que eles se referiam como teoria da autodeterminação (DECI & RYAN, 2000). De acordo com Deci e Ryan (1985, 2000, conforme listado em DORNYEI & USHIODA, 2013, p. 24), existem de fato quatro tipos diferentes de motivação extrínseca, que são explicados na tabela 2.1, abaixo.

Tabela 2.1 Tipos de motivação extrínseca

Quatro tipos de motivação extrínseca
1) Regulamentação externa: refere-se à forma menos determinada de motivação extrínseca que provém principalmente de ameaças ou recompensas.
2) Regulamento introjetado: regras impostas externamente que o estudante aceita como normas a serem seguidas para não se sentir culpado.
3) Regulação identificada: quando um indivíduo se envolve em determinada atividade que ele a valoriza e identifica com o próprio comportamento.
4) Regulação integrada: a forma mais avançada de desenvolvimento de motivação extrínseca, que é o comportamento de escolha de um indivíduo que também é totalmente assimilado pelos outros valores e necessidades do indivíduo.

Motivação, valores, interesses e objetivos

A noção de motivação intrínseca está intimamente relacionada ao valor intrínseco. Os valores também estão intimamente relacionados aos interesses, ou seja, a relação interativa entre alguém e certos aspectos de seu ambiente (HIDI & HARACKIEWICZ, 2000, p. 152). Hidi e Harackiewicz (2000) afirmam ainda que os interesses (sejam vistos como um estado ou uma característica) são específicos do conteúdo e estão conectados ao desempenho ou ao sucesso. Eles os classificam em dois tipos: pessoal e situacional. Os interesses pessoais são mais duradouros, resultam em mais foco nas tarefas em mãos e mais persistência, enquanto os interesses situacionais são mais imediatos e dependem do contexto ou do ambiente de tarefas. Embora pareça razoável supor que o nível de motivação de um indivíduo varie entre domínios, dependendo de seus interesses específicos, há algumas evidências de que a motivação em um domínio pode se generalizar para outros domínios. Gottfried (1990), por exemplo, descobriu que a motivação na leitura previa uma motivação posterior na leitura de ciências e estudos sociais, enquanto a motivação na matemática (especialmente nos anos do ensino fundamental) pode ser menos generalizada para outras disciplinas.

Um objetivo é uma ideia específica que uma pessoa forma conscientemente. Isso contrasta com motivos ou desejos que ocorrem em um nível subconsciente. Isso torna o estabelecimento de metas um processo interessante, porque na verdade trata-se de uma mistura híbrida da dicotomia motivação interna/externa. Nesse contexto, um objetivo pode ser visto como uma manifestação externa de uma motivação intrínseca. Portanto, pode-se argumentar que, em alguns casos, a falta de motivação de um estudante pode ser rastreada até sua incapacidade de estabelecer seus próprios objetivos (BARRY, 2007). Nós, como professores e pais, devemos, portanto, ter muito cuidado com quem estabelece metas para nossos estudantes. Isso é importante porque a pesquisa revelou que os objetivos reais podem afetar os níveis de desempenho dos estudantes. É menos provável que os estudantes desanimem ao se empenharem para alcançar uma meta de longo prazo se essa meta tiver sido apresentada como uma série de metas de curto prazo. Alguns estudantes ficam sobrecarregados com projetos/objetivos longos e grandes e essas crianças podem ser mais bem auxiliadas trabalhando com elas para dividir os objetivos em objetivos proximais mais gerenciáveis que melhoram os sentimentos de controle e autonomia.

Os objetivos estão relacionados às razões de um indivíduo para realizar uma tarefa. Eles podem ser subdivididos em dois tipos: de domínio e de *performance*. Objetivos de domínio podem ser comparados com motivação intrínseca, enquanto objetivos de *performance* podem ser comparados com motivação extrínseca (BROUSSARD & GARRISON, 2004). Objetivos de domínio sempre estão ligados à maneira como o indivíduo percebe sua capacidade; como planeja e conduz a análise da tarefa e a convicção subjacente geral de que seus esforços resultarão em melhoria da capacidade. Objetivos de *performance* estão mais relacionados à maneira como o indivíduo julga suas próprias notas ou recompensas externas. Os dois tipos de objetivos (ou seja, de domínio e de *performance*) também podem ser classificados em objetivos envolvidos no ego e objetivos envolvidos na tarefa. No que tange os objetivos envolvidos no ego, os estudantes estão preocupados com as perguntas: Vou parecer inteligente se eu fizer essa tarefa corretamente? Superarei outros estudantes? Ames (1992) afirma que os estudantes com objetivos envolvidos no ego provavelmente selecionarão tarefas que eles já sabem que podem concluir. Por outro lado, os estudantes com objetivos envolvidos na tarefa estão preocupados com as perguntas: Como posso fazer essa tarefa? O que vou aprender? É mais provável que esses estudantes escolham tarefas desafiadoras. Portanto, o tipo de objetivo e o contexto em que foi definido podem determinar seu impacto na motivação acadêmica e, consequentemente, no esforço. Em geral, a pesquisa sobre motivação e a teoria motivacional auxiliam na visão de que o estabelecimento de metas é um meio eficaz de incrementar a motivação se as metas forem definidas adequadamente. Em geral, é mais provável que um objetivo seja motivador se tiver as seguintes características:

- O objetivo é realista e alcançável, mas desafiador ao mesmo tempo.
- O objetivo é desejável e depende da educação.
- O objetivo é sugerido pelo estudante ou adotado por ele.
- O estudante pode perceber um caminho claro para alcançar o objetivo.
- O objetivo é embasado por indivíduos importantes e próximos do estudante.

Automotivação

Dornyei e Ushioda (2013) veem a automotivação como um pensamento eficaz e significativo sobre experiências e objetivos de aprendizagem. Embora grande parte da discussão anterior sobre motivação tenha se concentrado no papel dos professores e no que eles podem ou não fazer para motivar seus estudantes, é igualmente importante considerar o papel do próprio estudante e o como ele pode motivar a si mesmo. Um papel importante do professor nesse caso é aumentar o nível de conscientização de seus estudantes sobre estratégias de autorregulação e como elas podem ser aplicadas. A automotivação é, portanto, o processo de aplicação de padrões de pensamento positivo e certas estruturas de crenças a fim de otimizar ou sustentar o envolvimento no aprendizado. O engajamento no pensamento motivacional pode ser motivador por si só e envolve o controle pessoal das condições afetivas e das experiências necessárias para a aprendizagem. Dornyei (cf. discussões em DORNYEI & USHIODA, 2013) classificou as estratégias de automotivação em cinco categorias principais:

1) *Estratégias de controle de comprometimento*, que são aquelas que ajudam a preservar ou aumentar o comprometimento do objetivo original do estudante (como focar no que aconteceria se o objetivo original não fosse alcançado).

2) *Estratégias de controle metacognitivo*, que são aquelas utilizadas para monitorar e controlar a concentração (como identificar distrações e mantê-las sob controle).

3) *Estratégias de controle da satisfação*, que são aquelas usadas para diminuir o tédio e adicionar atração à tarefa (como usar a fantasia de alguém para tornar a tarefa mais divertida).

4) *Estratégias de controle da emoção*, que são aquelas usadas para gerenciar os modos ou estados emocionais perturbadores (como autoencorajamento e uso de técnicas de relaxamento).

5) *Estratégias de controle do ambiente*, que são aquelas utilizadas para eliminar influências ambientais negativas (como as distrações).

Fontes e avaliação da motivação

A motivação pode ser avaliada por meio de medidas de *self-reporting* [autorrelato] ou indicadores comportamentais (cf. tb. exemplos de questionários que podem ser usados para avaliar a motivação no cap. 1). As medidas de *self-reporting* [autorrelato] podem ser concluídas por professores e pais, e geralmente contêm perguntas relacionadas a interesses, atribuições, autopercepções, curiosidade, persistência e prazer de aprender. Os indicadores comportamentais usam persistência de livre-escolha, ou seja, a quantidade de tempo gasto em uma atividade depois que as condições de recompensa são suspensas.

Os professores interessados em avaliar a motivação no contexto da aprendizagem em sala de aula precisam identificar ou criar uma tarefa para otimizar a possibilidade de observar a motivação dos estudantes. No entanto, também é importante notar que os métodos para incentivar a expressão da motivação na sala de aula se sobrepõem aos métodos para medi-la. Além disso, o nível de dificuldade da tarefa também afeta o envolvimento dos estudantes, pois afeta diretamente seu sentimento de competência. Tarefas muito fáceis podem levar a uma diminuição no envolvimento dos estudantes, porque a conclusão da tarefa não leva necessariamente a um senso de competência. Por outro lado, tarefas que são percebidas como muito difíceis podem levar ao comportamento de evitar desafios. É sempre uma boa prática para os professores garantir que os estudantes saibam exatamente como estão sendo avaliados nas tarefas porque, em algumas situações, a motivação pode ser avaliada incorretamente quando os critérios de avaliação não estão claros. É igualmente uma boa prática permitir aos estudantes várias maneiras de expressar seu aprendizado ao formular diferentes métodos de avaliação. Ensiná-los a avaliar seu próprio trabalho e desenvolver seu próprio julgamento também é muito útil para promover sentimentos de competência e autonomia, que são sempre bons para motivar.

Stipek (2002) afirma que também é uma boa prática dar instruções explícitas aos estudantes sobre como avaliar seu próprio trabalho. Eles se beneficiam ao receber técnicas instrucionais específicas sobre como avaliar seu próprio aprendizado e seu próprio progresso. Modelos de trabalhos bons/exemplares podem ser úteis em tais cenários. Os estudantes também podem verificar soluções para os problemas de matemática que são instados a resolver, ou a precisão de sua ortografia, por exemplo, comparando seus resultados com os de seus colegas ou comparando-os a uma folha de respostas fornecida pelo professor. As rubricas, como as utilizadas para medir amostras de gravação em testes padronizados, também são úteis. Além disso, vincular os critérios de avaliação à instrução direta é muito útil. Os estudantes aprenderão melhor como avaliar seu próprio progresso se os critérios de avaliação fornecidos estiverem alinhados com as instruções dentro da sala de aula.

Huitt (2011) listou as fontes de necessidades motivacionais na autoexplicativa tabela 2.2, abaixo, que fornece uma visão geral, embora breve, das diferentes fontes de motivação que foram estudadas.

Tabela 2.2 Fontes de necessidades motivacionais

	Fontes de necessidades motivacionais
Comportamental/ externa	• Provocado por estímulos conectados a estímulos conectados inatamente. • Obter consequências desejadas e agradáveis (recompensas) ou escapar de consequências indesejadas e desagradáveis.
Social	• Imitar modelos positivos. • Adquirir habilidades de competência social. • Fazer parte de um grupo ou comunidade.
Biológica	• Aumentar/diminuir a estimulação. • Ativar os sentidos. • Diminuir a fome, a sede, o desconforto. • Manter o equilíbrio.
Cognitiva	• Manter a atenção em algo interessante ou ameaçador. • Desenvolver o significado ou o entendimento. • Resolver um problema ou tomar uma decisão. • Eliminar ameaça ou risco.
Afetiva	• Aumentar a sensação de bem-estar. • Diminuir a sensação de mal-estar. • Aumentar a segurança ou diminuir as ameaças. • Manter o otimismo e o entusiasmo.
Conativa	• Atingir metas desenvolvidas individualmente. • Conseguir um sonho pessoal. • Assumir o controle da vida de alguém. • Reduzir o controle da vida de outras pessoas.
Espiritual	• Compreender o propósito da vida de alguém.

3
Teorias da motivação

Quando se quer motivar os estudantes é necessário primeiro compreender suas atitudes e comportamentos. Martin (2009) observou que nem todos os estudantes são motivados pelos mesmos desejos e necessidades. Alguns estudantes são motivados pelo apoio de outros, enquanto outros são motivados pela superação dos obstáculos que parecem impedi-los de desempenhar as realizações em questão. Uma compreensão dessas diferenças nos leva ao reino das teorias da motivação.

As teorias da motivação podem ser classificadas amplamente em duas perspectivas diferentes: teorias de conteúdo e teorias de processos. As teorias de conteúdo lidam com o que motiva as pessoas e se ocupam das necessidades e objetivos individuais. Maslow, Alderfer, Herzberg e McClelland estudaram a motivação a partir de uma perspectiva de "conteúdo". As teorias de processo lidam com o "processo" de motivação e se preocupam em "como" a motivação ocorre. Vroom, Porter e Lawler, Adams e Locke estudaram a motivação a partir de uma perspectiva de "processo". Portanto, a seguir, apresentamos uma breve visão geral das teorias motivacionais, a fim de entender seus antecedentes e sua relação com o processo de aprendizagem.

Teoria do reforço

Embora a teoria do reforço tenha sido desenvolvida principalmente para explicar o comportamento animal, mais tarde foi usada para explicar também o comportamento humano. O trabalho pioneiro de Thorndike (no final do séc. XIX) e Skinner (em meados do séc. XX) abriu o caminho para a introdução do condicionamento operante (para uma revisão básica de tais ideias e outras referências, cf., p. ex., ROECKELEIN, 1998), ou seja, um termo cunhado pelo próprio Skinner, que também classificou as influências externas sobre o comportamento humano em duas categorias principais: reforçadores positivos e reforçadores negativos. A diferença entre reforçadores positivos, reforçadores negativos e punição pode ser facilmente explicada por um cenário simples que acontece todos os dias em nossas salas de aula – um professor deseja que um de seus estudantes preste mais atenção. Nesse exemplo, o comportamento desejado seria "estar prestando mais atenção" e o professor pode alcançar esse resultado desejado, franzindo a testa (reforço negativo) se o estudante não prestar atenção, ou incentivá-lo a prestar mais atenção com a promessa de alguma recompensa social posterior (reforço positivo) ou simplesmente privando o estudante do recreio (punição).

Embora seja uma teoria muito boa para explicar o comportamento humano e entender como motivar os estudantes usando reforços positivos e negativos, e também às vezes a punição, essa teoria de reforço tem uma grande falha, ou seja, não leva em consideração pensamentos e sentimentos, e os considera irrelevantes. A esse respeito, essa teoria é muito mecanicista e focaliza apenas o ambiente externo e sua influência na motivação. Diante de um estudante que não está indo bem na escola, um teórico do reforço colocaria a pergunta: "O que há de errado com o ambiente?" e não "O que há de errado com a criança?" Stipek (2002) argumenta que as implicações dessa teoria nas práticas educacionais são diretas e geralmente são chamadas de modificação de comportamento. Modificação de comportamento é quando utilizamos reforços positivos para incentivar os comportamentos desejados e quando usamos punição para impedir comportamentos indesejados. Para que isso funcione bem, os professores devem primeiro identificar para cada estudante o que se qualifica para ser considerado uma recompensa e o que é considerado um castigo, porque não são iguais para todos os estudantes. Outra questão em contar com recompensas e punições dentro da sala de aula é que apenas comportamentos observáveis podem ser reforçados, enquanto alguns dos comportamentos desejados podem não ser facilmente observáveis (como a atenção, p. ex.).

Hierarquia de necessidades de Maslow

A teoria da hierarquia de necessidades de Maslow (postulada em meados do séc. XX) é frequentemente citada quando se considera a motivação humana. Maslow propôs uma forma de pirâmide (cf. fig. 3.1), que inclui cinco níveis. Ele afirmou que as necessidades nos níveis inferiores da pirâmide devem ser atendidas antes das necessidades nos níveis superiores. Os cinco níveis que Maslow identificou são:

1) necessidades fisiológicas;
2) necessidades de segurança;
3) necessidades sociais;
4) necessidades de estima;
5) necessidades de autorrealização.

Segundo Maslow, as necessidades fisiológicas estão no fundo de sua pirâmide e essas são as necessidades que devem ser atendidas antes de outras. Propõe-se que as necessidades fisiológicas incluam respiração, comida, água, sexo e abrigo. As necessidades de segurança, por outro lado, são basicamente a necessidade de se sentir seguro e protegido contra perigos e danos. As necessidades sociais incluem ter um senso de pertença e se sentir amado. As necessidades de estima incluem atenção, confiança, liberdade, independência, reconhecimento e respeito próprio. Finalmente, no topo da pirâmide da hierarquia de necessidades de Maslow está a autorrealização, que é um processo de aceitar o potencial máximo da pessoa.

Figura 3.1 Hierarquia de necessidades de Maslow

A teoria acima é importante para os professores, pois pode fornecer explicações sobre o porquê de seus estudantes não estarem motivados. Por exemplo, aqueles cujas necessidades fisiológicas são negligenciadas dentro da sala de aula podem não estar motivados a aprender e podem achar difícil se beneficiar das oportunidades de instrução que o professor arduamente lhes disponibiliza. Estudantes famintos raramente são motivados a aprender ou prestar atenção se tudo o que pensam tem a ver com comida e com quão famintos estão. O mesmo vale para estudantes sedentos ou aqueles que desejam ir ao banheiro. Da mesma forma, estudantes em salas de aula muito quentes ou muito frias também podem ser afetados, pois novamente suas necessidades fisiológicas não estão sendo atendidas. Sob tais circunstâncias, é provável que a criança seja motivada a satisfazer essa necessidade fisiológica, e não as necessidades relacionadas ao aprendizado em sala de aula.

Os estudantes com dificuldades específicas de aprendizado não são exceção a essa regra e devem ter suas necessidades fisiológicas e sociais atendidas antes de serem considerados como pessoas pouco motivadas ao aprender. Se essas necessidades básicas não forem atendidas, sem dúvida afetarão negativamente sua motivação para a aprendizagem. Estudantes recém-transferidos – que ainda não fizeram amigos ou que não estão sendo aceitos pelos novos colegas – podem sentir uma perda de motivação por causa de seus sentimentos de isolamento. O mesmo se aplica aos estudantes ameaçados ou àqueles cuja autoestima é muito baixa. Sentir-se independente, reconhecido e apreciado é uma influência importante na motivação; igualmente, sentir-se desamparado, desvalorizado e ignorado provavelmente dificulta a motivação.

Teoria de ERC de Alderfer

Em 1969, Clayton Alderfer simplificou a teoria de Maslow categorizando a hierarquia das necessidades em três categorias mescladas: Existência, Relação e Crescimento (ALDERFER, 1969). As três novas categorias levaram essa teoria a ser chamada de teoria da motivação ERG. Alderfer produziu essas três categorias: (i) mesclando necessidades fisiológicas e de segurança às necessidades existentes; (ii) renomeando necessidades de pertencimento como necessidades de relacionamento; e (iii) combinando necessidades de autoestima e autorrealização para formar necessidades de crescimento. Alderfer também ordenou essas necessidades hierarquicamente: no topo, as necessidades de crescimento relacionadas ao desenvolvimento de competência e realização do próprio potencial; a seguir, as necessidades de relacionamento, sugerindo relações satisfatórias com os outros; e, na base, as necessidades de existência de bem-estar físico.

Figura 3.2 Explicação do mapeamento entre os níveis de necessidade de Maslow e de Alderfer

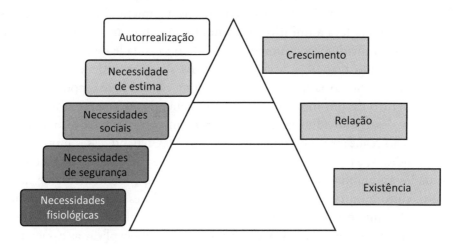

Alderfer acreditava que, quando se começa a satisfazer necessidades mais elevadas, elas se tornam mais intensas (p. ex., quanto mais poder você obtém, mais deseja o poder), como fosse um vício. Ele também afirmava que, quando as necessidades de uma categoria superior não são atendidas, os indivíduos tentam redobrar seus esforços investidos em uma necessidade de categoria inferior. Para dar um exemplo, Alderfer explicou que, se a autorrealização ou a autoestima não forem atendidas, os indivíduos investirão mais esforço na categoria de relacionamento, na esperança de alcançar a maior necessidade. No entanto, a teoria de Alderfer é mais do que apenas simplificar o número de necessidades e ampliar o que cada uma cobre. Embora ainda afirmasse que existe uma ordem geral para atender às necessidades, para ele a ordem não seria tão fixa quanto na hierarquia de Maslow. Por exemplo, as necessidades de existência geralmente têm uma prioridade mais alta do que as necessidades de relacionamento e crescimento; no entanto, essas prioridades podem mudar dependendo da pessoa e da situação.

Teoria das necessidades adquiridas de McClelland

A partir do trabalho seminal da teoria da hierarquia de necessidades de Maslow, David McClelland (1961; cf. McCLELLAND, 2001) produziu sua própria teoria em um livro intitulado *The Achieving Society* [no Brasil: *A sociedade competitiva*, 1972]. Ele identificou três motivadores que acreditava que todos nós possuímos: necessidade de realização, necessidade de afiliação e necessidade de poder. As pessoas terão características diferentes, dependendo do motivador dominante. A teoria das necessidades adquiridas de McClelland (2001) concentra-se em indivíduos com um nível aumentado de necessidades adquiridas, o que leva a um nível aumentado de autoestima. De acordo com McClelland, indivíduos com um alto nível de necessidade de realização estão sempre buscando maneiras de alcançar novos sucessos, independentemente do ambiente. Sua teoria identifica que, se uma necessidade é poderosa o suficiente dentro de um indivíduo, ela pode afetar positivamente a motivação intrínseca desse indivíduo para demonstrar um comportamento que leva à satisfação ao realizar tal necessidade. Segundo McClelland, esses motivadores são aprendidos, e é por isso que essa teoria às vezes é chamada de teoria das necessidades aprendidas. McClelland afirma que, independentemente de nosso gênero, cultura ou idade, todos temos três motivadores atuantes, embora um deles seja dominante. Esse motivador dominante depende em grande parte de nossa cultura e experiências de vida. A tabela 3.1 tenta explicar as características de cada pessoa de acordo com essa teoria.

Tabela 3.1 Características dos indivíduos de acordo com a teoria da motivação de McClelland

Motivador dominante	Características dessa pessoa
Realização	• Tem uma forte necessidade de definir e alcançar metas desafiadoras.
	• Corre riscos calculados para atingir seus objetivos.
	• Gosta de receber *feedback* regular sobre seu progresso e realizações.
	• Muitas vezes gosta de trabalhar sozinha.
Afiliação	• Quer pertencer ao grupo.
	• Quer ser apreciado e costuma acompanhar qualquer coisa que o resto do grupo queira fazer.
	• Favorece a colaboração sobre a concorrência.
	• Não gosta de alto risco ou incerteza.
Poder	• Quer controlar e influenciar os outros.
	• Gosta de ganhar argumentos.
	• Gosta de competição e vitória.
	• Aprecia *status* e reconhecimento.

Teoria do *locus* de controle

Locus de controle é o grau em que as pessoas acreditam ter controle sobre os efeitos ou resultados de eventos em suas próprias vidas, em oposição às forças externas que estão além de seu controle. O conceito foi desenvolvido por Rotter em 1954 e desde então se tornou um aspecto dos estudos da personalidade. Segundo essa teoria, o *locus* de controle das pessoas é interno ou externo. As pessoas que têm um *locus* de controle interno acreditam que podem controlar a própria vida. As pessoas que possuem um *locus* de controle externo acreditam que suas decisões e sua vida são controladas por fatores ambientais que elas não podem influenciar, ou que a sorte ou o destino controlam suas vidas. Indivíduos com um forte *locus* de controle interno acreditam que os eventos em sua vida derivam principalmente de suas próprias ações. Os estudantes com mais *locus* de controle interno, ao receberem os resultados dos exames, tendem a elogiar ou culpar a si mesmos e a suas habilidades. Os estudantes com um forte *locus* de controle externo tendem a elogiar ou culpar fatores externos, como o professor ou o nível de dificuldade do próprio exame.

A teoria do controle (GLASSER, 1984; MILLER; GALANTER & PRIBRAM, 1960; WIENER, 1948) afirma que, como seres humanos, temos uma profunda necessidade de controle que, paradoxalmente, controla grande parte de nossas vidas. O esforço interminável de controle pode nos levar à infelicidade, pois falhamos nessa tarefa impossível de tentar controlar tudo e todos ao nosso redor. Em vez disso, devemos tentar ver o mundo como uma série de escolhas. É por isso que Glasser mais tarde renomeou a teoria do controle como teoria da escolha. Um princípio da teoria do controle direto é o do *feedback* negativo, em que os resultados são comparados com a intenção (ou "objetivos") e, consequentemente, usados para moderar ações até que a intenção seja alcançada de maneira ideal. (O "negativo" no *feedback* é a diferença entre a intenção e o resultado.) A teoria do "*locus* de controle" afirma que os indivíduos devem ser motivados na medida em que sentem que estão no controle de seus próprios aprendizados, sucessos e fracassos. É por isso que a autonomia é uma das três necessidades psicológicas básicas, juntamente com a competência e relacionamento, em uma das formulações dessa teoria. Além disso, o *locus* de controle está intimamente relacionado ao conceito de atribuições, ou seja, às crenças dos indivíduos em relação às causas de desempenho bem-sucedido ou fracassado. Capacidade, esforço, tarefa e sorte são vários tipos de atribuições.

Um importante aspecto consequente da teoria do controle é a autorregulação. As pessoas são vistas como indivíduos inteligentes, orientados para objetivos, que controlam suas atividades para atingir seus objetivos, metas e necessidades. De acordo com essa teoria, os professores devem dar aos estudantes coisas para controlar e ajudá-los a controlar as coisas em seu percurso de aprendizagem. Os professores não devem tentar controlar tudo no ambiente de aprendizagem; devem ver o mundo como uma série de escolhas que seus estudantes precisam fazer.

Modelo Arcs de *design* motivacional de Keller

Segundo Keller (2010), o *design* motivacional refere-se ao processo de organizar recursos e procedimentos para solicitar mudanças na motivação. O *design* motivacional pode então ser aplicado para melhorar a motivação dos estudantes para aprender o desenvolvimento de características motivacionais específicas nos indivíduos e as habilidades das pessoas na automotivação. O modelo Arcs formulado por Keller é uma abordagem de solução de problemas para projetar os aspectos motivacionais dos ambientes de aprendizagem para estimular e auxiliar a motivação dos estudantes a aprender (KELLER, 1983, 1984, 1987). Arcs refere-se a Atenção, Relevância, Confiança e Satisfação, respectivamente. O modelo possui duas partes:

1) Um conjunto de categorias representando componentes de motivação. Essas categorias são apresentadas na tabela 3.2, abaixo.

Tabela 3.2 Categorias de atenção, relevância, confiança e satisfação de Keller

Atenção	Relevância	Confiança	Satisfação
A1 Excitação perceptual	R1 Orientação ao objetivo	C1 Requisitos de aprendizagem	S1 Reforço intrínseco
A2 Busca de excitação	R2 Motivo correspondente	C2 oportunidades de Sucesso	S2 recompensas extrínsecas
A3 Variabilidade	R3 Familiaridade	C3 Controle pessoal	S3 Equidade

2) Um processo de *design* sistemático que permite ao professor ou aos pais criar aprimoramentos motivacionais adequados a um determinado conjunto de estudantes. Segundo Keller (2010), como a motivação consiste na quantidade de esforço que uma pessoa está disposta a exercer na busca de um objetivo, a motivação tem magnitude e direção. Assim, segundo seu modelo, o *design* motivacional preocupa-se em conectar a instrução aos objetivos dos estudantes, fornecendo estímulo e níveis adequados de desafio e influenciando na maneira como os estudantes se sentirão após a realização bem-sucedida de objetivos, ou mesmo após o fracasso.

O modelo Arcs de Keller tem sido usado e validado por professores e educadores em escolas de ensino fundamental e médio, faculdades e universidades e em contextos de aprendizagem de adultos (cf. www. Arcsmodel.com).

Teoria da autodeterminação

Segundo a teoria da autodeterminação (TDA) (DECI & RYAN, 1985, 2000), existem três necessidades psicológicas humanas básicas: autonomia, relacionamento e competência. Quando essas necessidades humanas psicológicas são satisfeitas, elas aumentam a motivação autônoma, o que, por sua vez, resulta em internalização autônoma de comportamentos que, de outra forma, seriam extrínsecos na origem. O ambiente desempenha um papel significativo no processo de satisfação dessas três necessidades psicológicas básicas. Essa é uma diferença fundamental em relação às teorias da motivação precedentes, estas observavam predominantemente as diferenças internas ao ser humano em nível individual, sem observar o contexto ou o ambiente em que o comportamento humano ocorre. A TDA, portanto, atribui papéis significativos a outros atores na vida acadêmica do estudante, como pais, professores e colegas.

Teoria das expectativas de Vroom

A teoria da motivação de Vroom (1964) foi originalmente desenvolvida para o local de trabalho. No entanto, pode ser aplicada à educação como orientação para motivar crianças com dificuldades de aprendizagem específicas. Há três elementos nessa teoria:

1) Expectativa: a crença de que o esforço de uma pessoa resultará na consecução dos objetivos de desempenho desejados.

2) Instrumentalidade: a crença de que uma pessoa receberá uma recompensa se a expectativa de desempenho for atendida (seja ela intrínseca ou extrínseca).

3) Valência: o valor que o indivíduo atribui às recompensas com base em suas necessidades, objetivos, valores e fontes de motivação.

Essa teoria pode ser resumida da seguinte maneira: M = (E) × (I) × (V), ou seja, Motivação (M) = Expectativa (E) × Instrumentalidade (I) × Valência (V).

Se a tarefa apresentada ao estudante puder ser alcançada, isso atenderia ao critério de expectativa. Isso também significa que deve haver algo para o estudante – ele deve sentir que isso o beneficiará. Isso está relacionado ao critério de "valência", que indica que o estudante deve valorizar a recompensa ou o resultado da conclusão da tarefa. Portanto, é importante começar pelas necessidades e interesses do estudante. Há pouco sentido em sugerir uma recompensa de pouco valor ou interesse para o estudante, por exemplo, uma refeição de frango para um vegetariano não seria grande incentivo! Da mesma forma, as crianças, independentemente de sua dificuldade de aprendizagem específica, podem não perceber tarefas extras da escola como recompensa, nem ver o tempo nas tarefas que expõem o núcleo de seus problemas de aprendizagem como recompensa. Em circunstâncias normais, não se pode, por exemplo, recompensar uma criança com disgrafia com uma tarefa de produção de texto e, igualmente, não se pode recompensar uma criança com dispraxia com uma aula extra de educação física. As implicações disso são:

- Assegure-se de que a tarefa seja realização e que o estudante a possa concluir, independentemente do número de etapas necessárias.

- Assegure-se de que alguma forma de recompensa esteja disponível – não precisa ser uma recompensa tangível extrínseca, embora isso possa ser necessário, pode ser uma recompensa intrínseca – ou seja, o estudante deseja fazê-lo porque é significativo para ele.

- A recompensa, ou o resultado, do empreendimento deve ser valiosa para o estudante. Isso está relacionado ao ponto acima e é muito importante.

Para aplicar essa teoria na prática pode ser necessário realizar alguma preparação com o estudante. Será necessário descobrir:

1) suas necessidades preferidas – o que é importante para ele e o que, no momento, o motiva fora da escola;

2) o tipo de recompensa que pode ser útil para começar. É uma boa ideia começar com recompensas extrínsecas (ou seja, algo tangível) e, eventualmente, passar para recompensas intrínsecas. Recompensas intrínsecas significam que o estudante desejará fazer a tarefa por si mesmo.

Isso significa que é importante garantir que o/a estudante tenha certo grau de responsabilidade e controle. Ele/Ela pode não saber o que o/a motiva devido à falta de experiência ou prática na tomada de decisões e na decisão do que fazer[1]. Isso geralmente acontece quando grande parte da aprendizagem é prescritiva. A motivação, portanto, conforme indicado em diferentes pontos deste livro, não deve ser vista isoladamente, mas deve estar ligada ao currículo e ao ensino e aprendizagem.

---

1. Como se leu acima, originalmente, os autores buscaram evidenciar a questão do gênero recorrendo ao expediente de acrescentar ao pronome *"he"* o pronome feminino *"she"*, bem como suas declinações. A palavra *"student"* seguida do artigo indefinido, no original, dispensava o acréscimo de qualquer menção ao gênero, bem como de qualquer declinação no adjetivo. Na tessitura deste livro em português, surgiu o problema de, ao recorrer ao mesmo expediente do original, usando "ele/ela", "o/a estudante" etc., ser também necessário conjugar uma série de adjetivos que originalmente seriam invariáveis e comprometeriam a fluidez do texto e, ao mesmo tempo, o tornariam menos acessível a pessoas que dependem do auxílio de audiolivros ou de leitura assistida por software. Por isso, optamos por não fazer menção a essa diferença, embora tenha sido preservada nos casos em que ocorre a distinção entre meninos e meninas [N.T.].

Características da motivação
Motivação de domínio específico

Geralmente, a pesquisa sugere que a especificidade de domínio da motivação (assim como o autoconceito) tende a aumentar com a idade. À medida que os estudantes crescem e adquirem mais experiências educacionais, e à medida que o currículo começa a refletir a fragmentação das disciplinas acadêmicas, aumenta também a motivação de domínio específico (GOTTFRIED; FLEMING & GOTTFRIED, 2001). Eccles e Wigfield (2002) afirmam que as crianças atribuem mais valor às atividades que se destacam ao longo do tempo, o que sugere que elas estarão mais motivadas a aprender os assuntos em que experimentam sucesso. Gottfried (1990) conduziu um estudo longitudinal no qual ela investigou a capacidade preditiva da motivação e sua relação com determinados sujeitos. Ela descobriu que a motivação das crianças para aprender matemática era prevista unicamente pelos resultados anteriores. Além disso, Guay et al. (2010) conduziram uma revisão sobre diferenciação de motivação e descobriram que, embora crianças de 5 a 7 anos não diferenciem normalmente as áreas de estudo, crianças entre 8 e 11 tendem a ter autopercepções mais precisas de seus próprios pontos fortes e fracos em diferentes disciplinas. Guay et al. (2010) concluíram que, embora as crianças pequenas possam não ser capazes de diferenciar entre se envolver em uma atividade porque gostam ou porque foram instruídas a fazê-lo por outra pessoa, as crianças mais velhas parecem capazes de fazer essa distinção.

Motivação e gênero

Embora a pesquisa sugira a existência de uma diferença de gênero na motivação, a evidência é mista quanto à direção dessa diferença. Lange e Adler (1997) relataram que os professores dão uma classificação significativamente mais alta às meninas do que aos meninos em motivação intrínseca e comportamento orientado ao domínio, embora as notas de desempenho e de classe dos dois grupos (homens e mulheres) sejam as mesmas em seu estudo. Em contraste, Guay et al. (2010) descobriram que as meninas têm maior motivação intrínseca para leitura e escrita do que os meninos, enquanto os meninos têm maior motivação intrínseca para matemática.

Motivação, desempenho e QI

A motivação está relacionada ao desempenho e ao QI. Há uma relação consistente entre motivação e desempenho em leitura e matemática relatada na literatura de pesquisa (BROUSSARD & GARRISON, 2004; GOTTFRIED, 1990; LANGE & ADLER, 1997). Essa relação também parece se fortaleceria com a idade, ou seja, aos 9 anos de idade, os estudantes com maiores graus de motivação demonstram desempenho e notas consistentemente maiores do que os seus colegas de classe com menores graus de motivação (BROUSSARD & GARRISON, 2004). Lange e Adler (1997) também descobriram que os estudantes da terceira à quinta série com níveis intrínsecos mais elevados de motivação tendem a demonstrar níveis mais altos de domínio no comportamento, além de notas mais altas em leitura e matemática. Descobriram ainda que a motivação contribui para a previsão do desempenho, além dos efeitos da habilidade. Gottfried (1990) também descobriu que crianças em idade escolar elementar com graus mais altos de motivação intrínseca acadêmica tendem a ter QI mais alto e maior desempenho, além de percepções mais positivas de sua competência acadêmica.

Motivação e idade

A motivação nas crianças prediz a motivação mais tarde na vida e os pesquisadores geralmente concordam que a motivação intrínseca parece ser inicialmente bastante alta entre as crianças pequenas (BROUSSARD & GARRISON, 2004; STIPEK, 1996). Entwisle, Alexander, Cadigan e Pallas (1986) também descobriram que os estudantes da primeira série têm um autoconceito muito positivo e expectativas acadêmicas muito altas para si. Embora se tenha descoberto que recompensas verbais (como elogios ou *feedback* de desempenho) melhoram o comportamento de escolha livre de estudantes universitários, elas não mostraram os mesmos efeitos em crianças. Por outro lado, o *feedback* negativo sobre o desempenho afetou negativamente a motivação intrínseca de ambos os grupos de estudantes.

Motivação e recompensas

O contexto em que as recompensas são feitas ou apresentadas pode afetar a forma como elas são vivenciadas pelos estudantes. As recompensas podem ser administradas de maneira controladora ou informativa. Deci et al. (1999) descobriram que as recompensas usadas para controlar o comportamento dos estudantes tendem a reduzir seu senso de autodeterminação, enquanto as recompensas usadas para transmitir informações sobre as competências podem ser muito valiosas. Portanto, recomenda-se que as recompensas minimizem os tons autoritários e controladores, sejam reconhecimento ao bom desempenho e ofereçam muitas opções, se possível, sobre como concluir a tarefa. Stipek (1996) considerou as recompensas contingentes de tarefas (i. é, recompensas concedidas pela participação ou conclusão de tarefas) como sendo experimentadas pelos estudantes como recompensas controladoras. É por isso que Deci et al. (1999) recomendam que os professores usem recompensas inesperadas de vez em quando, mas não com frequência, para que os estudantes não esperem por elas.

Existem muitas visões diferentes sobre as recompensas. Alguns as defendem, enquanto outros se opõem ao uso desse expediente para aumentar a motivação. Aqueles que as defendem argumentam que a educação é o único âmbito em que os custos são pagos antecipadamente (em termos de tempo e esforço), enquanto os benefícios são quase sempre postergados e muitas vezes difíceis de entender, e, portanto, recompensas no curto prazo poderiam equilibrar essa situação. Também argumentam que as recompensas não são novas, já que a maioria de nós se lembra de adesivos com carinhas felizes e cartas com estrelinhas douradas ou da barra de chocolate ao lado da cadeira dos professores. Tais visões também corroboram o fato de que, embora as recompensas normalmente levem a um esforço maior simplesmente com o objetivo de passar em um exame ou terminar a lição de casa, elas também trazem benefícios em termos de o estudante se empenhar mais, o que é um resultado desejado. Isso contrasta com os pontos de vista daqueles contrários ao uso de recompensas. Estes argumentam que as salas de aula devem ter como objetivo promover o aprendizado e a curiosidade, e não treinar os estudantes a se exibirem por guloseimas (WILLINGHAM, 2008). Além disso, os programas de recompensa podem ser vistos como irreais simplesmente porque não podem durar para sempre e, quando as recompensas são retiradas, os estudantes não têm motivos para realizar o comportamento necessário. No caso de recompensas de grandes dimensões, surgem questões éticas e torna-se claro se os estudantes são de fato coagidos a participar da execução de tal tarefa. Algumas recompensas incentivam a conformidade, não a cognição, e não é disso que trata o aprendizado (NATIONAL RESEARCH COUNCIL, 2004). Os psicólogos também argumentam que, se malprojetado, um sistema de recompensas pode de fato desencorajar a motivação.

Independentemente do ponto de vista adotado por um indivíduo em relação à validade, uso e eficácia de um determinado programa de recompensa para aumentar a motivação, os itens abaixo formam um conjunto de recomendações gerais que devem ser levadas em consideração se um professor ou uma escola decidir adotar e/ou desenvolver um programa de recompensa específico:

- Recompensar os estudantes por dominarem certas habilidades ou demonstrar maior compreensão provavelmente incentivará mais a motivação do que recompensá-los por atingirem um nível específico de desempenho/realização.
- As recompensas serão mais eficazes se visarem a comportamentos ou tarefas que os próprios estudantes consideram viáveis. Se tais metas são percebidas pelos estudantes como claramente explicadas e estão dentro de seu domínio de controle, é mais provável que o sistema de recompensa seja bem-sucedido.
- O nível das tarefas deve estar dentro da zona de desenvolvimento proximal; ou seja, as tarefas devem ser desafiadoras o suficiente para motivar os estudantes a se envolverem e se concentrarem, mas não tão desafiadoras a ponto de serem desanimadoras e frustrantes.
- As recompensas sociais podem ser bem-sucedidas para os estudantes como uma alternativa às recompensas pecuniárias, se forem atraentes.
- As recompensas que são dadas prontamente, assim que os estudantes atingiram o comportamento desejado, são mais propensas a terem sucesso do que aquelas com um atraso entre a conclusão e a recompensa.
- As recompensas tendem a ser mais eficazes se forem de alguém que é percebido como sendo de importância social ou pessoal para os estudantes.
- Use recompensas extrínsecas tangíveis o mínimo possível e também use a recompensa mais modesta possível. Uma vez usada, e caso se tenha alcançado o objetivo, retire a recompensa extrínseca o quanto antes.
- Faça com que as recompensas dependam do nível de desempenho ou do nível alcançado e não apenas do envolvimento em uma atividade.

4
Fatores de motivação

Geralmente, no atual sistema educacional de muitos países, os estudantes adquirem conhecimento apenas porque devem ser testados e não necessariamente pelo valor desse conhecimento. Não tendo uma percepção clara da utilidade dos estudos escolares, os estudantes podem se desmotivar (MELNIC & BOTEZ, 2014). Por outro lado, o aprendizado parece ser mais atraente quando os estudantes têm curiosidade sobre os tópicos estudados e quando a atividade é adequadamente desafiadora. Esses fatores são muito importantes para os professores entenderem e averiguarem se devem motivar seus estudantes com DAEs. Este capítulo, portanto, focará nos fatores que motivam e desmotivam os estudantes a aprender e responderão a duas perguntas básicas:

1) Quais fatores motivacionais eu preciso conhecer/incentivar para motivar meus estudantes com DAEs a aprender?

2) Quais fatores eu preciso evitar ou deixar de fazer para garantir que meus estudantes estejam motivados?

Fatores motivadores

Muitos fatores afetam a motivação de um estudante para aprender, como o interesse no assunto, o desejo geral de desempenho, a autoconfiança e a autoestima, além de paciência e perseverança (DAVIS, 1999). Wilson (2011) constatou que os estudantes manifestaram orgulho, satisfação e se sentem importantes quando aprenderam algo novo ou adquiriram novas habilidades e quando compartilharam o conhecimento que aprenderam com outras pessoas. Existem vários aspectos da situação de ensino que aumentam a motivação dos estudantes. Para incentivar seus estudantes a se tornarem independentes e motivados, os professores devem se concentrar em fornecer com frequência um *feedback* positivo precoce que corroborem as crenças dos estudantes de que eles podem ser bem-sucedidos. Para garantir o sucesso, os professores devem atribuir tarefas que não são fáceis nem difíceis demais. Também ajuda imensamente os estudantes se os professores puderem ajudá-los a encontrar significado e valor no material que estão utilizando nas aulas.

De acordo com Brophy (1998), os estudantes chegam à escola animados para aprender, mas durante um período podem achar a experiência causadora de ansiedade e psicologicamente ameaçadora. Para ajudar os estudantes a se motivarem na sala de aula, os professores precisam de estratégias que ajudem os estudantes a construírem sua autoestima e autoconfiança, e que evitem as consequências negativas que a autoavaliação pode levar. Para apreciar plenamente os vários fatores motivadores que os professores podem adotar com seus estudantes com DAEs, resumimos abaixo os fatores nos principais subtítulos para facilitar o estudo e a referência.

Qualidades pessoais dos professores

Quase todos os professores sentem que podem afetar o aprendizado de seus estudantes, mas nem todos sentem o mesmo em relação à motivação desses estudantes (HARDRE & SULLIVAN, 2009). As qualidades pessoais aqui se referem às qualidades do professor. A qualidade do *feedback* dos professores e seu entusiasmo são fatores motivadores muito fortes para os estudantes. O conhecimento do assunto e a atitude profissional também são fortes fatores de motivação. Brewer e Burgess (2005) descobriram que as qualidades pessoais dos professores eram mais importantes para motivar os estudantes a aprender do que os métodos de ensino e a gestão da sala de aula.

A maioria dos estudantes responde positivamente a uma matéria bem-organizada, ensinada por um professor entusiasmado que tem interesse real em seus estudantes e no que estes aprendem. A vida em qualquer sala de aula é um ambiente social complexo, e os estudantes podem ficar mais preocupados com seus relacionamentos sociais nas salas de aula do que com o aprendizado. Quando os estudantes se sentem conectados, auxiliados dentro da sala, eles se tornam intrinsecamente motivados a participar das várias atividades da turma. É por isso que é extremamente importante que os professores tenham em mente suas qualidades pessoais e considerem seus efeitos no aprendizado e na motivação de seus estudantes. Os professores devem manter sempre uma atitude positiva em relação aos estudantes. Brewer e Burgess (2005) descobriram que docentes de mente aberta, amigáveis, entusiasmados e conhecedores dos nomes e interesses dos estudantes motivaram mais seus estudantes. Brewer,

Dejong e Stout (2001) descobriram que educadores altamente estruturados, bem-organizados e orientados a resultados pareciam manter a motivação dos estudantes. O relacionamento professor-aluno fora da sala de aula também é um fator importante na motivação.

Sentimentos e emoções são muito importantes no processo de aprendizagem. Se os estudantes se divertirem com os cálculos, eles poderão gostar de trabalhar com álgebra. Um dos papéis do professor é garantir que o aluno frua, tanto quanto possível, da matéria/área que está sendo ensinada. Isso pode ser alcançado por várias técnicas, como relacionar esse assunto ao mundo real, tornar os métodos de instrução e ensino acessíveis a todos, diferenciando as instruções em sala de aula, garantindo que cada estudante encontre relevância na matéria que está sendo dada para suas aspirações atuais e/ou futuras. Os professores também devem ajudar seus alunos a encontrar significado e valor pessoal no material que está sendo estudado. Os estudantes aprendem melhor quando sentem que são membros valorizados de uma comunidade de aprendizagem.

Métodos de ensino dos professores

A natureza multifacetada da motivação levanta uma série de questões no que diz respeito ao ensino e à aprendizagem. Os métodos de ensino adotados por vários professores estão entre alguns dos fatores mais motivadores para a aprendizagem dos alunos. A relação entre as atividades de ensino e a motivação dos estudantes é mutuamente auxiliar. Portanto, o uso de diferentes tipos de métodos de ensino na sala de aula pode motivar os estudantes a aprenderem. Tal prática captura a atenção e a curiosidade dos alunos. Hancock (2002) descobriu que, embora estudantes com alto desempenho pareçam se beneficiar de métodos de ensino menos rígidos e flexíveis, aqueles com baixos níveis conceituais tendem a se beneficiar de ambientes altamente organizados. A colaboração é importante na sala de aula, principalmente para os estudantes que estão com dificuldades. Roe et al. (2005) descobriram que os estudantes com dificuldades acadêmicas conseguem mais quando estão auxiliados por outro estudante (um sistema de tutoria). O uso da aprendizagem colaborativa e cooperativa tende a fortalecer a motivação dos estudantes (GUTHERIE; WIGFIELD & VONSECKER, 2000; HIDI & HARACKIEWICZ, 2000; STIPEK, 1996; TURNER 1995). A motivação é de fato um dos catalisadores em potencial pelos quais o aprendizado cooperativo afeta o desempenho. O incentivo e o apoio dos colegas tendem a melhorar o envolvimento nas tarefas, e os métodos de aprendizagem colaborativa tendem a chamar mais a atenção dos estudantes para uma tarefa do que os métodos tradicionais de ensino.

O envolvimento ativo na sala de aula ocorre quando os estudantes se movem, se envolvem em uma simulação, encenam, conduzem um experimento ou demonstram um princípio com seus corpos. Todos esses exemplos envolvem movimento e, às vezes, barulho. Outros exemplos, no entanto, são um pouco mais silenciosos, como envolver os estudantes com quebra-cabeças, enigmas ou projetos do tipo detetive. Wilson (2011) argumenta que o ponto central aqui é o desenvolvimento de atividades nas quais os estudantes precisam usar ativamente seu cérebro para participar. Estudantes interessados em uma determinada matéria tendem a prestar mais atenção nela e a trabalhar em um nível superior ao necessário. Seu envolvimento é alto, levando a uma maior qualidade de aprendizado. Portanto, é um dos deveres do professor desenvolver e maximizar tal interesse. A motivação dos estudantes pode ser desencadeada pela aplicação do que aprenderam na realização de outras atividades.

Pesquisadores fizeram várias recomendações para os professores interessados em auxiliar a motivação dos estudantes, incluindo: uso limitado de recompensas, aumento da autonomia e escolha destes, uso de métodos de aprendizagem colaborativos e cooperativos e criação de uma estrutura de apoio em sala de aula, ajudando os estudantes a estabelecer seus objetivos e oferecendo-lhes uma avaliação externa (DECI et al., 1999; GUTHERIE et al., 2000; HIDI & HARACKIEWICZ, 2000; STIPEK, 1996). Stipek (1996) argumenta ainda que o aumento da autonomia e da escolha dos estudantes pode ser alcançado por meio de uma série de etapas, como oferecer-lhes a opção de determinar quando as tarefas serão concluídas, permitindo que corrijam seus próprios trabalhos e pontuem suas próprias notas, e ainda que monitorem seu próprio progresso ao longo do tempo. Além disso, Gutherie et al. (2000) também recomendam dar aos estudantes autonomia na escolha de textos a serem lidos e de subtópicos a serem estudados. As atitudes que os professores têm e comunicam aos seus alunos afetam sua motivação. Wentzel (1997) argumenta que o grau em que um aluno considera seu professor como "atencioso" afeta fortemente sua motivação. Os professores que se importam [com o processo], de acordo com o mesmo estudo, são aqueles que demonstram estilos de interação democrática, fornecem *feedback* construtivo e têm boas expectativas para o comportamento do estudante.

Qualidade do *feedback*

Linnenbrink e Pintrich (2003) afirmam que os professores podem ajudar a aumentar a motivação dos estudantes, fornecendo *feedback* preciso e específico para a tarefa. Os professores não devem fornecer *feedback* positivo ou elogios insinceros a seus estudantes quando isso não é merecido. Em vez disso, devem apontar áreas que precisam ser aprimoradas para ajudar seus alunos. O *feedback* desempenha um papel importante na motivação dos estudantes quando utiliza termos que não os levam a considerar os erros como indicativos de estratégias ineficazes ou esforço insuficiente (LEPPER & CHABAY, 1985, p. 227).

David (1993) também destacou a importância do *feedback* positivo frequente; este confirma as crenças dos estudantes de que eles têm condições de desempenhar bem as tarefas. Comentários negativos e positivos influenciam a motivação, embora os estudantes sejam mais afetados pelo *feedback* positivo e pelo sucesso. Os estudantes são levados a acreditar que suas falhas refletem sua falta de capacidade e se tornarão menos motivados e persistentes quando se depararem com tarefas desafiadoras. Tais resultados negativos e indesejados podem ser evitados se os termos utilizados no *feedback* levarem os alunos a considerar os erros como indicativos de estratégias ineficazes ou esforços insuficientes, em vez de entender sua capacidade inadequada para essa tarefa. Elogios constroem a autoconfiança, a competência e a autoestima dos estudantes.

Os estudantes podem ser motivados pelo reconhecimento de esforços sinceros, mesmo que seu resultado ou produto de aprendizagem esteja abaixo do ideal. Quando o desempenho estiver abaixo do esperado, eles podem ser informados claramente de que devem tentar melhorar isso por um período acordado. A apresentação de um bom trabalho realizado por seus colegas pode ser uma técnica realista para motivar os estudantes menos motivados a apreciar o nível de trabalho e o esforço necessários. Deve-se notar, no entanto, que mesmo o *feedback* positivo, se administrado em tom de controle, pode diminuir a motivação intrínseca. Nesse contexto, um comentário como "Mantenha o bom trabalho" pode ser visto ou vivido como controle. Isso pode diminuir o senso de autonomia dos alunos e, portanto, impactar negativamente a motivação intrínseca.

O *feedback* negativo é poderoso e pode levar a uma atmosfera negativa na sala de aula. Tem o potencial de prejudicar o relacionamento entre professores e alunos, dado que estes geralmente gostam de professores que lhes dão o que querem e que os fazem sentir-se felizes e valorizados. Assim, os comentários negativos devem ser acompanhados por um elogio sobre aspectos da tarefa que o aluno fez bem (DAVID, 1993). Estudantes gostam de receber *feedback* o mais rápido possível. Devolver os deveres de casa, os testes escritos e os projetos o mais rápido possível e recompensar sucessos imediatamente pode motivar os alunos e incentivá-los imensamente a se empenharem mais. O *feedback* informativo detalhado geralmente pode ser uma ferramenta eficaz para motivar os estudantes, se adequadamente preparado e redigido. Os professores devem procurar atribuir o fracasso ao baixo esforço ou a uma estratégia ineficaz e não ao próprio estudante. Da mesma forma, devem atribuir o sucesso ao esforço e competência e não somente à sorte. Eles podem melhorar o sentimento de valor próprio de seus alunos, atribuindo o sucesso destes à sua capacidade e esforço. Atribuir sucessos a causas externas nega-lhes sua própria responsabilidade pessoal.

Os professores também devem garantir que os alunos tenham certeza de que é seguro pedir ajuda. É mais provável que estes a solicitem em ambientes de sala de aula que promovam o aprendizado e considerem os erros como uma parte natural do processo, em contraste com ambientes que se concentram no desempenho e na competição (STIPEK, 2002). É sempre uma boa prática incentivar os estudantes a pedirem ajuda aos colegas. Estes, além dos professores, podem ser uma fonte adicional de aprendizado e seu papel pode ser vital na promoção do processo de aprendizado dentro da sala de aula, se feito com profissionalismo e longe da ideia de "trapaça" e do "medo de trapaça". Os estudantes (tanto os que dão como os que recebem) se beneficiam com a assistência mútua. Para estruturar esse processo e evitar o medo da trapaça, os professores devem dedicar algum tempo explicando e mostrando aos alunos como solicitar a ajuda dos colegas.

Gestão da sala de aula

Criar uma atmosfera aberta e positiva dentro da sala de aula, juntamente com a apresentação adequada do conteúdo da aprendizagem, deve motivar os estudantes a aprenderem. É importante que os professores percebam que o clima em sala e a maneira como interagem com seus alunos facilitam, ou impedem, a motivação destes. O conhecimento das crenças motivacionais dos estudantes os ajudará a criar um ambiente de aprendizado adequado às necessidades psicológicas dos educandos. A capacidade de ouvi-los e observar seu comportamento no ambiente real de aprendizagem, sem dúvida, revelará ao professor o que eles acham interessante, desafiador, chato, ameaçador e emocionante. Os professores devem sempre tentar dar aos estudantes mais autonomia ou controle sobre seu próprio aprendizado, possibilitando que façam escolhas. Isso pode ser feito facilmente por meio de abordagens e técnicas de aprendizado cooperativo. Criar um ambiente favorável em sala de aula, ajudando os estudantes a estabelecerem metas, atribuições e avaliação externa, também auxilia no processo motivacional.

Stipek, Feiler, Daniels e Milburn (1995) também compararam os programas didáticos e pré-escolares tradicionais com aqueles baseados em abordagens mais centradas na criança. Eles descobriram que nos contextos mais centrados na criança, elas selecionavam tarefas mais difíceis, tinham mais orgulho de seu próprio aprendizado e tomavam a iniciativa com mais frequência, além de serem menos dependentes de figuras de autoridade. Esses resultados enfatizam o fato de que abordagens instrucionais e técnicas de gestão de sala de aula são eficazes para aumentar a motivação.

Métodos de avaliação

Elikai e Schuhmann (2010) evidenciaram dois importantes impactos que a avaliação pode ter na motivação de estudantes. A avaliação, de acordo com eles, pode aumentar a motivação por meio do incentivo ou pressionar no sentido de diminuir a motivação. Eles fornecem evidências que justificam qualquer posição. Pachran, Bay e Felton (2013) propõem que, uma vez que a avaliação afeta diferentes estudantes individualmente, parece mais benéfico quando pode ser adaptada para se adequar ao indivíduo. Sugerem, assim, que, em média, um sistema de avaliação flexível pode ser mais eficaz para aumentar a motivação do que outros sistemas de avaliação. Poucas avaliações são agradáveis de serem feitas ou são intrinsecamente motivadoras. Algumas fornecem objetivos extrínsecos concretos específicos aos estudantes, como promoção de notas, graduação ou admissão na faculdade. Outras fornecem metas extrínsecas para os próprios professores ou para as escolas, porque são usadas para responsabilização e/ou reconhecimento do empenho e colocação entre outras escolas com bom desempenho. Tais pressões emanadas dessas avaliações podem ser repassadas aos alunos. São fatores motivadores as avaliações que incluem metas de curto prazo facilmente alcançáveis e que aumentam gradualmente em seu nível de dificuldade; têm o potencial de criar confiança e senso de controle dos estudantes. Avaliações que tendem a permitir que estudantes entendam com antecedência o que serão testados podem ajudá-los, fornecendo um conhecimento claro do que se espera deles.

O uso de avaliação externa na sala de aula pode impactar a motivação de um aluno. Quando as tarefas em sala de aula são voltadas às notas em vez de fornecer *feedback* avaliativo apropriado, a motivação tende a diminuir (AMES, 1992). A maioria das avaliações incentiva fortemente o alcance das metas de desempenho, em vez das de domínio, e, portanto, não surpreende que os alunos tendam a se sentir ansiosos ou frustrados nessas ocasiões. Ao interpretar os resultados da avaliação, os professores devem, portanto, observar o crescimento e não apenas os níveis do desempenho. Stipek (1996) argumenta que tarefas desafiadoras apenas estimularão a motivação intrínseca a continuar se a ameaça da avaliação externa for minimizada. Além disso, quanto mais informações forem fornecidas durante o processo de avaliação, menor a probabilidade de serem vistas pelo aluno como controladoras. Outro ponto interessante que afeta a motivação é a base da própria avaliação. Stipek (1996) argumenta que comparações referenciadas por critérios tendem a incrementar a motivação, enquanto comparações normativas a diminuem.

A discussão acima sobre avaliação e sua relação com a motivação não pretende sugerir que as avaliações são inerentemente ruins. Pelo contrário, elas fornecem uma riqueza de informações e dados para estudantes, professores, escolas e pais sobre o que os alunos precisam de auxílio e assistência e se os estudantes estão de fato adquirindo o conhecimento e as habilidades necessárias para seu aprendizado e desenvolvimento. A seção acima apenas fornece conselhos de que, se as avaliações devem ser usadas como uma meta motivacional em si mesmas, a consideração importante é averiguar que tipo de avaliação pode fornecer os dados necessários para auxiliar o aluno. Em resumo, as avaliações não são em si mesmas motivadoras ou desmotivadoras. Pelo contrário, o tipo de avaliação e a forma como esta é apresentada que devem ser cuidadosamente considerados (USHER & KOBER, 2012).

Nível de dificuldade da tarefa

O nível de dificuldade das tarefas atribuídas a um estudante tem relação direta com seu nível de motivação. A teoria do desenvolvimento proximal de Vygotsky é uma maneira ideal de explicar esse ponto. O trabalho instrumental de Vygotsky (i. é, teoria do desenvolvimento social, 1978) argumenta que a aprendizagem auxilia as crianças em seu próprio desenvolvimento, ao contrário de Piaget, que propôs que o desenvolvimento infantil precede a aprendizagem. Vygotsky argumentou que o desenvolvimento cognitivo das crianças se origina de interações sociais por meio da aprendizagem guiada (como o ensino) dentro da zona de desenvolvimento proximal (que é um conceito importante na teoria de Vygotsky) quando as crianças e seus parceiros constroem conjuntamente o conhecimento. Isso também contrasta com Piaget, que sustentava que o desenvolvimento cognitivo derivasse em grande parte de explorações independentes nas quais as crianças constroem seus próprios conhecimentos. Para Vygotsky, o ambiente em que as crianças crescem (e interagem, incluindo a sala de aula e o ambiente escolar) influenciará o modo como pensam e o que pensam.

A figura 4.1 explica o conceito de zona de desenvolvimento proximal, conforme proposto por Vygotsky (1978). Ele argumenta que o Outro Mais Conhecedor (professor ou pai no nosso caso) é um conceito importante que se relaciona à diferença entre o que uma criança pode alcançar de forma independente e o que ela pode alcançar com orientação e incentivo de um parceiro qualificado.

Vygotsky (1978) entende a zona de desenvolvimento proximal como a área onde a instrução ou orientação mais sensível deve ser dada – permitindo que a criança desenvolva habilidades que usará por conta própria, desenvolvendo funções mentais mais elevadas. Se o nível de dificuldade da tarefa for muito baixo, o tédio ocorrerá com as subsequentes implicações comportamentais negativas. Se o nível de dificuldade da tarefa for muito alto, ocorrerá frustração, o que também levará a implicações comportamentais negativas subsequentes. Dado que uma sala de aula típica é composta por um grupo de estudantes com habilidades mistas, as boas práticas sugerem que os professores preparem planos de aula que levem em conta as diferenças de habilidades dentro da sala de aula.

Figura 4.1 Zona de desenvolvimento proximal de Vygotsky

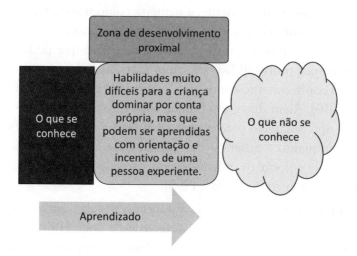

Além do nível de dificuldade da tarefa explicado acima, e de acordo com a zona de desenvolvimento proximal de Vygotsky, os professores também devem garantir que as tarefas dadas aos estudantes sejam claras e que os alunos saibam exatamente o que precisam fazer/executar para concluir a tarefa. Alunos não se sentem no controle quando recebem uma tarefa, mas não têm certeza do que é exigido deles ou de como realizá-la. Também é digno de nota citar que tarefas que podem ser difíceis para alguns alunos serão mais fáceis para outros, dependendo do nível de prontidão de cada aluno e de sua capacidade de concluir a tarefa. Portanto, é altamente recomendável que os professores preparem várias tarefas com diversos níveis de dificuldade e diferenciem sua docência de acordo com isso. Os estudantes que concluírem tarefas mais fáceis poderão passar para tarefas mais complexas (ou uma experiência alternativa de aprendizado, como trabalhar com outras pessoas em um contexto de aprendizado colaborativo), o que deve evitar o tédio; enquanto aqueles com dificuldade em uma tarefa podem receber apoio para concluir as habilidades básicas antes de passarem para tarefas mais complexas.

Crenças e atitudes dos alunos

Pesquisadores demonstraram que a maneira como os alunos pensam sobre a própria habilidade e capacidade de aprender pode ter efeitos importantes no nível de sua motivação (BARRY, 2007). Se, por qualquer motivo, o estudante acreditar que é incapaz, ou que possui uma capacidade limitada de aprender ou ainda que provavelmente não terá sucesso, provavelmente não será motivado academicamente. Curiosamente, a maneira como um estudante conceitua "aprendizado" e "conhecimento" também afeta sua motivação. Os que consideram "conhecimento" como uma quantidade fixa, que pode ou não ser obtido, têm menos probabilidade de serem motivados do que estudantes que consideram o conhecimento como uma quantidade que pode mudar e crescer (DWECK, 2010). Além disso, um bom ajuste entre as crenças dos alunos e o ambiente de aprendizagem parece estar vinculado a notas mais altas (DOMINO, 1968), enquanto a ausência de um senso de adequação nos contextos acadêmicos pode colocar os indivíduos em risco de baixa motivação e baixo desempenho acadêmico (ECCLES, 1993).

Dar aos estudantes um senso de autonomia é outra estratégia muito importante para aumentar sua motivação na sala de aula. Hidi e Harackiewicz (2000) afirmam que permitir que eles controlem seu próprio aprendizado pode ser uma maneira muito boa de melhorar o interesse situacional, que por sua vez pode se tornar um interesse estável a longo prazo. Turner (1995) também constatou que, quando os professores permitem que os alunos tomem decisões em relação ao seu próprio trabalho, é mais provável que estes se interessem pelo trabalho. Os alunos que recebem a possibilidade de escolha em relação ao seu próprio trabalho escolar e seu próprio aprendizado tendem a exibir mais persistência, estabelecimento de metas e comportamento autorregulado.

Atividades extracurriculares

É importante que pais e professores entendam e considerem que a participação em atividades extracurriculares pode levar a benefícios acadêmicos, sociais e emocionais para os estudantes. Verificou-se que essa participação em atividades extracurriculares aumenta o envolvimento dos alunos; e isso pode ser particularmente útil para estudantes de minorias, mulheres e indivíduos em risco de desengajamento social (cf. as discussões em GILMAN; MEYERS & PEREZ, 2004; MAHONEY & CAIRNS, 1997). Os professores devem fazer um esforço consciente para incentivar seus alunos, principalmente aqueles com dificuldades específicas de aprendizado, a participar de atividades extracurriculares. A prática de cancelar atividades extracurriculares e substituí-las por aulas extras de literacia e/ou numeracia deve ser evitada, pois isso pode penalizar as pessoas com DAEs e impedir que os alunos se divirtam e aprendam com as várias oportunidades que as atividades extracurriculares podem oferecer. Clubes, artes e esportes podem ampliar os interesses dos estudantes e envolvê-los no processo de aprendizagem.

Impactando a motivação na sala de aula

Embora os pesquisadores/teóricos difiram na estrutura que adotam ao pensar em motivação, o esboço acima sobre algumas das principais perspectivas (como MURRAY, 2011; PINTRICH, 2003; RYAN & DECI, 2000) sugere o seguinte: os fatores necessários aos estudantes para que sejam motivados:

1) *Competência*: crença geral dos estudantes de que são realmente capazes de fazer alguma coisa.

2) *Autonomia (controle)*: crença geral dos estudantes de que podem estabelecer metas apropriadas e identificar uma correlação entre esforço e resultado.

3) *Interesse/valor*: crença geral de estudantes de que tudo o que estão fazendo é de interesse e valor pessoal para eles/elas próprios/as e de que isso valerá a pena quando concluído.

4) *Relacionalidade*: crença geral de que tudo o que fizerem lhes possibilitará o sentimento de pertença a um grupo ou contexto social e que, para tanto, eles precisam demonstrar um comportamento adequado a esse grupo.

Essas dimensões da motivação são baseadas nos trabalhos de vários estudiosos da área. É importante que os pais e educadores as entendam. A tabela 4.1 (citada em USHER & KOBER, 2012) resume essas quatro dimensões.

As dimensões e tipos de motivação citados acima (BANDURA, 1996; DWECK, 2010; MURRAY, 2011; RYAN & DECI, 2000b) exigem estratégias diferentes a serem empregadas com os estudantes, dependendo do tipo de motivação que procuramos promover. Indivíduos com motivação extrínseca, por exemplo, apreciariam pontos de casa, dinheiro e brinquedos como recompensa (embora os dispositivos eletrônicos possam ser mais relevantes na era atual). No entanto, para estudantes com motivação intrínseca, essa política de recompensas pode não ser a melhor a ser adotada. Mesmo dentro de cada estudante, a motivação em uma disciplina ou em uma aula específica pode ser diferente de outra aula ou disciplina. Cada uma das quatro principais dimensões da motivação acima pode desempenhar um papel crítico no estabelecimento de metas: para se sentirem competentes, os estudantes devem perceber seus objetivos como realistas e alcançáveis; para se sentirem no controle, devem ser capazes de vislumbrar um caminho claro para alcançar seus objetivos por meios que eles controlam, não por acaso ou sorte. O controle também é maximizado quando os alunos estabelecem os objetivos eles mesmos ou acreditam nos objetivos estabelecidos para eles.

Tabela 4.1 Dimensões da motivação

Dimensões	Indicadores
Quatro dimensões da motivação	
Competência (Eu sou capaz?)	O estudante acredita que tem a capacidade de concluir a tarefa.
Controle/autonomia (Posso controlar isso?)	O estudante se sente no controle ao ver uma ligação direta entre esforço/ação e resultado. O estudante mantém a autonomia tendo algumas opções sobre se deve ou não realizar a tarefa.
Interesse/valor (Isso me interessa?/ Vale a pena o esforço?)	O estudante tem algum interesse na tarefa ou vê o valor de concluí-la.
Relacionalidade (O que os outros pensam?)	A conclusão da tarefa traz ao estudante alguma recompensa social – um sentimento de pertença a uma classe ou outro grupo social desejado ou a aprovação de uma pessoa de importância social para ele.

Huitt (2005) listou uma série de ações específicas que os professores podem realizar em classe para aumentar a motivação nas tarefas em sala de aula. Geralmente, essas etapas específicas podem ser classificadas em duas categorias principais, conforme apresentado na tabela 4.2.

Nesse mesmo trabalho (2005), Huitt conclui aconselhando os professores a usarem as sugestões intrínsecas da tabela 4.2, tanto quanto possível, lembrando ao mesmo tempo que nem todos os estudantes serão motivados por elas. Ele também adverte que as sugestões extrínsecas funcionarão apenas enquanto o estudante estiver sob a influência de fatores externos. Os educadores podem usar muitas estratégias para motivar seus estudantes dentro da sala de aula, encontrando maneiras de alinhar seus próprios métodos e estilos de ensino aos aspectos quadridimensionais da teoria motivacional, isto é, sentimentos de competência, autonomia, interesse e relacionalidade. Além disso, os professores devem procurar incentivar entre seus alunos uma mentalidade baseada no domínio, em vez de uma mentalidade baseada no desempenho. É por meio dessas estratégias motivacionais, do uso de avaliações e dos relacionamentos com seus alunos que os professores podem fazer a diferença no processo de motivação dos estudantes.

Tabela 4.2 Ações a serem tomadas dentro da sala de aula para aumentar a motivação

Intrínsecas	Extrínsecas
• Explique ou mostre por que é importante aprender um determinado conteúdo ou habilidade.	• Forneça expectativas claras.
• Dê aos alunos algumas oportunidades para selecionar metas e tarefas de aprendizado.	• Dê *feedback* corretivo.
• Fomente e/ou mantenha a curiosidade.	• Ofereça recompensas valiosas para tarefas simples de aprendizado.
• Forneça uma variedade de atividades e estímulos sensoriais.	• Disponibilize recompensas.
• Ofereça jogos e estímulos.	• Permita que os alunos observem exemplos mais corretos.
• Estabeleça metas para o aprendizado.	• Dê oportunidades para a participação em atividades de aprendizagem social.
• Relacione o aprendizado às necessidades do aluno.	• Forneça suporte de *feedback* corretivo.
• Ajude os alunos a desenvolverem planos de ação.	

5
Motivando estudantes com dificuldades na leitura

Motivação e leitura

Talvez não haja nada tão desmotivador quanto as dificuldades de leitura e ortografia. O currículo escolar concentra-se essencialmente em literacia e leitura em particular. Certamente, a tecnologia ajudou a aliviar esse fardo e a minimizar algumas das barreiras enfrentadas pelas crianças com dificuldades de leitura, mas o fato é que essas crianças se comparam desfavoravelmente com seus colegas. As dificuldades de leitura podem levar a uma situação de "desamparo aprendido". Isso significa que o estudante não apenas tem dificuldade, mas não tem mais nem mesmo o desejo de ler, pois considera que o sucesso seja inatingível. Isso tem implicações claras para a motivação.

Os pontos principais que podem impactar os fatores motivadores em relação à leitura são:
- a percepção do aprendiz de si mesmo como aprendiz ou como leitor;
- a empatia presente na escola em relação às crianças com dificuldades de aprendizagem;
- as demandas do currículo e, particularmente, as demandas de leitura;
- a noção de desempenho e expectativas – o que é esperado do estudante?

Esses pontos-chave serão referenciados ao longo deste capítulo e o conceito de dislexia também será discutido, pois na maioria dos casos as dificuldades de leitura recebem o rótulo de dislexia. Há muita literatura sobre dislexia, mas um fator que permeia toda essa produção é a importância da autoestima e, em particular, a baixa autoestima vivenciada por crianças com dislexia.

O papel da autoestima

Um dos fatores mais importantes em qualquer área da aprendizagem é a autoestima. Esse é particularmente o caso da dislexia porque, se faltar um autoconceito positivo, as crianças com dislexia logo optarão por não aprender. Elas também podem adquirir muita ansiedade e estresse, o que pode levar a outros fatores complicadores, como problemas de comportamento e saúde. Tais problemas de autoconceito, emocionais, comportamentais e de saúde podem levar a outros problemas de aprendizagem. Para evitar um círculo tão vicioso, é importante que todo o ensino seja direcionado ao desenvolvimento da autoestima e isso, por sua vez, desenvolverá a motivação. Existem várias maneiras de conseguir isso. Há alguns programas que foram desenvolvidos especificamente para aumentar a autoestima e outros que indiretamente podem aumentá-la através das realizações do aluno. Entre os primeiros, que se concentram diretamente na autoestima, os mais conhecidos são os programas de tempo circular (MOSLEY, 1996). Existem muitas versões desses programas, mas essencialmente envolvem um grau de *feedback* positivo e valorizam muito a pessoa em sua individualidade. Também promovem trabalho em grupo, o auxílio de colegas e resolução de conflitos. Essas variações podem ser particularmente adequadas para crianças com dislexia porque são atividades destinadas à classe inteira e, embora possam ser benéficas para aumentar a autoestima de crianças com dislexia, têm o benefício adicional de todas as crianças trabalharem juntas para que ninguém seja excluído ou retirado de sala.

Realização e motivação

Realização é um termo que pode (e deve) significar coisas diferentes para pessoas diferentes em momentos diferentes. A dificuldade frequentemente experimentada pelos estudantes com dislexia é que eles devem atingir determinados níveis de leitura até uma certa idade ou ano escolar. Para muitos, isso é inatingível e essas expectativas irreais podem, por si só, ser desmotivadoras. Não há dúvida, portanto, de que a realização está relacionada às expectativas. A resposta simples é garantir que as expectativas sejam realistas e que o estudante possa alcançá-las em tempo. Isso pode levar a um autoconceito positivo e a uma motivação aprimorada, pois o sucesso é um fator motivador crucial. Ao mesmo tempo, o desempenho depende do estudante e da sua disponibilidade para a tarefa. Se o estudante não conseguir, a tarefa precisará ser revisada (diferenciada) até que seja possível. Para muitos estudantes com dislexia, a mera visão ou mesmo a ideia de certos tipos de tarefas podem ser suficientes para desmotivá-los. Há, portanto, um ônus sobre os professores no sentido de desenvolver tarefas realizáveis que possam sustentar a motivação. Essa pode ser uma grande barreira que precisa ser superada em vista de manter a motivação.

A importância da intervenção precoce

É importante que as crianças possam experienciar o sucesso antes de se desmotivarem (REID, 2017). Miles (2004) acreditava que, se uma criança superar suas dificuldades de aprendizagem no início da escola, isso aumentará a confiança, permitindo que ela lide melhor com as pressões mais tarde na vida. No entanto, uma criança que não supera sua incapacidade experimentará níveis mais altos de estresse, prejudicando sua motivação, o que pode levar a consequências em seu desenvolvimento educacional.

É por esse motivo que é necessário ter muito cuidado ao desenvolver tarefas no sentido de garantir que sejam motivadoras e que o estudante creia que a tarefa é viável. Dividir uma tarefa em pequenos passos, com cada passo representando um resultado alcançável e satisfatório para o estudante, pode ser gratificante e motivador. É essencial que isso possa ser feito com a leitura. Sugestões nesse sentido serão apresentadas mais adiante neste capítulo.

O papel das recompensas na leitura

As recompensas podem ser importantes para a motivação, mas normalmente só são bem-sucedidas no curto prazo; por exemplo, elas podem ajudar crianças que precisam de um impulso inicial, principalmente se estiverem achando a tarefa muito pesada. As recompensas também devem ser alocadas para tarefas que sejam realizáveis e o estudante deve valorizar a recompensa (REID & GREEN, 2016a). O ideal é que a recompensa seja negociada com o aluno. Isso precisa ser considerado com cuidado em termos do *feedback* dado à criança que pode estar com dificuldades. O *feedback* deve ser contínuo e formativo e não necessariamente acontecer somente ao final de uma tarefa. Além disso, ele deve ser positivo ou construído de maneira positiva.

É importante considerar também a experiência completa de aprendizado e apreciar a importância do ambiente (REID, 2007). Observou-se (REID, 2007) que maus leitores frequentemente afirmam que preferem um ambiente silencioso com pouca luz. Obter o ambiente certo pode, portanto, ser um passo importante para motivar o estudante. Da mesma forma, trabalhar em pares pode ser benéfico para os estudantes com dislexia, pois cada um pode ter um efeito motivador sobre o outro (REID & GREEN, 2016b). A leitura emparelhada [*paired reading*] (cf. mais adiante neste cap.) é um bom exemplo disso. A interação social nesse tipo de estratégia pode ser benéfica.

Dislexia

"Dislexia" é um termo bastante usado, embora nem sempre bem entendido! Essencialmente, refere-se a dificuldades de literacia, mas também pode incluir fatores cognitivos, como memória de curto prazo ou de trabalho e velocidade de processamento, além de questões organizacionais e direcionais. Isso pode causar confusão para a criança e fazê-la se sentir diferente das outras. De modo que a baixa autoestima pode surgir em uma fase muito precoce da escolaridade, quando a criança está aprendendo a ler. Várias definições de dislexia são usadas entre diferentes países (e ainda dentro dos próprios países) e, embora tenham alguns pontos em comum, pode haver alguma variação na ênfase colocada nas diferentes características. Por exemplo, alguns mencionam fatores neurológicos, outros focam em características educacionais e outros ainda fazem referência a critérios de identificação. Esta é a definição desenvolvida por Reid (2016, p. 5):

> A dislexia é uma diferença de processamento, geralmente caracterizada por dificuldades na aquisição da literacia que afeta a leitura, a escrita e a ortografia. Também pode afetar os processos cognitivos, como memória, velocidade de processamento, gestão do tempo, coordenação e automaticidade. Pode haver dificuldades visuais e/ou fonológicas e geralmente existem algumas discrepâncias no desempenho educacional. Haverá diferenças e variações individuais e, portanto, é importante considerar os estilos de aprendizagem e a autoestima dentro do contexto de aprendizagem e trabalho ao planejar intervenções e acomodações.

Os pontos principais nessa definição são mostrados abaixo e cada um tem implicações para a motivação:

• *Diferença de processamento* – isso pode destacar as diferenças vivenciadas por crianças com dislexia e é importante obter algumas informações sobre como a criança aprende. Isso se aplica muito ao processo de leitura e estratégias claramente motivacionais se tornariam um elemento importante disso.

• *Dificuldades na aquisição da literacia* – sem dúvida, esta é uma das áreas principais, pois geralmente são dificuldades na leitura que primeiro alertam o professor ou os pais. É importante observar que isso pode ocorrer na forma de decodificação e codificação e na produção da escrita. Isso se aplica à leitura, à ortografia e à escrita. Um dos pontos importantes em relação a isso é o papel e a importância do diagnóstico precoce. Isso ocorre porque descobrir precocemente a dislexia pode levar também à intervenção precoce. Se não houver intervenção precoce o autoconceito da criança pode despencar, e isso pode tornar muito difícil motivá-la a ler.

- *Processos cognitivos* – cognição significa o aprendizado e o processamento de informações. Essa é a área que pode ser desafiadora para os alunos com dislexia. Refere-se à maneira como as informações são processadas, o que afeta a memória, a velocidade de processamento e a capacidade de reter e transferir informações, de utilizar o aprendizado anterior e desenvolver a automação. Um bom ensino pode ter um impacto em relação às dificuldades cognitivas. Primeiro, porém, é necessário identificar a natureza das dificuldades de aprendizagem que a criança experimenta (REID; ELBEHERI & EVERATT, 2015).

- *Discrepâncias nos desempenhos educacionais* – esse costuma ser um dos indicadores mais óbvios da dislexia. Pode haver uma diferença entre as habilidades de raciocínio e o desempenho do processamento. Isso significa que os alunos com dislexia podem resolver problemas e raciocinar, mas geralmente têm dificuldade em processar e acessar as informações para ajudá-los a resolver esses problemas. Discrepâncias em diferentes áreas de atuação podem ser observadas e, muitas vezes, são óbvias entre o trabalho escrito e o oral. Isso pode, sem dúvida, levar a uma redução na motivação.

- *Diferenças individuais* – é importante reconhecer que os estudantes com dislexia são indivíduos e que suas diferenças individuais de aprendizado precisam ser respeitadas. Nem todos terão o mesmo perfil de pontos fortes e fracos, embora todos possam atender aos critérios de dislexia. Isso significa que diferentes formas de motivação podem ser necessárias e o que funciona para uma criança pode não funcionar para outra.

- *Contexto de aprendizagem* – alguns contextos de aprendizagem podem destacar os traços disléxicos da pessoa, enquanto outros podem minimizá-los. Por exemplo, se uma pessoa disléxica estiver tentando localizar informações de uma biblioteca, poderá ter dificuldade em acessar um índice, encontrar o livro apropriado e localizar as informações nesse livro. Sem orientação, esse tipo de tarefa pode ser desafiador para os estudantes com dislexia. Outras tarefas, como as que envolvem algum grau de criatividade ou processamento visual, podem ser mais fáceis. Conseguir a tarefa e o ambiente certos para a aprendizagem é importante, potencialmente ainda mais para a pessoa com dislexia. Isso também tem implicações para a motivação, pois a criança ficará mais motivada ao se sentir confortável no ambiente de aprendizagem.

Dificuldades de leitura

Pesquisas indicam que a leitura pode ajudar a desenvolver ainda mais as habilidades de aprendizagem. Isso inclui compreensão, vocabulário, gramática e conhecimentos gerais. Além disso, ser capaz de ler pode ser agradável para crianças pequenas. No entanto, problemas com o aprendizado da leitura provavelmente levarão as crianças a perder o prazer dos livros. Reid (1997) realizou uma pesquisa sobre as percepções das crianças pela leitura. Foi interessante notar que os bons leitores tinham uma abordagem orientada para o propósito e viam a leitura como uma atividade prazerosa, na qual conseguiam obter mais informações sobre o mundo ao seu redor. Por outro lado, os maus leitores tinham uma abordagem orientada para as tarefas e viam a leitura como agradável ao professor ou viam a leitura como um castigo; algumas crianças até mencionaram que ler era uma tarefa árdua! Isso destaca a importância de ser um leitor capaz, pois isso leva a se tornar um leitor motivado. A visão de que a prática real de leitura promove habilidades de leitura e aprendizagem é bastante prevalente (WRAY & LEWIS, 1997; WRAY, 2009). Isso significa que a prática da leitura é essencial para o desenvolvimento de habilidades como leitor e, para crianças com dislexia, é essencial que essa prática seja estruturada e orientada pelo professor. A prática de leitura também ajuda a desenvolver a automação e a fluência da leitura, o que pode ajudar na motivação.

Fatores-chave na leitura

Muitos dos aspectos visuais e auditivos da leitura não se desenvolvem espontaneamente em crianças com dislexia. Essas habilidades precisam ser ensinadas de maneira explícita, sensível e estruturada. Algumas das habilidades necessárias na leitura incluem o reconhecimento rápido automático de palavras e letras, habilidades fonológicas e visuais e conhecimento dos conceitos de impressão. O desafio é garantir que a criança não fique desmotivada antes que o professor tenha a oportunidade de ensinar essas habilidades, que incluem:

- *Fatores auditivos (habilidades auditivas)*: reconhecimento dos sons das letras; reconhecimento de sons e grupos ou padrões de sons; sequenciação de sons; discriminação de sons de outros sons; discriminação de sons nas palavras; conhecimento do idioma (como o inglês) subjacente à ortografia; retenção de sons na memória; articulação de sons; reconhecimento da ligação entre sons e sua forma escrita.
- *Fatores visuais*: reconhecimento das pistas visuais de letras e palavras; familiaridade com a orientação esquerda-direita (neste caso, inglês [e tam-

bém o português], embora isso possa diferir para outras ortografias [como o árabe]); reconhecimento dos padrões das palavras (regras ortográficas) com a capacidade de fazer analogias entre padrões semelhantes; reconhecimento das formas de letras e palavras.

- *Fatores contextuais*: aquisição de conhecimento de vocabulário; aquisição de conhecimentos gerais para auxiliar o entendimento; uso do contexto como um auxílio à compreensão; monitoramento de compreensão e habilidades para inferir.

Essa é uma lista significativa e há muito ensino envolvido – muitas vezes ao longo de muitos anos – e, novamente, é importante que a criança seja motivada a responder adequadamente a esse ensino. Algumas crianças com dislexia podem ser resistentes ao ensino e isso pode ser um fardo adicional e talvez desnecessário para o professor.

Estratégias de aprendizagem e motivação

É importante construir estratégias motivacionais no ensino e em qualquer intervenção que esteja sendo usada. Abaixo, apresentamos uma lista de estratégias de aprendizagem que os professores podem usar dentro da sala de aula enquanto oferecem alguma intervenção para crianças com dificuldades de aprendizagem específicas.

Desenvolver a metacognição

Esta é uma estratégia que pode ajudar a criança a se tornar um aprendiz melhor e pode ajudá-la a adquirir mais controle sobre seu aprendizado; o que por si só é um importante impulsionador da motivação. Metacognição significa pensar sobre o pensamento, e isso tem um papel importante na maneira como as crianças aprendem e é particularmente vital para as crianças com dislexia. Estratégias metacognitivas também podem ajudar na transferência de aprendizado de uma situação para outra. A metacognição em relação à leitura inclui:

- o texto, isto é, o material a ser aprendido;
- a tarefa, isto é, o objetivo da leitura;
- as estratégias, isto é, como o estudante compreende e se lembra de informações, bem como suas características, como experiências anteriores, conhecimento prévio, interesses e nível atual de motivação.

O desenvolvimento da metacognição das crianças também pode ajudá-las a obter controle sobre o processo de aprendizagem. Isso pode ser alcançado por meio do pensamento em voz alta à medida que realizam tarefas específicas, como a interpretação da história subjacente ao texto. Esse tipo de atividade por si só pode ser motivador, pois não há resposta certa ou errada – o que a criança diz é como a vê e sua opinião precisa ser respeitada.

Incentivar o autoquestionamento

Isso inclui perguntas como: Já fiz isso antes? Como fiz isso? Essa é a melhor maneira de resolver esse problema? Isso também pode ser motivador, uma vez que o papel principal vem da criança, e deve reforçar as boas práticas e levar a um controle positivo sobre a aprendizagem.

Monitorar a compreensão

Wray (1994) relata um estudo de Ekwall e Ekwall (1989) que define as diferenças entre leitores bons e ruins. Os pesquisadores sugerem que a principal diferença está relacionada ao comportamento de monitoramento da compreensão. Por exemplo, bons leitores geram perguntas enquanto leem, são capazes de realizar o que leem em imagens mentais, releem se necessário e compreendem ativamente o texto. Os maus leitores, por outro lado, carecem de um propósito claro para a leitura, consideram-na uma tarefa essencialmente decodificadora e raramente releem ou compreendem ativamente enquanto leem. Uma ideia é utilizar algumas das estratégias de bons leitores para as crianças que estão tendo dificuldades com a leitura.

Ativar o conhecimento prévio

Isso também pode desenvolver motivação. Uma boa ideia seria registrar o que a criança diz sobre seu conhecimento da matéria, pois isso pode ajudar o professor a identificar lacunas nesse conhecimento e os eventuais equívocos da criança. Isso significa que o ensino pode ser mais direto e relevante, o que deve ser benéfico para o aluno.

Recorrer a imagens e mapas conceituais

Estratégias como o uso de imagens, obtendo as principais ideias do texto, desenvolvendo conceitos por meio de estratégias como o mapa conceitual também podem ser muito motivadoras, porque o estudante com problemas relacionados à linguagem pode se concentrar em usar seus pontos fortes. É importante que os estudantes com dislexia sejam incentivados a usar essas estratégias; caso contrário, podem se tornar muito arraigados no processo real e, às vezes, se deterem mais na leitura do que no significado e propósito da atividade.

Propor experiências significativas

Wray (1994) sugere que os professores ensinem estratégias metacognitivas diretamente e sempre dentro do contexto de experiências significativas (p. ex., no projeto de trabalho das crianças). Isso pode ser muito motivador, pois haverá alguma familiaridade com o tópico ou atividade. A motivação, portanto, deve ser um componente inerente ao processo de aprendizagem. Além disso, para ser um componente eficaz, a motivação deve ser incorporada à tarefa e, portanto, é importante fazer isso no estágio do planejamento.

Adotar o ensino recíproco

Isso se refere a um procedimento que monitora e aprimora a compreensão da leitura, concentrando-se em processos relacionados a questionamentos, esclarecimentos, resumos e previsões (PALINCSAR & BROWN, 1984). Este é um processo interativo e, portanto, deve manter a motivação, pois não há resposta certa ou errada. A criança responde a partir de seu próprio entendimento. Isso significa que é muito participativo e pode até aumentar a motivação para estudar.

Usar o método andaime [scaffolding]

Scaffolding [literalmente: colocar andaimes] refere-se a suportes incorporados à tarefa de aprendizado para desenvolver uma compreensão do texto ou da tarefa a ser executada como parte do aprendizado da leitura. Os suportes são retirados gradualmente quando o aluno obtém o entendimento necessário para continuar com menos andaimes. Fornecer mais ajuda do que a criança precisa no início da tarefa pode ser motivador, pois é provável que ela tenha algum sucesso.

Incentivar o uso da autoavaliação

Proporcionar à criança algumas ideias para autoavaliação não é apenas uma boa ferramenta de aprendizado, mas pode ser bastante motivador, pois o estudante terá algum controle sobre o que está fazendo e por quê. É uma boa ideia fazer perguntas que ele possa fazer a si mesmo. Tais perguntas podem ser: Já fiz isso antes? Como lidei com isso? O que achei fácil? O que foi difícil? Por que achei fácil ou difícil e o que aprendi? A criança pode responder a essas perguntas, embora possa precisar de alguma ajuda e apoio. No entanto, essa prática dá à criança mais controle sobre a tarefa.

Auxílios que levam à motivação
Motivar os leitores

Os materiais disponíveis na Barrington Stoke (www.barringtonstoke.co.uk) podem ser altamente benéficos em relação à motivação. Os livros foram escritos tendo em mente o leitor relutante e podem ajudar crianças com dislexia na fluência, compreensão e velocidade de leitura. Eles também incluíram títulos para adultos em sua faixa, o que será muito útil para o adulto com dislexia que considera a leitura desanimadora devido ao tempo necessário para ler um livro. Eles também produzem pacotes especiais de introdução primária e secundária, cada um com 12 livros.

Textos diferenciados

Um exemplo disso é a série de textos diferenciados de Hodder Wayland (www.hoddereducation.co.uk para escolas e faculdades), uma série com dois livros sobre cada um dos temas abordados. Esses textos abrangem tópicos de história (como a Segunda Guerra Mundial), tópicos de geografia (como inundações e os continentes do mundo) e outros tópicos diversos, desde energia a festivais culturais. Os textos diferenciados têm uma mancha de texto reduzida, *layout* de página mais aberto, marcadores para ajudar no acesso às informações, tipo de letra claro e legendas em diferentes impressões do texto principal. Há glossários e índices separados para os textos diferenciados e não diferenciados. Isso significa que eles podem ser acessíveis para que o aluno possa obter sucesso na leitura.

Leitura emparelhada

A leitura emparelhada pode ser muito motivadora e é particularmente útil para crianças com dificuldades de leitura, pois fornece informações visuais e auditivas simultaneamente. É uma técnica simples que se concentra no seguinte: o pai (ou outra pessoa mais experiente, como o professor ou um colega) e a criança leem juntos; a criança seleciona o material de leitura; há o mínimo de distrações possível; elogios são usados como reforço; e há discussão sobre a história e as imagens.

Ter à disposição recursos como os listados abaixo é ótimo para professores e para a própria escola. No entanto, é importante não equiparar apenas os recursos à motivação, porque eles precisam ser adequados e a interação/ensino é vital, pois fornece informações pessoais, o que por si só pode ser motivador. A importância do professor em relação à motivação não pode, portanto, ser minimizada.

Outras estratégias motivacionais
Estabelecer metas

É importante definir as metas que os estudantes precisam se esforçar para alcançar. Se um objetivo for muito fácil, pode-se subestimar sua realização e não estimular o aluno. Assim, as metas devem ser realistas, mas ao mesmo tempo desafiadoras. Se são muito desafiadoras, mais auxílio deve ser posto em prática. Idealmente, deve-se buscar um equilíbrio entre o que é realista e o que é desafiador – este é um fator crucial. É importante ter conhecimento e *insights* sobre o estilo e as preferências do estudante para aprender.

Dar feedback

O *feedback* é importante para que o estudante com dislexia desenvolva e mantenha a motivação. Ele deve ser fornecido durante toda a tarefa e ao seu final; deve oferecer:

- *Orientação* – o ponto principal de qualquer *feedback* é fornecer orientação ao estudante para garantir seu progresso na realização da tarefa. As orientações podem e devem ser estruturadas de maneira positiva para crianças com dislexia.
- *Reforço positivo* – é importante começar com comentários positivos, pois estes podem ser motivadores e, em seguida, podem ser mencionados alguns pontos úteis para o desenvolvimento. Também é importante que comentários positivos sejam feitos no início e no final de qualquer sessão de *feedback*.
- *Avaliação do progresso* – o ideal é que seja feita pelo aprendiz e o ponto principal é tentar capacitá-lo a assumir suficientemente a responsabilidade de monitorar o seu próprio trabalho. Essa é uma estratégia motivadora, além de ser uma boa prática educacional. Isso também evidencia a necessidade de os alunos ganharem algum controle sobre seu próprio aprendizado.

- *Sugestões para trabalhos futuros* – em vez de fazer comentários como "você não incluiu isso..." etc., é mais motivador colocar o significado desses comentários em termos mais positivos e gerais, como "sugestões para trabalhos futuros". Também é importante que o aluno tenha uma estrutura para a tarefa e sugestões de acompanhamento para o desenvolvimento.

Dar oportunidades para desenvolver o automonitoramento e a autoavaliação

Tente incorporar isso em tarefas, pois, essencialmente, é disso que trata o *feedback*, ou seja, capacitar o estudante a assumir o controle sobre seu próprio aprendizado. O *feedback* construtivo do professor, elaborado em tom positivo, pode ajudar o estudante a conseguir isso.

Conclusão

No início deste capítulo foram apresentados vários pontos-chave, especialmente cruciais para o desenvolvimento da motivação em relação à leitura. Por exemplo, a percepção do aprendiz de si mesmo como aprendiz (e como leitor) é importante, pois as crianças com dislexia podem ter percepções negativas de suas habilidades e um baixo autoconceito (cf. tb. cap. 10). Para que estratégias sejam eficazes para crianças com dislexia, o ponto de partida pode muito bem ser trabalhar na autopercepção da criança. A melhor maneira de fazer isso é por meio do sucesso, e é importante que o aluno alcance o sucesso. Também é importante garantir que haja um *ethos* positivo e muita empatia dentro da escola em relação às crianças com problemas de aprendizagem. É importante que as crianças com dificuldades de leitura sejam aceitas e valorizadas, e a criança precisa sentir isso. Também é importante examinar atentamente as demandas de leitura do currículo para ver se são muito onerosas e, em caso afirmativo, o que poderia ser feito em relação a isso, como, talvez, a introdução de um aprendizado visual, como vídeos e drama. É essencial considerar toda a ideia de conquista e o que é esperado do aluno. As expectativas devem ser flexíveis; mas, infelizmente, no sistema educacional atual, com ênfase na classificação e no desempenho das notas, nem sempre isso pode ser alcançado com facilidade. Para garantir que a motivação seja eficaz é importante que todas as partes trabalhem juntas – escola, professores, pais e a própria criança. A motivação precisa ser priorizada da mesma maneira que em qualquer área curricular básica, pois motivação e aprendizado são essencialmente dois lados da mesma moeda.

6
Motivando estudantes com dificuldades na escrita

Dificuldades de ortografia

A ortografia pode ser muito problemática para muitas crianças e, para algumas, é uma dificuldade que as persegue por toda a vida. Há muitas razões para as dificuldades de ortografia e o impacto disso pode variar e, às vezes, ser bastante abrangente. No entanto, um fator muito importante é que as dificuldades de ortografia têm impacto no trabalho escrito. Snowling (2000) sugere que fatores como consciência fonológica, conhecimento de sintaxe e função sintática das palavras, bem como do significado, têm um papel a desempenhar no desenvolvimento das habilidades ortográficas. A ortografia, portanto, pode ser uma operação de processamento difícil para muitos – e muitas vezes é mais difícil ortografar no contexto do trabalho escrito do que em um teste de ortografia com uma única palavra.

A ortografia também impõe demandas à memória e, para muitos (principalmente os iniciantes), é uma atividade escrita que também pode demandar operações mentais envolvidas nos fatores cinestésicos. A integração da escrita como uma atividade mental, a fim de transmitir uma mensagem, juntamente com a coordenação motora necessária à caligrafia e a necessidade de acessar grafias precisas a partir da memória, podem ser combinadas para criar problemas em vários processos diferentes. De fato, muitos desses processos são desafiadores e desmotivadores para muitas crianças. Como tais, eles podem explicar o porquê de as crianças se tornarem relutantes diante da escrita, evitando essa atividade a todo custo.

Estratégias de ortografia e motivação
Listas de palavras

O uso de listas de palavras pode ser uma estratégia bem-sucedida e motivadora para muitos com dificuldades de ortografia. Essas listas podem ser mais gerais, compostas por palavras comumente usadas por crianças em determinadas idades. Podem também ser listas específicas que se concentram em determinadas dificuldades de ortografia. Isso pode dar à criança alguma segurança se ela souber que pode consultar uma lista de palavras para a ortografia correta. Além disso, quanto mais ela usar a lista, mais familiarizada estará com as palavras e isso poderá aumentar sua confiança.

Também pode ser útil elaborar uma lista individualizada de palavras segundo disciplinas específicas e daquelas que tenham sons semelhantes ou se pareçam na grafia. Essas palavras podem ser confusas para muitos alunos – por exemplo, "cérebro" e "cerebelo". Tomando um exemplo em biologia, Howlett (2001) sugere a utilidade de compilar um livro de ortografia de biologia organizado em ordem alfabética para cada grupo etário. Ela sugere que essa lista de verificação ortográfica possa incluir outras informações úteis, como definições de palavras (p. ex., "respiração", "ecossistema", "osmose" e "imunização"). Além disso, o livro de ortografia pode conter uma tabela mostrando finais singulares e plurais, como "vértebra" e "vértebras" e finais irregulares, como "*estoma*" e "*estômatos*", que podem ser problemáticos para muitas crianças, principalmente as disléxicas. Geralmente, é mais fácil para as crianças aprenderem palavras contextualizadas; portanto, seria útil ter uma frase ao lado da palavra para fornecer uma pista para o seu significado e suas propriedades ortográficas. Em relação às propriedades ortográficas, também podem ser destacadas as partes da palavra que geralmente são digitadas incorretamente pelo aluno. O benefício desse tipo de estratégia é poder ser individualizada para cada criança, e ter sua própria lista ortográfica pode ajudá-la a sentir que tem algum controle sobre o processo. Portanto, não será um caso de "não sei soletrar", mas de "posso ver minha lista". Isso passa a responsabilidade para a criança e pode ser uma estratégia motivadora – ou seja, é uma estratégia que passa algum controle sobre o processo de escrita e ortografia para a criança. Um exemplo de vocabulário de matérias específicas se encontra na tabela 6.1.

Também há muitas estratégias comerciais e personalizadas que podem ser usadas para ajudar na ortografia. O ideal é que se utilize uma variedade de abordagens e estratégias, pois a mesma abordagem pode não ser eficaz para todos e ter uma variedade de estratégias pode ser bastante motivador. Dada a variedade de processos exigidos por escrito, as estratégias multissensoriais, que podem auxiliar o desenvolvimento do processamento visual, auditivo, cinestésico e tátil, não devem ser negligenciadas, pois também podem ajudar no *overlearning* e na automação. A maneira mais eficaz de obter automação e motivação na ortografia é usar a palavra que está sendo aprendida o máximo possível, em diferentes disciplinas e contextos diferentes.

Os programas de conscientização fonológica implementados em um estágio inicial podem ser muito econômicos e as crianças geralmente são mais motivadas nesse estágio inicial. Isso pode ser uma grande vantagem, pois pode impedir o aparecimento de sérias dificuldades de ortografia. Isso pode incluir a intervenção no início e no decorrer do processo, reconhecimento de vogais e consoantes, além de jogos de rima, imagens correspondentes e discriminação visual e sonora.

Tabela 6.1 Exemplos de vocabulário específico por disciplina

História	Geografia	Química	Biologia
revolução	terreno	composto	haste
época	clima	estado	fisiológico
dinastia	meio ambiente	experimentar	célula
Língua Portuguesa	**Matemática**	**Artes**	**Educação Física**
metáfora	calcular	cavalete	palavras usadas em esportes específicos, como: juiz de linha, reserva etc.
literatura	fração	textura	
sintaxe	fórmulas	esboço	
Música	**LEM**		
partitura	sotaque		
pauta	cultura		
orquestra	costumes		
notas	partes do discurso		

Estratégias visuais

Há também diversas estratégias visuais que podem ser usadas na ortografia. Isso inclui *Ver, Cobrir, Escrever* e *Checar*, que é uma estratégia bem-estabelecida para ortografia. O estágio *Olhar* comporta o envolvimento ativo do escritor, olhando atentamente a palavra com a intenção de reproduzi-la. Nesta fase, traçar a palavra com o dedo, utilizando memória cinestésica, pode resultar em um traço mais forte na memória e aumentar as chances de a criança com dificuldades específicas se lembrar das características visuais da palavra. Também é importante que o estágio *Ver* não seja pulado ou apressado antes que a criança tenha a oportunidade de desenvolver estratégias visuais para memorizar os recursos visuais. Tais estratégias podem incluir criar analogias visuais para a palavra, reconhecendo os recursos visuais e semelhanças com outras palavras ou reconhecendo os recursos distintivos. Por exemplo, na palavra "*window*" [janela], existem vários aspectos visuais que podem ajudar na memória, como a primeira e a última letra serem iguais e a distinção da letra "w". Nesse estágio, também é possível chamar a atenção para palavras contidas em palavras, como a palavra "*tent*" [tenda] em "*atention*" [atenção] e "*ask*" [perguntar] em "*basket*" [cesta]. A criança deve obter benefício imediato disso, o que pode ajudar na motivação.

O próximo passo é *Cobrir* a palavra. Isso envolve memória visual e requer prática. Esse tipo de atividade se presta muito bem a um jogo, e pode ser motivador para as crianças. É claro que a memória visual pode ser praticada com uma variedade de jogos visuais e com jogos e atividades que envolvem discriminação visual. Por exemplo, a Crossbow Education (www.crossboweducation.com) produz uma grande variedade de jogos, como *Rummyword*, *Breakdown* e *Funfish*, os quais podem ajudar a fornecer prática em atividades visuais que podem oferecer boas consequências para a ortografia. Além disso, atividades mnemônicas e lúdicas podem ser usadas como auxílio à memória visual.

A seguir, vem o estágio *Escrever*. Esse é um momento importante, pois fornece prática cinestésica que pode ser extremamente motivadora, pois envolve a realização de algo – e a atividade física pode beneficiar crianças com qualquer tipo de problema de aprendizagem. O momento de *Checar* também pode ser motivador, principalmente se a criança acertar. Porém, mesmo que não acerte, pelo menos há a oportunidade de reconhecer onde ela errou e, talvez, adicionar esta palavra a uma lista.

Embora seja necessário incluir aspectos adicionais na aprendizagem da ortografia, além da ênfase na memória visual desse método (nem todas as palavras em um idioma escrito podem ser lembradas simplesmente pela visualização), "*Ver*, *Cobrir*, *Escrever* e *Checar*" pode ser algo bem-sucedido, particularmente como uma estratégia motivadora que pode auxiliar no envolvimento da aprendizagem após a conquista percebida.

Ortografia oral simultânea

Para crianças menores, o método da ortografia oral simultânea (BRADLEY, 1990) pode ser motivador e bem-sucedido. Envolve a prática de categorização de sons por meio de rimas infantis e jogos de rimas no início da linguagem. Essa pode ser uma atividade divertida e motivadora para crianças pequenas. Muitas têm problemas para se lembrar de "pedaços" de palavras, como "*igh*" em "*sight*" e "*fight*". Se as crianças não puderem fazer isso, cada palavra será única. Isso envolve muito esforço adicional da criança e pode ser desanimador. A estratégia de ortografia oral simultânea, portanto, pode ajudar a tornar esse processo mais breve e eficiente, observando os padrões de ortografia. Claramente, essa pode ser uma estratégia motivadora e a criança, ao usá-la, deve perceber rapidamente o progresso. A estratégia envolve escrever a palavra corretamente ou fazer uma palavra com letras de brinquedo; pronunciar a palavra; escrevê-la e soletrando cada letra como está escrita, usando a forma cursiva. A criança precisa ver cada letra, ouvir seu nome e receber *feedback* cinestésico pelo movimento dos músculos do braço e da garganta.

Pode-se então verificar se a palavra está correta, encobrir a palavra e repetir o processo. A etapa final envolve a categorização da palavra com outras que soem de modo semelhante e se pareçam. Portanto, se a palavra aprendida for "*round*", indicar-se-á à criança a possibilidade de soletrar "*ground*", "*pound*", "*found*", "*mound*", "*around*", "*bound*", "*grounded*", "*pounding*" etc. Ou seja, ela aprendeu seis, oito ou mais palavras pelo esforço de uma. Isso deve ser enfatizado à criança para que ela possa ver o sucesso decorrente dos esforços envidados na tarefa. Esse tipo de sucesso por si só pode ser muito motivador.

Materiais para ortografia

O ACE *Spelling Dictionary* [Dicionário de Ortografia ACE] foi publicado pela primeira vez em 1995 (MOSELEY & NICOL, 1995) e pode fornecer um meio fácil e independente de encontrar palavras rapidamente. Inicialmente, as crianças precisam ser ensinadas a usar o dicionário, mas há muitos exemplos em que os professores indicaram que isso pode ser feito em cerca de três aulas. Além disso, há atividades que acompanham o dicionário: ACE *Spelling Activities* [Atividades de ortografia do ACE]. Estas consistem em planilhas fotocopiáveis com atividades de ortografia baseadas no uso de sílabas, discriminando diferentes partes do discurso e outras atividades vinculadas ao *Dicionário de Ortografia da* ACE. Também incluem conselhos sobre o uso de listas de palavras comuns. Moseley (2011) produziu uma quarta edição desse livro, que inclui um vocabulário atualizado e estendido e fornece grafias mais alternativas, formas plurais adicionais e palavras mais "parecidas" com significados. Além disso, Moseley (2010) produziu o *Advanced ACE Spelling Dictionary* [Dicionário Avançado de Ortografia ACE], que é um volume complementar ao dicionário acima. Inclui 3.000 palavras adicionais, que se estendem até o nível de graduação e até 4.000 palavras de alta frequência são evidenciadas. Esses materiais podem ajudar na ortografia e, como resultado, podem ser extremamente motivadores – principalmente quando a criança tiver aprendido a usá-lo.

A série de livros *Catchwords* pode ser útil para observar a progressão da ortografia semifonética para fonética para a fase de transição. O primeiro livro fornece exemplos de atividades de rima, e os livros subsequentes da série destacam os padrões de criação de palavras e letras comuns. A série também contém sugestões sobre o desenvolvimento de uma política de ortografia para toda a escola, um banco de palavras abrangente e orientações para envolver os pais. Isso pode ser feito em casa de uma maneira mais descontraída, o que pode ser bom para crianças ansiosas com a ortografia. Duas adições valiosas à variedade de manuais de ortografia disponíveis são *Spelling for Life: Uncovering the Simplicity and Science of Spelling* [Ortografia para a vida: descobrindo a simplicidade e a ciência da ortografia] (STONE, 2014) e *Anyone Can Spell It* [Qualquer um pode soletrar] (FLETCHER & CAPLAN, 2014). Trata-se de manuais práticos e fáceis de seguir, e cada um defende abordagens passo a passo com ênfase em técnicas multissensoriais. Esses livros são muito amigáveis e motivadores.

O processo de escrita

Escrever pode ser muito desafiador para muitos alunos. Existem várias razões para isso – falta de vocabulário de trabalho, dificuldades de gramática e pontuação, dificuldade de estruturar o trabalho escrito, não sendo capaz de identificar os pontos-chave e fuga pela tangente e, é claro, as habilidades técnicas envolvidas no processo da caligrafia. Mesmo que apenas um desses itens seja desafiador, isso pode tornar o processo de escrita muito problemático e, portanto, bastante desmotivador para o estudante. Sem dúvida, é essencial desenvolver a motivação e garantir que as barreiras sejam minimizadas para que a criança mostre sua capacidade total no trabalho escrito. Muitas vezes elas podem ser muito capazes na oralidade, mas apresentarem dificuldades reais em transferir esse conhecimento para o papel. Isso se aplica particularmente às crianças com dislexia, mas também a muitas que não apresentam essa dificuldade.

No canal Reading Rockets do YouTube há uma discussão intitulada "Teaching Writing" com Louisa Moat sobre a escrita infantil que, embora esteja em inglês, pode ser muito útil (https://www.youtube.com/watch?v=Ox3XeX8Nz7E&feature=emb_logo).

Caligrafia: alguns pontos a considerar

Abaixo estão alguns pontos a serem considerados em relação à caligrafia.
- *Domínio das mãos* – Algumas crianças ainda podem ficar confusas sobre qual mão usar. Embora a maioria delas desenvolva domínio nos primeiros anos da escola, esse nem sempre é o caso e algumas ainda são ainda mais

inseguras nos anos letivos. O resultado é que podem ter um estilo de escrita inconsistente, o que significa que sua apresentação pode ficar bastante bagunçada e podem evitar trabalhos escritos por causa disso. Usar um laptop ou iPad pode ajudar consideravelmente, e isso pode aumentar a motivação para a tarefa de escrever.

- *O modo de segurar o lápis* – É importante olhar isso de perto. Se a criança segura o lápis de maneira estranha, o processo de escrita pode se tornar trabalhoso e ela pode se cansar facilmente.
- *Postura* – Isso também é muito importante, pois a má postura pode resultar em fadiga e falta de motivação para escrever.
- *Posição do papel* – É importante que a criança se sinta confortável, pois, se for o caso, será capaz de escrever por mais tempo. Vale a pena prestar atenção à posição do papel para garantir que ele esteja ao alcance da criança. Se estiver muito próximo, a criança poderá aplicar muita pressão, o que pode ter um impacto em sua resistência e na apresentação do trabalho escrito. É importante que a criança se orgulhe de seu trabalho, pois isso aumentará a motivação.
- *Formação, velocidade, tamanho, consistência e espaçamento das letras* – Todos esses fatores são importantes em termos da apresentação final do trabalho escrito. A dificuldade em qualquer combinação dos itens acima pode indicar disgrafia, o que pode muito provavelmente exigir o uso de alternativas à escrita a mão; como, por exemplo, usar um laptop.
- *Velocidade de escrita* – Esse é um fator importante, pois a criança com dificuldades de escrever provavelmente precisará de mais tempo. No entanto, precisar de mais tempo pode resultar em fadiga, o que pode impactar a motivação.

Disgrafia

O que segue pode ser útil e muito motivador.

- O fornecimento de cópias em branco de diagramas, gráficos e tabelas, que devem indicar onde as respostas devem ser inseridas.
- A consideração e permissão de alternativas para respostas manuscritas, como o uso de um *processador de texto* ou iPad.
- A criança não deve ser penalizada por má apresentação do trabalho ou erros de ortografia.
- Ela precisará de algumas diretrizes para escrever, particularmente sobre o uso de títulos de parágrafos. Para escrita estendida, provavelmente será necessário algum auxílio, incluindo uma estrutura para a escrita.

- Ela exigirá uma estrutura para a escrita estendida e um modelo de diferentes tipos de redação em cada disciplina do currículo.
- O uso de mapa mental e marcadores como estratégias para ajudar no planejamento e no fornecimento de uma estrutura será muito útil.
- Ela precisará do software mais atualizado do laptop para garantir que os recursos de edição e o corretor ortográfico sejam adequados.
- Ela precisará de períodos de descanso quando for necessária uma escrita estendida.
- Ela deve poder usar alternativas à escrita, como gráficos, diagramas e representações pictóricas.
- Ela pode se beneficiar do uso de gravadores digitais para que o trabalho seja salvo como arquivo de voz ou transcrito posteriormente.

Atividades de pré-escrita

Muitas crianças não são bem-sucedidas no trabalho escrito porque não houve preparação suficiente antes da tarefa. Portanto, é importante que o estudante seja incentivado a planejar o trabalho escrito. Esse planejamento pode ajudá-lo a concluir o trabalho e ser motivado a embarcar na próxima tarefa semelhante. A preparação pré-tarefa pode, portanto, impedir que o estudante fique "perplexo" e desmotivado no meio do exercício escrito. Os procedimentos para estruturar o trabalho escrito podem ser encontrados no site Teaching English mantido pelo British Council (http://www.teachingenglish.org.uk/article/approach-process-writing).

Alguns exemplos de atividades de pré-escrita que podem ajudar na motivação incluem:

1) *Criatividade*: pensar em como abordar um tópico de redação. Nesta fase, o mais importante é o fluxo de ideias.

2) *Focar ideias*: durante esse estágio, os estudantes escrevem sem muita atenção à precisão de seu trabalho ou da organização. A característica mais importante é o significado. Aqui, o professor (ou os colegas) deve se concentrar no conteúdo da redação. É coerente? Falta alguma coisa? Algo extra?

3) *Avaliar, estruturar e editar*: agora a redação é adaptada a um público leitor. Os estudantes devem então se concentrar mais na forma e na produção de um trabalho final. O professor pode ajudar na correção dos erros e dar conselhos organizacionais.

As sugestões abaixo também podem ajudar a desenvolver a motivação na fase de pré-escrita.

- *Brainstorming*: produza rapidamente palavras e ideias sobre a escrita.

- *Planejamento*: faça um plano da escrita antes de começar a escrever. Esses planos podem ser comparados e discutidos em grupos antes da tessitura.
- *Geração de ideias*: tarefas de descoberta, como cubos (os estudantes escrevem rapidamente sobre o assunto de seis maneiras diferentes – descrevem, comparam, associam, analisam, aplicam, argumentam a favor ou contra). Isso pode ser feito por meio de:

- *Questionamentos em grupos*: a ideia é gerar muitas perguntas sobre o tópico. Isso ajuda o aluno a se concentrar no público, considerando o que o leitor precisa saber. As respostas a essas perguntas formarão a base da composição.

- *Discussão e debate*: o professor ajuda os estudantes com tópicos, auxiliando-os a desenvolver ideias de maneira positiva e encorajadora.

Esquemas para a escrita

Para prevenir que o estudante fique sem ideias e desmotivado, pode-se usar esquemas. Escrever esquemas pode ajudar como desta forma:

Argumento
Eu acho que _____ porque _____.
As razões para eu pensar isso são, em primeiro lugar _____
Outro motivo é _____.
Além disso _____ porque _____.
Esses (fatos/argumentos/ideias) mostram que _____.
Algumas pessoas pensam que _____ porque elas argumentam que _____.

Discussão
Outro grupo que concorda com esse ponto de vista é _____.
Eles afirmam que _____.
Por outro lado _____
Eles discordam da ideia de que _____.
Eles afirmam que _____
também dizem _____.
Minha opinião é que _____
porque _____.

É importante ter alguma forma de estrutura para ajudar a criança, pois ela pode falhar no meio do caminho e isso pode ser um desligamento real. A estrutura acima pode ser contextualizada para estudantes de todas as idades.

Para estudantes mais experientes, a redação pode ser um exercício desmotivador. Eles podem conhecer todas as informações necessárias para o ensaio, mas têm dificuldade em acessá-las de maneira organizada. Eles também podem ter dificuldades com a sequência do texto e em como desenvolver os parágrafos. Fornecer uma estrutura para isso pode ser muito motivador para o estudante, pois isso lhe dará segurança e confiança.

Habilidades/etapas na redação

Ao escrever um ensaio você deve demonstrar um conhecimento em uma ampla gama de habilidades de estudo: leitura, anotações, organização e coleta de informações de todas as fontes. Além disso, como pode ser um processo demorado e porque a pesquisa e anotações podem se espalhar por várias semanas, o estudante precisa ter um alto nível de motivação. Deve também revelar que está em condições de traduzir todas as ideias em prosa precisa e contínua. Assim como acontece com outros aspectos do estudo, organização e motivação são as principais características da redação bem-sucedida. A tarefa se torna muito mais fácil se for dividida em seções gerenciáveis e um limite de tempo imposto para cada estágio. A estrutura abaixo é uma sugestão que pode ser útil na estruturação da redação para estudantes.

Etapa 1: Coleta de informações

Bibliotecas podem ser lugares confusos para alguns estudantes. Para encontrar os materiais de que necessitam eles precisam usar várias habilidades de processamento, como sequenciamento, leitura e anotações. O máximo de tempo possível deve ser permitido para essa etapa. Ser pressionado pelo tempo apenas torna a tarefa mais difícil, levando alguns a se desligarem. É importante continuar fazendo perguntas sobre o procedimento: O que exatamente estou procurando? Quanta informação eu preciso? Essa é a conta mais atualizada? Tenho evidências de ambos os lados do argumento?

Etapa 2: Planejamento

O primeiro passo para planejar um ensaio é entender o assunto. Há três questões a serem abordadas antes de fazer um esboço geral: De onde vem este tópico? Quais são os problemas? O que exatamente estou me pedindo para fazer? A terceira dessas questões envolve a compreensão do processamento de palavras normalmente usadas ou implícitas nas perguntas de desenvolvimento; por exemplo, "descrever", "avaliar" ou "contrastar". Definições de tais palavras podem ser encontradas na maioria dos livros sobre habilidades de estudo.

Etapa 3: Redação do ensaio

Lista de verificação para a redação do ensaio – algumas perguntas sugeridas para inclusão são:

- Mantive a pergunta que norteou meu ensaio?
- A introdução sinaliza o que fiz no ensaio?
- Demonstrei que li e compreendi os textos prescritos?
- Fui analítico, crítico e questionador?
- O ensaio flui logicamente?
- Vinculei os parágrafos?
- A conclusão mostra como desenvolvi os tópicos?
- Mantive o número recomendado de palavras?
- Incluí uma seção de referências bibliográficas?
- Segui as instruções para a produção do ensaio?
- Incluí o título?
- Dei meu próprio nome ou algum outro meio de identificar o autor do texto?

Etapa 4: Revisão

Para esta etapa é necessário dispor de tempo: requer-se uma leitura cuidadosa e repetida. Portanto, é essencial que haja tempo para essa atividade.

Se todas as etapas forem realizadas, o nível de motivação do estudante será mantido.

Garantindo a motivação: alguns pontos-chave

- Verifique se a tarefa está relacionada aos *interesses* do estudante.
- Garanta que o estudante aprecie o *valor* da tarefa.
- Garanta que o estudante possa *realizar* a tarefa.
- Verifique se está disponível um trabalho de *extensão* adicional.

- Verifique se o *feedback* está disponível em toda a tarefa e dê um *feedback* imediato no final.
- Verifique se o aluno está emocionalmente preparado para a tarefa e confortável no ambiente de aprendizagem.

Três tipos de *feedback*

1) *De monitoramento* – O *feedback* pode ser um meio de monitorar a aprendizagem dos estudantes e deve fornecer comentários sobre o que foi alcançado, o que ainda precisa ser alcançado e se o estudante está no caminho certo. Isso é importante, pois pode ser passado na forma de orientação.

2) *Construtivo* – Este deve ser visto como um método de motivação. Sempre comece com um comentário positivo sobre o que o estudante conseguiu. Isso pode parecer óbvio para o professor, mas nem sempre o é para o estudante. É importante afirmar esses pontos positivos desde o início. Sempre conclua com um comentário positivo.

3) *Negativo* – Este acontece quando o principal objetivo do *feedback* é avaliar o trabalho de um estudante. Muitas vezes é usada tinta vermelha e o *feedback* se concentra em dizer aos estudantes onde eles erraram. O ideal é nunca recorrer a esse expediente. O *feedback* deve ser visto como uma ferramenta de aprendizado e não de avaliação. Se o estudante não puder aprender com o *feedback*, é sinal de que este não foi dado da forma correta.

Desenvolvendo a independência

Os estudantes terão controle sobre seu aprendizado e seu trabalho de escrita caso se sintam que podem trabalhar de forma independente. É necessário, portanto, proporcionar-lhes a oportunidade de se responsabilizarem pelo planejamento de sua produção textual, a fim de alcançar essa independência. A responsabilidade pode levar à independência, por isso é importante que todas as oportunidades sejam aproveitadas para garantir que o estudante a desenvolva. O papel do *locus* de controle no desenvolvimento de responsabilidades e independência pode ser crucial.

Conforme discutido no capítulo 3, um *locus* de controle interno significa que o estudante aceitou que é responsável pelo resultado. Por outro lado, um *locus* de controle externo significa que ele procura mudar a responsabilidade para alguma influência externa. Portanto, é importante que os estudantes desenvolvam um *locus* de controle interno, pois isso abrirá o caminho para a aceitação da responsabilidade e o desenvolvimento da independência. Por exemplo: "Falhei no meu ensaio porque o professor não nos disse o que deveríamos fazer" revelaria um *locus* de controle externo. "Falhei no meu ensaio porque não estudei as informações relevantes", por sua vez, revelaria um *locus* de controle interno. Ter um *locus* de controle interno é importante para um automonitoramento eficaz da própria aprendizagem.

Comentários finais

Os resultados bem-sucedidos do trabalho escrito decorrem do planejamento informado e do desenvolvimento de uma sequência e estrutura para o trabalho escrito. Muitos estudantes precisarão de ajuda para concluir o trabalho e manter a motivação durante todo o processo. Planejar e ser proativo é a chave do sucesso e, novamente, muitos estudantes precisarão de auxílio. Também é importante levar em consideração as necessidades e os interesses dos estudantes ao definir tarefas. Isso os ajudará a desenvolver a confiança e a enfrentar o trabalho que pode ser mais desafiador. O ponto principal é tentar incentivá-los a se tornarem independentes e autossuficientes. Para começar, eles podem precisar de muito apoio; mas, posteriormente, devem ser capazes de identificar o auxílio de que necessitam e se tornarem intrinsecamente motivados para obter sucesso.

7
Motivando estudantes com dificuldades em matemática

É importante focar em estratégias motivacionais para crianças que têm dificuldade com números – vínculos numéricos, conceitos numéricos e retenção da sequência dos números. Isso pode envolver atividades rotineiras, como tabelas de horários e apresentações de trabalhos. Em alguns casos, uma dificuldade em entender um problema de matemática pode afetar o resultado. Em casos muito graves, a criança pode ter discalculia, uma dificuldade grave na lida com números que representa uma dificuldade específica de aprendizado.

Discalculia é o termo geralmente dado a crianças que têm uma dificuldade grave com números, o que pode afetar a capacidade de adquirir habilidades aritméticas em geral. Isso significa que os estudantes com discalculia podem ter dificuldade em entender conceitos numéricos simples. Eles também podem não ter uma compreensão intuitiva dos números, enfrentar problemas de memória de trabalho e ter dificuldades em aprender procedimentos e fatos sobre os números. Além disso, podem ter de confiar sempre no mesmo método ou procedimento para obter uma resposta e não terem, portanto, flexibilidade e versatilidade para lidar com problemas que não seguem as mesmas regras. Também por conta de sua condição podem usar métodos ineficientes. E isso significa que levarão mais tempo para descobrir uma resposta a uma pergunta. Em todos os casos é provável que a criança tenha dificuldade de motivação, e isso deve ser levado em consideração no planejamento e no ensino.

Chinn (2016) acerta precisamente quando diz que "o objetivo não é apenas melhorar temporariamente, mas maximizar o aprendizado no longo prazo". Isso significa que o objetivo é ajudar o estudante a se tornar mais eficiente, o que, por sua vez, o ajudará a lidar com a gama de problemas encontrados. Ajudar o estudante a se tornar mais eficiente e versátil pode ajudar bastante na motivação. Chinn indica que crianças com discalculia tendem a optar por métodos ineficientes para resolver um problema e, como resultado, tomarão muito mais medidas do que o necessário. Isso significa que precisarão de mais tempo para matemática – mesmo para tarefas numéricas que poderiam ser consideradas as mais básicas. E, uma vez que realizarão mais etapas, haverá uma crescente probabilidade de cometerem erros de processamento.

Definição

O United Kingdom Department for Education and Skills [Departamento de Educação e Habilidades do Reino Unido] (2001) propôs a seguinte definição para discalculia:

> A discalculia é uma condição que afeta a capacidade de adquirir habilidades matemáticas. Estudantes discalcúlicos têm dificuldade em entender conceitos simples de números, carecem de uma compreensão intuitiva destes e têm problemas em aprender fatos e procedimentos numéricos. Mesmo que produzam uma resposta correta ou usem um método correto, podem fazê-lo mecanicamente e sem confiança.

Nos Estados Unidos, a discalculia do desenvolvimento (DD) foi definida pela American Psychiatric Association [Associação Americana de Psiquiatria] (2013) como:

> Um distúrbio de aprendizagem específico que se caracteriza por dificuldades no aprendizado de fatos aritméticos básicos, no processamento da magnitude numérica e na execução de cálculos precisos e fluentes. Essas dificuldades devem estar quantificáveis abaixo do esperado para a idade cronológica de um indivíduo e não devem ser causadas por atividades educacionais ruins ou diárias ou por deficiências intelectuais.

Bugden e Ansari (2015) indicaram que não há uma conclusão clara sobre o que causa discalculia do desenvolvimento (DD). Também afirmam que não há critérios universalmente aceitos para o diagnóstico de crianças com discalculia. Portanto, isso pode dificultar o diagnóstico e, como resultado, muitas vezes a discalculia não é diagnosticada. Chinn (2016) observa que o ponto interessante sobre as duas definições (Reino Unido e Estados Unidos) é que elas se concentram nas habilidades matemáticas básicas, e não nas de ordem superior. O ponto é que a matemática é de desenvolvimento – isso significa que a obtenção da resposta correta depende em grande parte dos fundamentos básicos existentes e que o aprendizado subsequente é fundamentalmente um elemento essencial, que deve se encaixar no esquema dos estudantes, se os fundamentos estiverem em vigor. Frequentemente, crianças com discalculia carecem desses fundamentos e, portanto, um aprendizado mais avançado é muito desafiador. Elas podem até ter a capacidade de entender o pensamento de ordem superior em matemática, mas um simples erro em um ponto básico do cálculo pode jogá-las numa direção completamente errada. Não ser capaz de seguir consistentemente o básico pode ser muito frustrante para os jovens com discalculia e isso, por si só, pode levar a uma baixa motivação e talvez até a uma completa evasão da matemática. O uso de uma calculadora pode impedir que esses erros aritméticos ocorram. Além disso, um suporte importante é o monitoramento do trabalho do estudante, principalmente se ele estiver trabalhando em um problema que exige várias etapas.

Sobreposição com a dislexia

Está bem-estabelecido que a discalculia pode se sobrepor a outras dificuldades de aprendizagem, como a dislexia (JONES & KINDERSLEY, 2013). Isso significa que o estudante pode realmente interpretar mal a pergunta e, portanto, a resposta errada será o resultado. Para evitar que ocorra a desmotivação, é uma boa ideia que alguém leia a pergunta para o aluno. Chinn (2016) sugere que é importante que o texto seja simplificado e que quaisquer palavras técnicas (p. ex., "calcular", "estimar", "fracionar", fórmulas", "mais" e "menos") sejam totalmente explicadas. Como indicado acima, é importante evitar a leitura incorreta da pergunta, e isso pode ser alcançado usando um leitor ou alguma forma de discussão pré-leitura que possa ajudar o estudante a entender o problema e, principalmente, as etapas a seguir.

Motivação por meio da identificação

Identificar e fornecer um rótulo legítimo para um problema de matemática pode, por si só, aumentar a autoestima das crianças. Isso as ajudará a perceber que se trata de um problema legítimo experimentado por muitas pessoas. Chinn (2012) sugere o uso de uma série de testes e atividades informais de diagnóstico que podem descobrir muitos dos problemas subjacentes envolvidos em dificuldades matemáticas. Chinn enfatiza que uma parte crítica do protocolo é um diálogo com a criança. Ele defende, portanto, o trabalho com o estudante para obter um diagnóstico. Isso pode ajudá-lo a se envolver mais no processo e remover o elemento clínico, o que pode fazer a criança se sentir diferente. Chinn também argumenta que o objetivo é obter informações suficientes para informar a prática. Trabalhar assim, com esse objetivo, também pode ajudar na motivação.

Intervenção

Já foi indicado que pode haver uma sobreposição entre dificuldades com a matemática e com a leitura. As intervenções tendem a ser mais bem-sucedidas e, portanto, mais motivadoras se estratégias forem desenvolvidas levando isso em consideração. Alguns exemplos estão listados abaixo:

1) Tente procurar meios criativos e diferentes de aprender rotineiramente as tabelas de tempo. Isso pode ser um problema real e um desafio para crianças com discalculia.

2) É muito provável que elas tenham problemas em trabalhar com a memória de curto prazo, na baixa velocidade de gravação e pouco conhecimento de fatos básicos. Elas precisarão de mais tempo para concluir as tarefas.

3) Use dispositivos visuais para ajudar as crianças a se lembrarem de fórmulas e regras. Pode ser uma boa ideia começar a ensinar um novo conceito usando materiais visuais.

4) Os mapas mentais podem ajudar a explicar alguns conceitos básicos e difíceis.

5) É importante fornecer exemplos trabalhados claros como pôsteres pela sala e sinais destacados em cores. Esse é um lembrete visual dos pontos-chave.

6) Use quebra-cabeças e jogos de matemática. É uma boa ideia fazer com que os alunos desenvolvam seus próprios quebra-cabeças.

Algumas outras estratégias incluem:

• Conversar sobre o método a ser usado e incentivar a anotação de cada etapa da investigação matemática, para que a criança possa adquirir a sequência.

• Numerar as etapas para resolver o problema e escrever o cálculo necessário em cada etapa.

• Dar instruções, uma etapa de cada vez.

• Ensinar como auxiliar o aprendizado com algumas técnicas de visualização e/ou mnemônicas, além de estratégias como o uso do realce e de cores.

- Falar sobre o tópico para garantir que o aluno tenha entendido as instruções.
- Confeccionar cartões de fatos visuais que expliquem as propriedades de diferentes formas, por exemplo.
- Usar softwares específicos para a matemática, como Maths Blaster e outras tecnologias. Existem muitos jogos e atividades de computador que podem ser usados para auxiliar a matemática; eles podem ser divertidos e emocionantes, além de motivadores para a criança.
- Estabelecer o estilo de aprendizado preferido pelo estudante.
- Ensinar mais de uma maneira de resolver operações matemáticas. Como ocorre com muitos estudantes com DAEs, maneiras multissensoriais de ensino podem ser muito úteis.
- Concentrar-se em um conceito de cada vez.
- Manter a linguagem no mínimo e fornecer dicas específicas para várias operações matemáticas em problemas de palavras.
- Pedir à criança que explique verbalmente como chegou a uma solução específica.
- Limitar a cópia do quadro.
- Ensinar diretamente a linguagem da matemática.
- Utilizar mnemônicos e cartões visuais para ajudar os alunos a memorizar regras, fórmulas e tabelas.
- O *overlearning* [aprendizado exagerado] e a repetição são muito importantes e o tempo deve ser alocado para isso. Mais uma vez, uma maneira multissensorial de ensino pode ser útil.

Avaliação das dificuldades matemáticas para direcionar estratégias motivacionais

Outros fatores que precisam ser considerados na avaliação das dificuldades de matemática incluem:

- *Linguagem matemática* – A linguagem da matemática pode ser desanimadora e desmotivadora para a criança com dificuldades em matemática. Palavras como "cálculo", "fração" e "fórmula" podem apresentar um problema e afastar totalmente o estudante da matemática. No entanto, isso pode ser simples de remediar, repassando essas palavras com a criança antes que ela trabalhe de forma independente. É importante que o estudante tenha uma compreensão clara do problema que está sendo enfrentado.

- *O uso de símbolos* – Alguns alunos com dificuldades em matemática podem ter dificuldades visuais/espaciais e para interpretar gráficos e símbolos. Isso significa que tentarão evitar problemas que envolvam símbolos ou gráficos visuais. Para não os desmotivar, é uma boa ideia repassar o problema por meio de uma discussão prévia ou transferir as informações no gráfico para a forma de figura ou prosa.
- *Tente superar as dificuldades observando as estratégias compensatórias do aluno* – Uma dependência do uso de uma calculadora pode ser uma estratégia compensatória e é importante que o estudante não tenha essa facilidade negada. É importante observar o processo de aprendizado do estudante, talvez pedindo que ele fale em voz alta enquanto está enfrentando o problema. Isso também pode facilitar um grau de interação entre o aluno e o professor, o que, por si só, pode ser motivador.
- *Tempo de atenção* – Muitos estudantes com dificuldades em matemática podem perder a atenção e ficar bastante distraídos. Isso ocorre porque eles podem achar difícil a matemática. Se for esse o caso, a motivação certamente se tornará um fator importante. Para evitar que isso aconteça é importante que o professor simplifique o máximo possível o problema matemático por meio da diferenciação. Isso pode tornar a tarefa mais viável e ajudar a aumentar o moral e a motivação da criança, pois ela poderá ter sucesso mais rapidamente. Essencialmente o sucesso é a chave da motivação.
- *Dificuldades de memória* – O estudante pode ter dificuldades em matemática que não sejam devidas a uma dificuldade no entendimento da matemática, mas a problemas de memória. Dificuldades com a memória podem diminuir a confiança e subsequentemente a motivação. É importante ajudar o estudante a desenvolver suas próprias estratégias de memória. Algumas estratégias de memória visual, como a mnemônica, podem ser eficazes e divertidas. É melhor, no entanto, que o estudante adquira as estratégias com as quais se sinta confortável e que sejam consistentes com seu estilo de aprendizado.
- *Problemas de sequenciamento* – Pode ser muito irritante para o estudante dedicar algum tempo à elaboração da resposta a um problema e perceber que eles cometeram um erro simples nos estágios iniciais do problema, através de uma simples dificuldade de sequenciação. Para evitar isso, é uma boa ideia monitorar o progresso do estudante, principalmente nos estágios iniciais da resposta, para corrigi-lo antes que isso altere toda a resposta. Repasse as etapas com o estudante e ajude-o a ver onde ocorreu o erro. Conforme indicado anteriormente, o sucesso é a chave da motiva-

ção e, por esse tipo de monitoramento, é mais provável que o estudante o alcance.

- Muitas dificuldades de matemática podem ser devidas a estratégias de *solução de problemas ineficientes e inadequadas*. Portanto, é uma boa ideia abordar as etapas da solução de problemas com o aluno para garantir que ele tenha um bom entendimento da sequência que precisa ser realizada.
- *Feedback* sobre a avaliação – Se o aluno tiver alguma dificuldade em matemática, é provável que ele saiba disso. Portanto, ele não precisa ser avisado disso novamente! O *feedback* precisa ser positivo e informativo para desenvolver a motivação. É importante que o *feedback* seja estruturado de maneira construtiva, começando com pontos positivos como: "Bem, você tem uma boa compreensão do problema" ou "Muito bem, você começou bastante bem". Comentários positivos podem ajudar o estudante a se envolver mais com a tarefa e, portanto, mais motivado.

Entendendo a motivação e a matemática

É importante entender o conceito de motivação e relacioná-lo à matemática. Os capítulos anteriores deste livro discutiram a motivação em geral, mas são mencionados aqui alguns pontos-chave. Para motivação, é importante:

Antecipar problemas em potencial – Isso é particularmente importante em matemática, pois, nesse âmbito, geralmente há muitas etapas em um problema e é bom saber quais são essas etapas antes que o problema seja abordado. Dessa forma, etapas potenciais que podem causar dificuldades para um aluno em particular podem ser identificadas.

Desenvolver a responsabilidade do estudante – Isso pode ser o "portal para a motivação". Se o estudante tiver responsabilidade, ele também terá alguma propriedade sobre a tarefa. Pode-se dizer que controle + responsabilidade = motivação. Isso pode se aplicar à maioria das disciplinas, mas principalmente à Matemática, que pode ser propensa a ser desmotivadora.

Uma visão geral para vislumbrar o "quadro geral" – É uma boa ideia dar ao estudante uma ideia de como a resposta pode ser, fornecendo-lhe uma visão geral da tarefa.

Conversar ao longo da tarefa e a cada novo passo – É uma boa ideia para que as etapas possam ser identificadas. Isso dará ao aluno alguma confiança e isso será um fator motivador ao longo da tarefa.

Focar nos padrões – A matemática e, de fato, alguns dos gráficos e tabelas usados nela podem ser sobre a identificação de padrões. Depois que o estudante percebe os padrões, geralmente pode identificar as etapas. Portanto, ensinar esses padrões pode levar à conclusão e independência de tarefas bem-sucedidas e à motivação derivada de ambas.

Fazer um esboço da tarefa - Muitas tarefas de matemática podem ter muita prosa e compreender o que se pede pode ser algo desafiador devido ao vocabulário e compreensão. Fornecer um esboço pode ser útil, pois ajudará a identificar e lidar com qualquer vocabulário desafiador, além de indicar as etapas que precisam ser seguidas na solução do problema. Esses fatores podem ajudar a manter a motivação.

Do que aprendi, o que me foi mais útil? Essa é uma pergunta muito útil para o estudante fazer a si mesmo. Pode haver etapas e padrões semelhantes em muitos problemas de matemática, por isso é importante que o estudante possa transferir o que aprendeu de uma tarefa para outra. Isso pode tornar a nova tarefa menos intimidadora e mais familiar, o que pode ser motivador, pois o estudante estará mais confiante em lidar com a tarefa.

O que eu não entendi completamente? Muitos estudantes relutam em fazer essa pergunta. No entanto, é vital que a façam. É crucial que a tarefa seja totalmente compreendida e que inclua a terminologia na pergunta e na resposta. Se a criança não entender a tarefa, é provável que ela seja desmotivada muito rapidamente.

Sobre o que eu gostaria de saber mais? Essa pergunta se relaciona com a anterior, sobre fazer perguntas para adquirir um entendimento mais completo, mas também é importante que o estudante seja incentivado a fazer perguntas para que possa vê-las como uma ferramenta de aprendizado.

Ajudar a planejar - Muitos alunos precisarão de alguma ajuda para desenvolver um plano da tarefa e como eles podem responder a ela. Isso é particularmente importante em problemas matemáticos mais complexos. Um bom plano pode inspirar confiança e, portanto, ajudar na motivação.

Espaçamento e ritmo - Esses fatores são bastante independentes um do outro, mas qualquer um que erra pode impactar a motivação. O espaçamento tem a ver com a apresentação, e eta é importante para alguns estudantes, ou seja, particularmente para os que têm dificuldade com a matemática. A apresentação pode ter um impacto na motivação. O ritmo também tem a ver com velocidade e, se não houver tempo suficiente alocado para o estudante concluir a tarefa, ele provavelmente desistirá logo no início. Tempo e, se necessário, tempo adicional são importantes para a motivação.

Recursos visuais - Recursos visuais bem explicados e autoexplicativos podem ser a chave para o sucesso e a motivação de um estudante na matemática. Algumas perguntas podem ser colocadas em elementos visuais com bastante facilidade e pode ser uma boa ideia usar elementos visuais e palavras para fornecer uma opção aos estudantes.

Discutir metas e expectativas com o estudante para auxiliar em conquistas realistas – Geralmente os estudantes nem querem se arriscar na matemática, afirmando que são "inúteis em matemática". Essa é a percepção, embora nem sempre precisa. Essa ideia falsa ocorreu porque o estudante experimentou expectativas irreais. Isso contribuiu para seus sentimentos de fracasso em matemática.

Dar oportunidades para automonitoramento, autoquestionamento e reflexão – Isso se aplica a todo o currículo; mas, na matemática, é importante que os estudantes adotem uma perspectiva inquisitiva. Isso lhes dá confiança e controle sobre a tarefa. Também é importante que eles sejam incentivados a refletir antes, durante e ao final da tarefa. Eles precisam tratar a disciplina mais como uma atividade de solução de problemas e menos como uma questão matemática. Os estudantes podem até ter uma visão negativa da matemática, mas acharão divertido solucionar problemas.

Estilo de aprendizagem – Steve Chinn, em suas muitas publicações sobre matemática, frequentemente faz referência ao estilo de aprendizagem particularmente relacionado à ideia de minhocas e gafanhotos. Isso se refere ao processamento contrastante da solução de problemas – isto é, uma abordagem passo a passo em sequência como fazem as minhocas em seu movimento *versus* uma perspectiva de processamento simultâneo mais aleatória como os gafanhotos. É importante identificar as preferências de aprendizado dos estudantes, pois eles trabalharão com mais eficiência se puderem usá-las.

Sucesso – Este termo fala por si; sucesso gera sucesso; portanto, é importante que o estudante o consiga, pois esse será o fator mais motivador. Ser bem-sucedido mesmo com uma tarefa básica pode ajudar com tarefas futuras.

Encorajar a criatividade – Embora a matemática seja um tipo de atividade lógica e estruturada, e geralmente se baseie em previsibilidade e sequência, é uma boa ideia introduzir aí alguma criatividade. Isso pode ser feito usando estratégias de memória criativa, mas também tentando tornar a solução o mais criativa possível. É importante que essa criatividade venha do próprio estudante, pois ele poderá usar a estratégia com mais eficiência.

Garantir a motivação com pequenas etapas possíveis – Trata-se de algo fundamental e muito importante a ser seguido. Pequenos passos serão mais motivadores do que passos mais longos e complexos.

Dar feedback *aos estudantes sobre seu próprio progresso pessoal* – Todos precisam de *feedback* para manter a motivação, e isso é particularmente importante em assuntos potencialmente desafiadores, como a matemática. O *feedback* precisa ser construtivo e positivo para que tenha o impacto desejado.

Ajudar os alunos a acreditarem em suas próprias habilidades – O ponto anterior sobre *feedback* também é importante para ajudar os estudantes a acreditarem em suas próprias habilidades. É essa crença que pode ser motivadora e manter o interesse no tópico ou atividade.

Trabalho em grupo como motivador – Esse é um ponto-chave, pois um "problema compartilhado é um problema resolvido". Muitos estudantes se beneficiarão do trabalho em grupo e precisam discutir problemas antes que possam entendê-los e resolvê-los. É importante que o grupo seja construtivo, com membros que possam ouvir, incentivar e facilitar, além de contribuir para a solução do problema. É importante que o estudante com dificuldades de matemática não seja intimidado ou deixado de fora do grupo.

Celebrar o sucesso – Já mencionamos o sucesso como um fator importante para manter a motivação, mas igualmente é importante celebrá-lo.

Organização – Muitos estudantes têm problemas com a organização e isso pode se aplicar tanto à Matemática quanto a outras disciplinas. A apresentação da pergunta e a apresentação da resposta são importantes em termos de organização. A organização de uma resposta tem tudo a ver com conhecer as etapas e como apresentá-las claramente no papel. Para alguns estudantes, isso precisa ser demonstrado, pois saber como arranjar e organizar uma resposta pode ser uma clara vantagem na obtenção da resposta correta e, é claro, isso pode manter a motivação.

Saber priorizar – Às vezes estudantes que enfrentam um problema de matemática podem ficar confusos com as muitas facetas envolvidas em um mesmo problema. Eles podem ter de priorizá-los, indicando quais são cruciais para resolver o problema e quais são periféricos. Eles também precisam reconhecer em quais aspectos estão familiarizados e podem resolver imediatamente quais demandam mais reflexão ou aprendizado. Manter a motivação também é evitar o fracasso!

Diferentes métodos de anotações – Quando o estudante começa a entender um novo tópico, ele invariavelmente faz anotações e as consulta posteriormente. Portanto, é importante que lhe sejam apresentados alguns métodos úteis e eficazes de anotações. Essa é uma atividade transcurricular e também pode ser útil em outras disciplinas. Uma boa ideia é delimitar o vocabulário, o processo e o conhecimento necessário para resolver um problema. Isso é destacado na tabela 7.1, abaixo.

Estabelecer conexões – Em matemática, o estudante precisa aprender algumas regras fundamentais. Muitas delas se aplicam a princípios matemáticos básicos e, portanto, podem ser usadas em uma variedade de problemas. Para alguns, isso pode não ser tão óbvio, pois eles podem ter dificuldade em relacionar os diferentes tipos de problemas de matemática, mesmo usando os mesmos princípios. Pode ser necessário apontar essas semelhanças e conexões ao estudante. Certamente, conhecer os atalhos para resolver problemas em matemática pode ser extremamente motivador. Compreender esses atalhos por meio de conexões entre diferentes tipos de problemas pode ser um fator essencial para manter a motivação à medida que os problemas se tornam mais complexos.

Reflexão e revisão – Já mencionamos a reflexão como um fator importante que pode determinar a motivação por meio do sucesso e é igualmente importante que o estudante tenha oportunidades de revisar e reaprender acompanhando essa reflexão. Também é muito importante que eles consigam usar o tempo de revisão com eficiência. Frequentemente ouvimos dos estudantes que eles despendem uma quantidade considerável de tempo revisando sem sucesso, pois suas notas são decepcionantes e não proporcionais ao esforço feito. Isso pode ser extremamente desmotivador e é importante que eles possam ver benefícios claros de seus esforços de revisão.

Tabela 7.1 Diferentes métodos de anotação

Histórico do problema	Conhecimento prévio necessário	Etapas para a conclusão	Vocabulário
Subtração decimal	Subtração, pontos decimais, negativo e quantidades positivas	1) Identifique números inteiros 2) Indique para onde vai o ponto decimal 3) Efetue a subtração 4) Verifique a resposta 5) Reflita sobre o processo	Pontos decimais Subtração Quantidades

Algumas considerações finais

É sabido que, para muitos estudantes, a matemática pode ser muito desafiadora devido às atividades de processamento envolvidas, bem como à terminologia e à natureza abstrata do assunto. Portanto, esse pode ser um assunto desmotivador para o estudante. Naturalmente, o outro lado da moeda é que alguns estudantes têm uma habilidade natural em matemática e, para estes, o prazer e o eventual sucesso são a motivação. É essencial que os mesmos sentimentos de prazer no sucesso possam ser experimentados por aqueles que não gostam dessa matéria. Os dois pontos mencionados acima são a chave para isso – satisfação e prazer e também sucesso.

Os argumentos apresentados neste capítulo reforçaram a noção de que é essencial tornar a matemática o mais amigável possível e também divertida. As atividades práticas podem ser a chave para isso e existem excelentes aplicativos que podem ajudar nisso. É essencial que a matemática seja acessível para desenvolver e manter a motivação. A motivação, é claro, também pode ser mantida por meio do sucesso – mesmo o sucesso em pequenos passos rumo a uma solução.

Este é, portanto, o desafio enfrentado pelos professores: desenvolver e manter a motivação naquelas crianças que consideram a matemática um "desestímulo". Provavelmente, será necessária uma perspectiva de solução de problemas para descobrir exatamente por que a matemática é um problema para alguns e o que pode ser feito para reverter isso. No entanto, a motivação em matemática não deve ser vista isoladamente. Ela precisa ser integrada à apresentação do currículo de matemática, bem como ao processo de ensino e aprendizagem. Somente então a matemática se tornará um veículo de motivação.

8
Motivando estudantes com dificuldades de coordenação motora

Dificuldades de coordenação motora podem ser referidas como "dispraxia" ou "transtorno do desenvolvimento da coordenação" (TDC). Qualquer que seja o termo preferido, o resultado é o mesmo. As dificuldades de coordenação motora podem ter um impacto profundo no desempenho da criança em sala de aula, bem como em sua motivação. Os aspectos motivacionais são o foco deste capítulo e o desenvolvimento da motivação pode ser a chave para auxiliar a criança com esse tipo de dificuldade. Como na maioria das outras áreas, o principal objetivo deve ser tornar o currículo e as atividades o mais acessível possível para a criança com dificuldades de coordenação. Isso significará, em primeiro lugar, identificar o tipo mais eficaz de intervenção e, em segundo lugar, tentar torná-lo acessível para a criança. Além disso, estratégias motivacionais devem ser lembradas o tempo todo.

Intervenções relacionadas ao desenvolvimento motor

Há várias atividades práticas fáceis de usar que foram desenvolvidas por profissionais. MacIntyre (2000, 2001) desenvolveu manuais de abordagens sobre desenvolvimento motor, principalmente para crianças de até 11 anos. O trabalho de Kirby, Sugden, Beveridge, Edwards e Edwards (2008) causou um impacto significativo em relação às dificuldades motoras e o transtorno do desenvolvimento da coordenação. Portwood (1999, 2001) produziu excelentes guias para pais e professores sobre dispraxia que contêm várias sugestões práticas. Além disso, ela também produziu um texto sobre a compreensão da dispraxia do desenvolvimento (PORTWOOD, 2000), que pode ser uma fonte útil para o desenvolvimento da equipe nessa área. Russell (1988) desenvolveu um conjunto de atividades classificadas para crianças com dificuldades motoras que são amigáveis ao professor e contêm atividades claramente ilustradas. O programa consiste em 14 seções sobre motricidade grossa, balanceamento, captura, arremesso, chute e salto, orientação direcional, coordenação visual-motora e atividades de caligrafia. Essas atividades, embora essencialmente direcionadas a crianças com problemas motores, podem ser extremamente úteis para várias crianças disléxicas.

Houve um interesse considerável em toda a área do desenvolvimento motor e como ele se relaciona com outros fatores cognitivos (BLYTHE, 1992; McPHILLIPS; HEPPER & MULHERN, 2000), particularmente em programas focados na inibição de reflexos primitivos e na cinesiologia educacional, como no Brain Gym (cf. DENNISON & HARGROVE, 1985; FOX, 1999; LONGDON, 2001; TAYLOR, 2002). Por exemplo, Reynolds et al. (cf. REYNOLDS; NICOLSON & HAMBLEY, 2003) forneceram algum apoio à pesquisa para a série de exercícios que foram parcialmente influenciados por pesquisas relacionadas às funções do cerebelo (cf. discussões sobre este último em FAWCETT & NICOLSON, 1994). O Programa [Dore], na época chamado Dyslexia Dyspraxia Attention Desorder Treatment (DDAT) [Tratamento de Dislexia, Dispraxia e Transtorno de Atenção], trouxe considerável controvérsia e debate intelectual (cf. comentários nas edições de 2003, vol. 9, da revista *Dyslexia*; REYNOLDS & NICOLSON, 2007), e ainda não há evidências independentes conclusivas para sua eficácia, motivando os estudantes com dificuldades de coordenação particularmente com a variedade de DAEs que os proponentes desses métodos afirmam que se beneficiariam desse treinamento. No entanto, embora a lógica de tais programas varie tanto na pesquisa de base quanto nas raízes teóricas que os influenciaram, elas indicam um vínculo potencial entre desenvolvimento motor e aprendizado em geral, bem como a ideia de que um resultado bem-sucedido, mesmo um sucesso percebido, por si só pode ser uma influência motivadora.

Características e intervenções associadas à dispraxia

"Dispraxia" é um termo mais comumente usado para transtorno do desenvolvimento da coordenação. Portanto, há uma quantidade considerável de abordagens práticas disponíveis para informar professores e pais sobre como lidar com essa situação na escola e em casa. Sem dúvida, a autoestima parece ser uma questão relevante e é importante procurar maneiras de aumentar a autoestima da criança. É importante, portanto, que a criança tenha sucesso em algumas áreas de casa e da escola, pois essa é a melhor maneira de aumentar a autoestima. Também é importante monitorar seu progresso e procurar sinais de tensão emocional e estresse. Às vezes a criança pode esconder isso.

Algumas das áreas características dos problemas que foram propostas (baseadas principalmente em MacINTYRE, 2000, 2009) relacionadas à dispraxia são:

1) *Habilidades motoras grossas* – problemas relacionados ao equilíbrio e coordenação motora (parte das características definidoras do transtorno do desenvolvimento da coordenação), incluindo dificuldades relativas ao uso das duas mãos para habilidades – podem estar relacionados a problemas com corrida, salto etc. e dificuldade em avaliar a força necessária ao arremessar uma bola ou a coordenação dos membros necessários para pegar uma bola.

2) *Controle motor fino* – alguns indivíduos também podem demonstrar dificuldades com movimentos mais precisos, exigidos em algumas das habilidades mencionadas no ponto anterior, mas também em tarefas como apertar botões, fazer laços ou escrever – e muitas dessas dificuldades também podem ficar evidentes em escores baixos nas medidas de memória cinestésica.

3) *Habilidades visuais e visuais-motoras*, que podem ser particularmente focadas em coordenar olhos e membros, como na coordenação mão-olho que pode ser necessária na caligrafia.

4) *Consciência espacial*, que pode estar relacionada à coordenação visual-motora, embora em uma posição específica no espaço, como no ato de apanhar uma bola.

5) *Problemas de fala e linguagem* – aqui se incluem particularmente os aspectos motores da fala, embora isso também possa levar a problemas no processamento de certos aspectos da linguagem (como na dispraxia do desenvolvimento verbal – cf. cap. 1).

6) *Habilidades sociais*, que podem resultar do constrangimento percebido ao qual as dificuldades motoras podem estar associadas.

7) *Atenção/concentração*, que pode estar relacionada ao foco na coordenação motora, deixando pouca atenção para outros aspectos do comportamento.

8) *Lateralidade, ou falta de dominância*, que também pode estar associada à falta de consciência do movimento dentro de uma posição no espaço e à pouca atenção direcional – embora também possa haver dificuldades em nomear/localizar partes do corpo.

Essas características são apresentadas para fins ilustrativos e para fornecer uma base para avaliar algumas das sobreposições encontradas em diferentes

DAEs. Pode haver evidências de dificuldades em uma ou mais dessas áreas e algumas podem ser consequências, em vez de características específicas da condição; no entanto, elas fornecem uma visão geral do que deve ser procurado. Dada essa gama potencial de características associadas a dificuldades motoras, é necessário garantir a disponibilidade de uma avaliação individualizada da criança (cf. REID et al., 2015). E esse mesmo leque de dificuldades pode precisar ser considerado ao especificar planos de suporte. A tabela 8.1 destaca algumas das estratégias de intervenção estabelecidas e como elas podem ser motivadoras para a criança.

Tabela 8.1 Estratégias de intervenção e motivação

Área de intervenção	Atividade de intervenção	Aspecto motivacional
Dramatização	Pode desenvolver compreensão por meio da participação ativa – modalidade cinestésica (experiencial). Incentivar atividades dramáticas pode ser benéfico para muitos estudantes.	Divertido e interativo – bom também para comunicação entre colegas e trabalho em equipe.
Visual	Algumas crianças podem aprender melhor se as informações básicas forem apresentadas visualmente.	Reconhecer os pontos fortes dos estudantes – isso também pode ajudar a entender as instruções mais facilmente, e as crianças podem se desmotivar quando não entendem o que está acontecendo.
Escuta	É importante que a escuta tenha alta prioridade – embora possa ser útil se a escuta for necessária apenas por curtos períodos e outras formas de atividades também forem fornecidas.	Como no ponto anterior, é importante que as instruções sejam entendidas e, para que tudo dê certo, que cada tarefa seja concluída antes de se começar a próxima.
Experiência positiva de aprendizagem	O aprendizado envolve toda a pessoa – seus aspectos emocionais são importantes. É crucial identificar quaisquer ansiedades que o indivíduo esteja enfrentando ao longo desse processo.	O fator "sentir-se bem" é muito importante para a independência e motivação do estudante. Isso pode ser alcançado com experiências positivas de aprendizado que envolvem o êxito da tarefa.
Jogos e atividades físicas	As atividades podem envolver exercícios aeróbicos e de dança, atividades de educação física – esportes com bola, corrida, salto, pular corda etc.	Embora as crianças com dificuldades de movimento provavelmente considerem os jogos e as atividades físicas desafiadores, é importante que participem deles e que sejam totalmente incluídas nas atividades da equipe.

Bambolês	Os bambolês podem ser uma atividade divertida e é uma boa ideia começar com um bambolê maior e depois reduzir o tamanho conforme necessário. Passar por cima, pisar por baixo e pulá-los também é uma boa diversão.	Isso pode ser muito motivador, pois é uma atividade essencialmente divertida e não competitiva. É importante que seja vista dessa forma e que todos possam participar. Trata-se de uma prática que pode ser muito boa para a criança com dificuldades de movimento, pois auxilia no controle e no movimento rítmico. É bom começar com pequenas metas, para evitar desânimo.
Dança	Quaisquer rotinas de dança podem ser úteis. As mais simples, como dança em linha, podem ser um bom começo. É melhor começar com rotinas simples para garantir que a criança não seja desmotivada.	Dançar pode e deve ser divertido. Na dança contemporânea vale praticamente tudo e a criança deve ser incentivada a se movimentar e dançar em seu próprio estilo, o que também deve ser motivador.
Jogos de bola	Jogar, pegar, perseguir objetos em movimento e todos os tipos de jogos de bola podem ser úteis.	Os jogos de bola podem ser motivadores porque são muito acessíveis e a criança também pode praticá-los em particular. Tente não ambicionar muito e mantenha as expectativas em um nível baixo para começar.
Quebra-cabeças e jogos de tabuleiro	Algumas dessas atividades requerem controle motor fino e, portanto, podem ser boas práticas para desenvolver essas habilidades.	Essas atividades podem ser benéficas porque geralmente são jogos de equipe – é importante que a criança com dispraxia faça parte de uma equipe, pois isso pode desenvolver um sentimento de pertença e de inclusão, o que pode ser altamente motivador.
Artesanato com miçangas	Essa é uma atividade que requer muito controle e coordenação motora fina. É uma boa ideia praticar essas habilidades, mas não defina metas muito ambiciosas para a criança.	Essa pode ser uma tarefa difícil para a criança com finas dificuldades motoras, mas é algo que ela pode praticar em particular. Embora difícil, é possível desde que lhe seja concedido tempo suficiente.
Música	Existe uma grande variedade de músicas que podem ser usadas desde as mais lentas até as mais agitadas com um otimismo real. É uma boa ideia mudar os ritmos para que se possa acostumar com diferentes tipos de música. Cantar e dançar também é benéfico e isso pode melhorar a confiança. O karaokê, a movimentação e a dança de diferentes tipos de música podem ser divertidos.	A música pode ser relaxante e isso pode ajudar a criança com dispraxia ou dificuldade de movimento a lidar com as frustrações e a concentração. Os diferentes ritmos também podem ajudar no sentido de cantar junto com a música e dançar no ritmo, o que também será motivador.

MacIntyre (2009) fornece orientações muito claras sobre a intervenção precoce, crucial em alguns casos: sem intervenção precoce ou correção subsequente, muitas crianças com défices nas habilidades motoras carregaram essas lacunas por muitos anos. Dificuldades nas habilidades motoras não se remediam, nem desaparecem. Evitar ou ignorar os défices motores finos ano após ano pode afetar negativamente o desempenho da escrita, o que pode levar à desmotivação nas tarefas de leitura e escrita. Há, portanto, implicações significativas para o desenvolvimento de estratégias motivacionais. Isso é evidenciado na tabela 8.2, abaixo.

Tabela 8.2 Estratégias de motivação baseadas nas características de MacIntyre

Característica	Estratégia motivacional
Falta de coordenação	Não seja muito ambicioso – concentre-se em exercícios simples, movendo as mãos e os pés em sequência, e faça disso uma atividade divertida.
Dificuldade em calcular a força necessária no arremesso de bola	Jogue croquete para começar e tente aproximar o objeto da bandeira o máximo possível.
Falta de dominância	Verifique se você tem a correta dominância identificada. Pratique fazendo atividades com uma mão.
Dificuldade com botões, cadarços	Pode ser praticada todos os dias, mas em particular ou individualmente – se estiver perturbado, não poderá fazê-lo.
Dificuldades em correr, pular, saltar	Pode ser uma brincadeira e também algo divertido. Faça parceria com outra pessoa da classe e implemente a estratégia em conjunto.
Consciência direcional e espacial ruim	Saia para o *playground* com uma bússola e identifique diferentes áreas do *playground* em relação ao ponto da bússola.

Ethos escolar e crianças com dificuldades de coordenação motora

Um *ethos* positivo na escola é importante para todos os estudantes, mas para crianças com qualquer tipo de desafio educacional é essencial. Para crianças com dificuldades de coordenação, um *ethos* de apoio por parte da escola inteira pode ser particularmente relevante, pois há muitos casos em que a coordenação e um certo grau de consciência corporal/espacial são vitais para que a pessoa seja vista como alguém que se comporta normalmente. A educação física é um bom exemplo, uma vez que as crianças têm de chegar no horário devidamente preparadas com o *kit* correto. Muitas vezes há uma disputa nos vestiários, enquanto as crianças correm para a academia, empolgadas com a perspectiva. Pode ser aí que as crianças com dificuldades de coordenação sejam deixadas para trás. Mas um planejamento cuidadoso e um *ethos* escolar atencioso podem minimizar o impacto dos sentimentos de fracasso nesse tipo de situação. Se um amigo é designado para ajudar a criança na coordenação, as possíveis dificuldades podem ser minimizadas. Dessa maneira, a criança não se sentirá sozinha nem será a última a entrar na academia. Existem outras áreas do currículo que podem ser problemáticas para a criança com dificuldades de coordenação – qualquer coisa que envolva mobilidade, principalmente em espaços fechados ou em áreas movimentadas. Isso pode incluir um laboratório de ciências com muitos aparelhos, uma sala de música com instrumentos musicais caros, um departamento técnico com várias ferramentas e máquinas potencialmente perigosas, uma sala de arte com muitas exposições – tudo isso pode representar uma situação potencialmente ameaçadora para a criança com dificuldades motoras. É por esse motivo que uma abordagem coordenada e atenciosa de toda a escola precisa ser adotada para garantir que as crianças com essas dificuldades sejam valorizadas e motivadas para o sucesso.

Comentários finais

Este capítulo se concentrou em vários aspectos relacionados a dificuldades motoras e à motivação. O ponto importante a considerar é que, ao garantir que a criança com dificuldades motoras seja atendida e motivada para ter sucesso, você também ajudará todas as crianças, incluindo aquelas com outros tipos de dificuldades. Esse é o benefício de uma abordagem para toda a escola e desenvolver um espírito de motivação que beneficiará a todos – incluindo aqueles com alguma dificuldade. Essa é a essência de uma escola eficaz.

9
Motivando estudantes com dificuldades de atenção, emocionais e comportamentais

TDAH/EBD

Os problemas na escola são frequentemente associados a comportamentos negativos ou *off-task* [não relativos à tarefa] (cf. HUMPHREY, 2002; McBRIDE & SIEGEL, 1997; MILES & VARMA, 1995; RIDDICK, STERLING; FARMER & MORGAN, 1999; STANOVICH, 1986; VAUGHN; ZARAGOZA; HOGAN & WALKER, 1993; VOGEL & ADELMAN, 2000). Embora esses comportamentos possam ocorrer com qualquer criança; em alguns casos, problemas mais graves estão relacionados a dificuldades de aprendizagem, bem como a participação educacional. Aqueles com dificuldades de aprendizagem também apresentam níveis de problemas acima do esperado com interações atencionais, emocionais e/ou sociais (LAUTH; HEUBECK & MACKOWIAK, 2006; McCONAUGHY; MATTISON & PETERSON, 1994; McKINNEY, 1989, MICHAELS & LEWANDOWSKI, 1990; SWANSON & MALONE, 1992). Tais associações podem ser devidas a problemas comportamentais, emocionais e/ou sociais que levam a dificuldades na participação normal da escola que podem resultar em aprendizado deficiente. Da mesma forma, uma dificuldade de aprendizagem pode levar a comportamentos (frustrações com o aprendizado) e sentimentos (baixo autoconceito) negativos, além de más interações sociais com os colegas. Além disso, parece haver um nível relativamente alto de comorbidade entre as dificuldades de aprendizagem e o Transtorno de Défice de Atenção e Hiperatividade (TDAH) e outros diagnósticos relacionados ao comportamento, como os distúrbios emocionais e comportamentais [tb. conhecidos como distúrbios comportamentais e emocionais no CID-10] (EBD) (cf. BARKLEY, 2006; HINSHAW, 1994; JORM et al., 1986; RITCHMAN; STEVENSON & GRAHAM, 1982; RUTHERFORD; QUINN & MATHUR, 2004; STEVENSON et al., 1993). Por exemplo, estimou-se que até 30% (ou mais) daqueles diagnosticados com TDAH também têm problemas de aprendizagem ou acadêmicos (BARKLEY, 2006; HINSHAW, 1994; SEMRUD-CLIKEMAN et al., 1992; WILLCUTT; PENNINGTON & DEFRIES, 2000); e uma alta taxa de coocorrência (possivelmente acima de 25%) pode ser encontrada entre dificuldades de aprendizagem e EBD (ADAMS et al., 1999; REID et al., 2004). Novamente, isso pode ser devido a uma condição que leva a consequências negativas em várias áreas, mas também pode haver fatores genéticos ou de desenvolvimento que influenciam o nível de coocorrência.

Embora consideremos o comportamento problemático em geral neste capítulo, vale a pena considerar as duas condições supraditas para discutir seu potencial relacionamento com a motivação. O Transtorno de Défice de Atenção e Hiperatividade (TDAH) é caracterizado por problemas relacionados à desatenção, hiperatividade e impulsividade (BARKLEY, 2006). Cerca de 5% das crianças serão diagnosticadas com TDAH, e mais da metade delas apresentará problemas que persistirão na adolescência (BARKLEY, 2006). O TDAH é considerado uma incapacidade diagnóstica, pois leva a problemas com o funcionamento diário normal, inclusive na educação e em situações sociais. Para que o TDAH seja diagnosticado, os níveis de desatenção, hiperatividade e/ou impulsividade precisam ser identificados como inapropriados para o estágio de desenvolvimento do indivíduo, e os efeitos desses comportamentos negativos devem ser relativamente longos (normalmente, eles devem ocorrer por seis meses ou mais), devem estar presentes na infância e, geralmente, antes dos 12 anos de idade (cf. APA, 2013), e não devem se limitar a apenas uma situação/contexto (p. ex., deve haver evidências de problemas graves na escola e em casa). A desatenção sugere que o indivíduo terá sérios problemas em se manter focado em uma tarefa, será facilmente distraído e achará difícil manter o esforço e a atenção. Cada uma dessas áreas foi associada à motivação e, portanto, uma criança com problemas de desatenção pode ser considerada como alguém que não está tentando, ou como alguém que carece de motivação para concluir uma tarefa. Por outro lado, a hiperatividade é caracterizada por altos níveis de atividade motora e/ou vocal – uma incapacidade de ficar quieto/silencioso – e a impulsividade indica uma propensão a responder muito rapidamente às situações e com uma falta de consideração das consequências que uma ação pode ter (o que pode levar a comportamentos de risco). Dessa forma, os aspectos de hiperatividade e impulsividade da condição podem ser considerados comportamentos inapropriados em uma determinada situação, e não como falta de motivação – embora a mudança impulsiva para uma segunda tarefa sem concluir a primeira possa ser interpretada como falta de motivação sustentada. Isso é particularmente importante, dado que esses dois conjuntos de sintomas têm sido considerados separadamente: um indivíduo pode ser avaliado como predominantemente desatento, predominantemente hiperativo e impulsivo, ou mostrando uma combinação de desatenção e hiperatividade/impulsividade.

"Distúrbio emocional e comportamental (EBD)" é uma expressão bastante abrangente (e não é um termo usado universalmente). Para os propósitos atuais, será usada como base para discutir a ampla gama de problemas comportamentais, emocionais e sociais relativamente sérios com os quais uma criança pode se apresentar. Os problemas associados aos EBD podem ser encontrados em grupos bastante consideráveis de crianças em uma população em idade escolar (geralmente em torno de 5%, embora algumas estimativas cheguem a 10%). Como o nome sugere, os indivíduos podem mostrar evidências de comportamento problemático e/ou emoção negativa (cf. as discussões em RUTHERFORD et al., 2004). Os comportamentos problemáticos podem incluir agressão verbal e física, ou outros tipos de comportamentos inadequados, como a falta persistente de obedecer às regras da escola ou da sociedade, que podem estar relacionados a dificuldades nas interações com colegas e adultos (incluindo professores e outros funcionários da escola). Os problemas emocionais podem se manifestar como infelicidade ou abstinência persistentes, bem como uma tendência a desenvolver medos potencialmente irracionais. Formas mais internalizadas de EBD podem levar uma criança a sofrer de depressão severa e mostrar evidências de ansiedade e solidão, além de outros problemas, como distúrbios alimentares. Tais crianças geralmente experimentam uma perda de interesse em atividades sociais, escolares ou da vida em geral, o que também pode ser considerado indicativo de falta de motivação. No geral, os estudantes com EBD apresentam um desempenho inferior ao de seus colegas nas avaliações escolares, apresentam taxas mais altas de evasão escolar do que outros grupos de estudantes e geralmente apresentam resultados negativos no emprego, bem como más interações com colegas e adultos, maior probabilidade de comportamentos antissociais e alta necessidade de serviços de saúde mental (BULLIS & YOVANOFF, 2006; LANE et al., 2008; WALKER; RAMSEY & GRESHAM, 2004). Verificou-se que os alunos com EBD apresentam défices em vários âmbitos escolares, incluindo idioma, leitura, escrita e matemática (ANDERSON; KUTASH & DUCHNOWSKI, 2001; GREENBAUM et al., 1996; LANE et al., 2006; TROUT et al., 2003). No entanto, Nelson, Benner, Lane e Smith (2004) descobriram que o baixo desempenho em leitura, matemática e escrita era mais provável em crianças com comportamentos externalizantes (i. é, aquelas que mostravam evidências de agressão verbal e física), em vez dos comportamentos mais internalizantes associados a respostas emocionais negativas. Tais descobertas justificam uma relação mais próxima entre o desempenho acadêmico e os problemas de comportamento, embora os efeitos no desempenho da tarefa de respostas emocionais negativas que possam estar associadas à ansiedade e à retirada não devam ser ignorados.

O breve resumo acima indica que há uma sobreposição entre as características de TDAH e EBD, particularmente em termos de alguns dos comportamentos apresentados. Em termos de desempenho acadêmico, as características do TDAH podem levar a piores resultados educacionais, mas as consequências associadas a ambas as condições podem levar a más experiências e aprendizado escolar. As características do TDAH podem ser mais difíceis de lidar em termos de ensino e intervenção, uma vez que, além dos défices identificados na inibição comportamental, atenção e resistência à distração, como sugerem as descrições acima, o TDAH também está associado a défices na função executiva (incluindo planejar algo ou atingir um objetivo) e autorregulação, que incluiriam aspectos de esforço e motivação sustentados (BARKLEY, 2006; CHU, 2003; VILE-JUNOD et al., 2006; ZENTALL, 2006). Cada uma delas pode ter um impacto negativo na escolaridade (VOSTANIS, 2007; WILMHURST; PEELE & WILMHURST, 2011), e os estudantes com TDAH apresentam níveis mais baixos de conclusão de tarefas e resultados inferiores em muitos indicadores acadêmicos relacionados à realização e retenção, bem como motivação e engajamento (DUPAUL & STONER, 2003; HEILIGENSTEIN et al., 1999; MARIANI & BARKLEY, 1997; PURDIE; HATTIE & CARROLL, 2002). Os aspectos autorreguladores do distúrbio podem ser de particular importância aqui, pois parecem estar relacionados a processos que foram associados ao desempenho bem-sucedido e ao comprometimento nos trabalhos escolares (BARKLEY, 2006).

Aprendizagem, ambiente e motivação

Apesar dos potenciais efeitos negativos a longo prazo de TDAH e EBD, há evidências de que muitos dos problemas comportamentais, emocionais e sociais apresentados podem ser superados ou reduzidos por meio de estratégias apropriadas de ensino e intervenção (BARKLEY, 2006; RUTHERFORD et al., 2004). Abordagens destinadas a melhorar o ambiente escolar e de sala de aula, incluindo a redução dos efeitos negativos de comportamentos perturbadores ou que provoquem desatenção, podem aumentar as chances de um ensino e aprendizado eficazes ocorrerem (ADAMS & CHRISTENSON, 2000; KERN et al., 2001; LEE; SUGAI & HORNER, 1999; UMBREIT; LANE & DEJUD, 2004). No entanto, muitas dessas características são frequentemente associadas ao estímulo ao engajamento e podem ser consideradas parte de ambientes divertidos ou motivadores nos quais aprender. Assim, é necessário encontrar um equilíbrio em termos de manutenção do interesse, mas evitando a distração da tarefa principal ou do objetivo educacional. Mudar o ambiente da sala de aula não significa uma sala de aula despojada de algo colorido ou interessante; uma sala de aula deve ser um ambiente motivador. No entanto, para aqueles com problemas de atenção e comportamento (inclusive aqueles sem problemas graves de comportamento e atenção associados ao TDAH e TEA), os materiais colocados ao redor da sala de aula precisam ser cuidadosamente escolhidos para serem relevantes para o trabalho realizado e os objetivos de aprendizagem estabelecidos. Um entendimento dos recursos de condições como o TDAH deve permitir a apreciação do que se pode levar a comportamentos *off-task versus* o que pode ser apropriado para manter o interesse de toda a classe (cf. tb. REID et al., 2015).

Semelhante às descobertas com muitos grupos diferentes de alunos, o aprendizado estruturado e de andaimes [*scaffold*], bem como a instrução direta, demonstraram ser práticas eficazes com estudantes com problemas comportamentais e de atenção em vários contextos de aprendizagem (BARKLEY, 2006; HUGHES & COOPER, 2007). Entretanto, colocar essas boas práticas de ensino e aprendizagem no ambiente certo, com bons processos em sala de aula/na escola, também tem sido apontado como um componente vital para auxiliar os alunos com o tipo de dificuldades comportamentais discutidas neste capítulo. Lloyd e Norris (1999), por exemplo, propuseram que os critérios ambientais são fatores influentes ao lidar com comportamentos com potencial para reduzir o desempenho e o envolvimento das tarefas; e Montague e Castro (2004) sugeriram que os planos de intervenção escolar deveriam ser multifacetados (envolvendo professores, pais e filhos), e não puramente com base no método de ensino (cf. tb. GIORCELLI, 1999). Tridas (2007) também argumenta que as adaptações no ambiente de aprendizagem devem ser vistas como parte da acomodação dos estudantes com problemas comportamentais e/ou de atenção. Comunicar essas adaptações na casa da criança ajudará a fornecer consistência e melhorar os resultados. O conselho nesse sentido incluiria garantir que a criança com problemas de comportamento e/ou distração esteja posicionada o mais próximo possível do professor, embora longe de grandes janelas ou portas abertas. Também é necessário definir expectativas realistas para o estudante, o que incluiria dividir as tarefas em partes mais gerenciáveis para torná-las mais fáceis de realizar – uma boa maneira de evitar a falha da tarefa e aumentar as chances de envolvimento contínuo na aprendizagem.

Hughes e Cooper (2007) sugerem abordagens semelhantes para estudantes com problemas comportamentais. Isso inclui evitar situações de confronto, principalmente para aqueles que têm problemas com comportamentos agressivos. As instruções geralmente são melhores quando mantidas no mínimo. A rotina e uma estrutura clara para a classe também podem ajudar na manutenção de comportamentos na tarefa e na prevenção de conflitos. Da mesma forma, oferecer meios para o comportamento ativo pode ser útil para reduzir os problemas associados à impulsividade e à hiperatividade, mas também proporcionar uma oportunidade de diversão como parte do trabalho da escola – embora aqui também seja necessário considerar um processo de mudança (ou retorno) para situações de aprendizado menos ativas. Demonstrar respeito pelo estudante e ouvir suas preocupações pode ser uma maneira útil de identificar necessidades e possíveis problemas, além de aumentar o envolvimento.

Medicação, intervenções psicossociais e motivação

Embora os métodos de ensino e os ambientes de aprendizagem sejam um componente importante no auxílio aos estudantes com dificuldades comportamentais que afetam a educação, o tipo de intervenções mais frequentemente associadas a condições diagnosticadas como TDAH é medicamentoso (BARKLEY, 2006; CONNERS et al., 2001; MTA COOPERATIVE GROUP, 1999). Existem numerosos estudos que demonstram a utilidade potencial de intervenções baseadas em medicamentos para diminuir o comportamento perturbador e melhorar o envolvimento no desempenho das tarefas (BARRY & MESSER, 2003; BUSSING et al., 2002; EVANS et al., 2001; SHORT et al., 2004). No entanto, as intervenções que usam apenas medicamentos são reservadas a profissionais médicos, e não aos educadores, e, apesar das evidências de sua eficácia, também existem dados que sugerem efeitos positivos insignificantes a longo prazo no desempenho educacional, além de possíveis efeitos colaterais indesejados (cf. FARAONE et al., 2008; MANNUZZA et al., 1993; SWANSON et al., 1995). Portanto, vários teóricos (cf. BARKLEY, 2006; MTA Cooperative Group, 1999) argumentam que o sucesso acadêmico a longo prazo seria mais bem-alcançado com o uso de medicamentos somente quando necessário e por períodos relativamente curtos, ou combinando medicamentos com salas de aula práticas direcionadas (como as discutidas na subseção anterior) ou com outras formas de intervenções, como as que envolvem programas de tratamento cognitivo-comportamental.

Pesquisas que investigam a utilidade potencial de intervenções cognitivo-comportamentais indicaram que elas podem reduzir comportamentos negativos em estudantes (BAER & NIETZEL, 1999). Tais métodos podem incluir intervenções de professores, treinamento de pais e tutoria de pares, embora também possam incluir automonitoramento e treinamento de estratégia, bem como intervenções psicossociais de profissionais treinados (cf. COBB et al., 2006; PELHAM & FABIANO, 2008). Por exemplo, DuPaul, Ervin, Hook e Mcgoey (1998) avaliaram uma intervenção em sala de aula para crianças com TDAH. As crianças com problemas de comportamento eram emparelhadas com um colega que não mostrava evidência óbvia de comportamentos problemáticos ou dificuldades de aprendizagem, e os pares trabalhavam juntos durante tarefas acadêmicas. Verificou-se que esse procedimento reduz a maioria dos comportamentos *off-task* das crianças com TDAH e aumenta o envolvimento em tarefas acadêmicas.

As dificuldades enfrentadas por estudantes com problemas comportamentais em termos de planejamento, organização, comportamentos inibidores e habilidades de autocontrole seriam alvo de muitos dos aspectos de autocontrole de tais estratégias cognitivo-comportamentais. Além disso, as intervenções cognitivas que visam a melhorar a capacidade do estudante de ajudar o seu próprio aprendizado têm muitos dos recursos consistentes com as melhorias na motivação. Muitos dos métodos discutidos abaixo também têm a vantagem de poderem ser implementados por professores e pais, pois são relativamente fáceis de aprender e aplicar e, uma vez aprendidos, os estudantes podem praticar e implementar as estratégias independentemente da assistência externa. Novamente, o nível de independência produzido por esses métodos tem o potencial de promover um senso de autoestima e autorreforço, e deve levar ao desenvolvimento de estratégias para aumentar a motivação.

Os métodos que visam ao automonitoramento ou à autorregulação geralmente envolvem ensinar o estudante a controlar comportamentos negativos (e às vezes os pensamentos que os acompanham). Verificou-se que tais métodos aumentam o desempenho acadêmico (CONDERMAN & HEDIN, 2011; MOONEY et al., 2005). Barry e Messer (2003) analisaram os efeitos de um programa de autogerenciamento (uma forma de automonitoramento) que incluía autoavaliação e registro dos comportamentos direcionados. Eles descobriram que essas estratégias de autogerenciamento aumentavam o desempenho acadêmico e diminuíam os comportamentos indesejados entre uma amostra de meninos da sexta série diagnosticados com TDAH e medicados. Harris, Friedlander, Saddler, Frizzelle e Graham (2005) testaram o automonitoramento da atenção *versus* o desempenho acadêmico e descobriram que ambos os métodos melhoravam os níveis de literacia, além de reduzir comportamentos *off-task*. Outro estudo de Shimabukuro, Prater, Jenkins e Edelen-

-Smith (1999) mostrou que as crianças ensinadas a automonitorarem (gráfico) suas atividades acadêmicas foram capazes de aumentar os níveis de desempenho em compreensão de leitura, matemática e escrita, bem como diminuir os comportamentos *off-task*.

Do mesmo modo que as representações visuais (como nos gráficos: cf. tb. métodos de desempenho de autorrepresentação gráfica usados por FIGAROLA et al., 2008), o automonitoramento também pode ser usado por meio de conversa interna ou declarações pessoais, com o objetivo de reduzir comportamentos negativos ou manter atenção no desempenho da tarefa. Kamann e Wong (1993) usaram autoafirmações em crianças que mostraram evidências de problemas de aprendizagem. O pesquisador modelaria a solução de um problema matemático em voz alta, após o que ensinaria às crianças algumas afirmações positivas, como "estou indo bem". As crianças que receberam a intervenção tiveram uma pontuação mais alta no pós-teste de matemática. Um estudo de Al-Sharhan e Everatt (2015) investigou o treinamento em técnicas de autogerenciamento, utilizando declarações positivas com um grupo de estudantes que mostraram evidências de problemas de aprendizagem juntamente com baixos níveis de atenção e aumento de comportamentos *off-task*. Os alunos aprenderam um conjunto de autoafirmações positivas destinadas a aumentar a autoestima e a autorregulação de pensamentos, sentimentos e comportamentos. As declarações continham uma mensagem positiva sobre a concentração e/ou atenção dos alunos, enquanto outras lidavam com os sentimentos dos alunos em relação a si mesmos. Por exemplo, "Eu consigo resolver a ortografia e outros problemas quando estou calmo", "Sou capaz de soletrar muitas palavras", "Posso ficar sentado por 15 minutos", "Sou digno e capaz" (cf. tb. ex. em CONDERMAN & HEDIN, 2011). O treinamento envolveu os alunos verbalizando as afirmações, bem como discutindo seu significado e pensando em experiências/exemplos pessoais relacionados a elas. Portanto, a intervenção não foi direcionada unicamente para mudar o comportamento, mas focada em mudar a maneira de os estudantes pensarem sobre si mesmos e suas habilidades. As afirmações foram escritas em cartões e mantidas com os estudantes durante as sessões de aprendizado. Os resultados indicaram efeitos positivos no aprendizado de literacia em segunda língua das crianças em comparação com grupos de crianças que não foram submetidas à intervenção. No entanto, a intervenção positiva de autoafirmação mostrou efeitos positivos somente quando combinada com uma intervenção de aprendizagem mais envolvente, sugerindo que tais intervenções podem ser mais eficazes quando combinadas com práticas de ensino adequadas e motivadoras.

O estudo de Al-Sharhan e Everatt (2015) também considerou os efeitos positivos de uma intervenção de automonitoramento usando treinamento de relaxamento. Pedir aos estudantes com problemas educacionais e comportamentais que controlem sua respiração, músculos e movimentos por meio dessa técnica também levou a reduções nos comportamentos *off-task* contínuos, bem como a melhores pontuações em tarefa de literacia. Tais técnicas de relaxamento têm sido usadas em outros contextos (PAUL; ELAM & VERHULST, 2007; STUCK & GLOECKNER, 2005), incluindo aquelas em que o relaxamento autoiniciado foi combinado com a conversa interna positiva (COLLINS et al., 1981). Um estudo realizado por Omizo e Michael (1982) examinou o efeito do treinamento de relaxamento de *biofeedback* em uma amostra de meninos hiperativos. A intervenção envolveu ouvir fitas de áudio que enfatizavam o relaxamento e o gerenciamento do estresse, bem como a importância do autocontrole. Novamente, o treinamento reduziu comportamentos impulsivos e aumentou a atenção. Esse tipo de método comportamental também pode ser útil com uma das sugestões discutidas na subseção anterior na medida em que pode ser usado em conjunto com saídas para o comportamento ativo durante uma sessão de aprendizado, talvez como parte do processo de retorno a menos aprendizado ativo.

Outro tipo de método de autoconsciência/autocontrole usado em crianças com problemas de aprendizagem e comportamentos negativos é o que envolve o estabelecimento de metas (ANDERMAN & WOLTERS, 2006; ELLIOT, 2005; LINNENBRINK-GARCIA; TYSON & PATALL, 2008; LOCKE & LATHAM, 2002; MAEHR & ZUSHO, 2009); pesquisas identificaram efeitos positivos do treinamento no estabelecimento de metas para estudantes com TDAH (RATEY & SLEEPER-TRIPLETT, 2011). Metas baseadas no crescimento que enfatizam o progresso pessoal e o crescimento como parte do desenvolvimento educacional podem incentivar os estudantes a considerarem o crescimento em seu próprio aprendizado (novamente, alguns dos métodos baseados em gráficos mencionados acima podem ser úteis) e também demonstraram ser motivador e melhorar a conquista (cf. ex. em ANDERMAN et al., 2010; DWECK, 2006; HARRIS, 2011; SZTAJN et al., 2012). Por exemplo, Martin (2012) avaliou a utilidade do desenvolvimento e uso de metas com um grande grupo de estudantes de ensino médio na Austrália, incluindo aqueles com TDAH. Em particular, esse estudo considerou a eficácia potencial de objetivos pessoais. Os resultados indicaram melhorias nos resultados e níveis mais baixos de desligamento acadêmico, inclusive entre os portadores de TDAH. Esse estudo argumenta que os objetivos pessoais podem ser uma maneira de aumentar a motivação, mesmo naqueles estudantes que podem ser particularmente propensos a baixos níveis de motivação.

Tais métodos baseados em objetivos podem ajudar os estudantes a direcionarem sua atenção e esforço para as tarefas específicas necessárias para alcançar o resultado almejado (o objetivo). Além disso, a dimensão autodeterminada de especificar um objetivo desejado pode levar a um senso de autonomia que é intrinsecamente motivador (LOCKE & LATHAM, 2002; RYAN & DECI, 2000b). Os objetivos também podem variar em termos de resultado no longo ou no curto prazo, bem como a probabilidade de sucesso. Por exemplo, uma meta de resultado poderia ser uma melhoria em uma nota de avaliação – com o processo para atingir essa meta sendo um maior esforço de estudo e o envolvimento nas tarefas de aprendizagem durante o período escolar. No entanto, também pode ser relativamente de curto prazo e mais específico: por exemplo, ler mais um livro para a tarefa atual em comparação com uma tarefa anterior ou obter mais um cálculo de matemática nesta aula em comparação com a última. Martin (2013) argumenta que, inicialmente, as metas que são alcançáveis em um tempo relativamente curto seriam melhores, pois isso dará aos estudantes uma sensação inicial de progresso, o que deve levar à motivação para continuar usando a técnica. Os objetivos também não precisam ser simplesmente acadêmicos. Por exemplo, Martin (2013) sugere objetivos como: pedir ajuda a um professor quando o professor havia sido evitado anteriormente; procurando menos ansiedade no próximo teste do que nos anteriores; gritar menos vezes na aula hoje do que ontem; permanecer na cadeira por mais tempo na lição de hoje do que na lição de ontem. Tais objetivos são consistentes com as afirmações positivas usadas em Al-Sharhan e Everatt (2015), que também mostraram efeitos positivos para os estudantes com dificuldades de aprendizagem e aumento de comportamentos *off-task*. Nos dois casos (afirmações e objetivos), eles precisam ser relevantes para o indivíduo que os define no momento do ajuste. Para estudantes com problemas de atenção e comportamentais mais graves, como aqueles com TDAH, o foco em comportamentos concretos provavelmente mostraria vantagens nos estágios iniciais do aprendizado da técnica e, em alguns casos, incentivos podem ser úteis para apoiar sentimentos de conquista e sucesso, e para aumentar a motivação. Como discutido em outras partes deste livro, as recompensas administradas no momento certo podem ter efeitos positivos na motivação (cf. tb. COVINGTON, 2002). Calson, Mann e Alexander (2000), por exemplo, mostraram melhorias no desempenho acadêmico e na motivação dos estudantes com TDAH, usando uma intervenção baseada no professor que focava nos custos de recompensa e resposta. As recompensas também podem ser associadas ao incentivo e *feedback* do professor (também discutido em outras partes deste livro) – e a importância do *feedback* adequado do professor para os alunos foi bem-estabelecida na literatura educacional (HATTIE, 2009).

Conclusão

As crianças com problemas de comportamento, atenção e emocionais podem sofrer uma série de dificuldades associadas a baixos níveis de escolaridade, bem como a baixos níveis de engajamento e motivação. Apesar disso, esses problemas podem ser superados ou reduzidos por um ensino/intervenção apropriado, o que pode levar a uma melhor motivação em contextos educacionais e a níveis mais altos de aprendizado (BARKLEY, 2006; RUTHERFORD et al., 2004). Acomodações com foco em mudanças no ambiente escolar e métodos de ensino mais apropriados (aprendizado estruturado e de *scaffolding*, bem como instrução direta) podem ser bem-sucedidos no apoio ao aprendizado entre essas crianças. Além disso, métodos que se concentram na autoconsciência e no automonitoramento também podem ser úteis para reduzir comportamentos *off-task*, aumentar o engajamento/motivação e a probabilidade de realização educacional. Muitos desses procedimentos têm a vantagem de poderem ser implementados em ambientes normais da sala de aula e podem ser transferidos para outros, como em casa. Eles também têm os benefícios adicionais de mostrar evidências de aumento positivo da autoestima e da independência, o que os torna atraentes para uso com estudantes que podem estar desmotivados a aprender.

10
Motivação e autoconceito

Conforme discutido no capítulo 1, a motivação tem sido associada a aspectos de personalidade e emoção, bem como a questões ligadas à autoavaliação, particularmente à autoeficácia ou pontos de vista pessoais sobre a competência. Portanto, a motivação não apenas tem implicações para a prática educacional em diferentes grupos e contextos, mas também pode estar relacionada às visões que o indivíduo tem sobre si, ou seja, ao seu autoconceito. Um autoconceito ruim pode levar a baixas expectativas de sucesso e, portanto, a uma sensação de que não há sentido em tentar – ou seja, baixos níveis de motivação para iniciar uma tarefa ou manter o esforço para concluir uma tarefa. Essa inter-relação entre motivação e autoconceito, e os fatores associados de avaliação e autoeficácia, é o foco principal deste capítulo. Embora grande parte do restante do livro tenha abordado muitas dessas questões, vale a pena considerá-las isoladamente, para que o ponto em questão possa ser reconhecido da maneira mais clara possível.

Motivação, autoestima e autoavaliação

Embora a falta dos níveis esperados de realização possa ser um fator desmotivador para qualquer indivíduo, também se constatou que aqueles com problemas de aprendizado são maus avaliadores de suas próprias habilidades (p. ex., POLYCHRONI; KOUKOURA & ANAGNOSTOU, 2006). Isso significa que o seu eu percebido pode estar mais longe do seu eu ideal do que suas habilidades sugerem. Por exemplo, McLoughlin, Fitzgibbon e Young (1994) descobriram que indivíduos com dislexia tinham más percepções sobre suas habilidades ortográficas, mesmo que não fossem tão ruins quanto consideravam. Da mesma forma, Butrowsky e Willows (1980) descobriram que os maus leitores tinham baixas expectativas de sucesso, não apenas na leitura, mas também no desenho, sugerindo que sentimentos de baixa autoestima podem se estender para além da área de pouca habilidade. Essa perspectiva emocional da autoestima é discutida mais claramente nas teorias sobre a autoestima. Apesar de algumas diferenças importantes na conceitualização da autoestima (considere, p. ex., PARK & CROCKER, 2013; ROBINS; HENDIN & TRZESNIEWSKI, 2001; ROSENBERG et al., 1995), é frequentemente associado ao conceito acima de quão intimamente o eu percebido do indivíduo se iguala ao seu ideal, sendo esse ideal frequentemente influenciado por fatores socioculturais, incluindo a importância atribuída à educação e outras pessoas importantes, como colegas de escola e professores (cf. discussões em COOPERSMITH, 1967; HARTER, 1999; HEINE et al., 1999; RIDDICK, 2010). Correspondências mais próximas entre o eu percebido e o eu ideal sugerem bons níveis de autoconceito. O eu percebido que não corresponde ao ideal estaria associado ao baixo autoconceito.

Verificou-se também que a autoestima está ligada à conquista, e as crianças com dificuldades de aprendizagem relatam menor autoestima do que seus pares (CHAPMAN, 1988; GJESSING & KARLSEN, 1989; HUNTINGTON & BENDER, 1993; ROSENTHAL, 1973). Portanto, os níveis de realização de um indivíduo podem ser influenciados pelo modo como ele se sente acerca de si mesmos (p. ex., LAWRENCE, 1996), bem como por sua autoeficácia (conforme discutido acima). Igualmente, a boa autoconsciência tem sido considerada um fator em uma vida adulta de sucesso para o indivíduo com algum problema de aprendizagem (GOLDBERG et al., 2003). Gerber, Ginsberg e Reiff (1992) estudaram um grupo de adultos altamente bem-sucedidos com dificuldades de aprendizagem e consideraram fatores como o desejo do indivíduo de alcançar (um fator interno) e adaptações ao ambiente (um fator externo). Gerber e colegas argumentaram que o controle era a chave do sucesso, com níveis mais altos de controle desses fatores internos e externos, sugerindo uma melhor capacidade de se ajustar à incapacidade e ter sucesso na vida. O aumento do planejamento autorreferido entre adultos com dificuldades contínuas de literacia também foi associado a medidas de satisfação e autoeficácia no trabalho (LEATHER et al., 2011), consistentes com a ideia de estar no controle ou ser capaz de lidar com situações, é uma influência positiva nos sentimentos de autoestima.

A autoconsciência e a compreensão dos problemas associados a uma deficiência, portanto, podem estar relacionadas a sentimentos de controle – se você sabe o que esperar, pode planejar – e esse planejamento pode levar a resultados mais positivos, que por sua vez podem levar melhores níveis de autoeficácia. No entanto, essas associações podem não ser difundidas entre os estudantes com problemas de aprendizagem. Por exemplo, Chan (1994) comparou estudantes com e sem dificuldade em termos da relação entre motivação e aprendizado estratégico. Consistente com alguns dos pontos discutidos acima, um padrão de desamparo aprendido, incluindo sentimentos de não ter controle sobre suas vidas, foi observado entre muitos dos estudantes com mais dificuldade no estudo. Quando as crianças com histórico de problemas de aprendizagem realizam uma tarefa, uma expectativa particularmente baixa de sucesso, podem não procurar fatores internos, como habilidade e esforço, para apoiar a conclusão da tarefa, mas controles externos, como sorte ou as habilidades de outros, que provavelmente terão impacto na motivação (OKA & PARIS, 1987). Por exemplo, em um estudo realizado por Humphrey e Mullins (2002), crianças disléxicas revelaram-se mais propensas a atribuir sucesso a fatores externos, como o professor, do que à própria capacidade. Mruk (1990) propõe que níveis positivos de autoestima estão ligados a um senso interno de controle, que aumenta com a motivação e o desempenho de um indivíduo na situação de aprendizagem.

Embora receber uma tarefa difícil possa ser um tanto motivador, é raro encontrar uma motivação contínua para ter sucesso quando se experimenta somente o fracasso. Normalmente, o fracasso contínuo leva à desmotivação e sentimentos de desamparo. Ao contrário, para que os estudantes com problemas de aprendizagem experimentem sentimentos de controle e autoeficácia, pode ser um componente vital para manter o envolvimento no aprendizado e na motivação (cf. SIDERIDIS, 2003). Burden e Burdett (2007) identificaram relações entre melhor desempenho acadêmico e confiança (em termos de previsão de sucesso em uma tarefa), bem como avaliações de controle pessoal, em dados obtidos de estudantes de uma escola especial que produziram atitudes positivas em relação à aprendizagem. Esses dados sugerem que ser educado em um ambiente com um forte foco internalizador pode resultar em resultados positivos de aprendizagem, bem como em desenvolvimento psicossocial positivo. Esses dados também indicam que, num ambiente de aprendizado correto, as dificuldades de aprendizagem não precisam estar associadas ao autoconceito negativo (cf. tb. CASSERLY, 2013).

Burden (2002) refere-se à teoria dos construtos pessoais de Kelly (cf. ideias recentes em DENICOLO & POPE, 2001) como uma maneira de ajudar os alunos a desenvolver uma consciência de sua percepção de si mesmos como aprendizes. Isso se relaciona de maneira mais importante com as atribuições que um indivíduo faz sobre seus sucessos e falhas na aprendizagem. Se os estudantes atribuírem o fracasso em aprender para si mesmos e/ou à sua falta de habilidade, isso terá impacto na visão que têm de si mesmos (seu autoconceito). Como mencionado acima, percepções negativas das habilidades de aprendizagem podem dar origem a sentimentos de baixa autoestima e potencialmente ao "desamparo aprendido" (SMILEY & DWECK, 1994), com a perda de motivação que disso pode decorrer. Tais atribuições, portanto, podem fornecer informações úteis sobre a autopercepção do estudante e a potencial necessidade de apoio no desenvolvimento da resiliência na aprendizagem (cf., abaixo, a seção sobre resiliência).

Atribuições ligadas à motivação para o sucesso (WEINER & KUKLA, 1970) também foram associadas a dois tipos genéricos de aprendizes, aqueles que foram descritos como temerosos de falhas e aqueles que podem ser chamados de orientados para o sucesso (cf. discussões em DE CASTELLA et al., 2013). O primeiro tipo de aluno sofrerá dúvidas pessoais que podem levar a emoções negativas semelhantes ao medo de uma situação de aprendizado, em contraste com os mais orientados para o sucesso, que supostamente demonstram evidente entusiasmo pelo aprendizado, e essas reações diferentes estão associadas com perfis de motivação qualitativamente diferentes (COVINGTON, 1992; ELLIOT & DWECK, 1988). O medo do fracasso tem sido associado a uma série de estratégias que podem levar a comportamentos que seriam considerados desmotivadores. Por exemplo, o "pessimismo defensivo" (MARTIN; MARSH & DEBUS, 2003; NOREM & CANTOR, 1986) envolve manter expectativas irrealisticamente baixas de sucesso para proteger o estudante que teme o fracasso ao reduzir a ansiedade antes de uma tarefa (não há motivo para se preocupar ou tentar porque provavelmente vou falhar de qualquer maneira) e mantendo as expectativas (pessoais e dos colegas) no mínimo. O fracasso esperado será menos prejudicial ao autoconceito do que as expectativas de sucesso que não são atendidas. Apesar da manutenção da autoestima que essa estratégia pode produzir, as pesquisas sugerem que ela também está associada a menor desempenho acadêmico, níveis negativos de estresse e insatisfação com a vida, além de maior evidência de problemas psicológicos (cf. MARTIN et al., 2003). Essas estratégias também estão associadas ao potencial de desamparo aprendido e aos baixos níveis de motivação associados aos quais isso pode levar (COVINGTON, 1992). Identificar essas estratégias e as atribuições às quais elas estão associadas pode ser outra maneira de reduzir influências negativas na motivação, bem como níveis positivos de realização.

Atribuições igualmente complexas também foram encontradas em estudos das associações entre autoconceito e controle. Um estudo de Everatt, Almurtaji, Al-Sharhan e Elbeheri (2017) descobriu que a baixa autoestima era característica daqueles com baixos níveis de literacia, coerente com grande parte das evidências discutidas acima. No entanto, essa baixa relação de literacia/

autoestima foi moderada pelo *locus* de controle, com externalizações levando a associações nulas entre medições de literacia e baixa autoestima. Para as crianças desse estudo, externalizar o controle nas tarefas educacionais parecia ser uma maneira de evitar a perda de autoestima após o mau desempenho. Se você falha em uma tarefa, mas isso não é sua culpa (uma causa externa), o eu percebido não precisa se distanciar do eu ideal. No entanto, embora esse comportamento externalizante possa ser útil a curto prazo, a falta de controle que isso pode instilar, bem como baixos níveis de autoeficácia, podem ser mais prejudiciais a longo prazo. Como discutido acima, se tudo estiver sob controle externo, por que tentar? – a motivação para iniciar e manter o desempenho da tarefa será prejudicada. O ponto aqui é que tais descobertas evidenciam uma complexidade de inter-relações entre motivação, conquista, emoção e autoconceito. Não se trata simplesmente de uma coisa levar à outra: os relacionamentos são baseados no contexto e influenciados por outros fatores, como atribuições ou expectativas. De fato, alguns teóricos (BANDURA, 1997; ZIMMERMAN, 2000) argumentam que a motivação e a autorregulação mediam as relações entre autoeficácia e desempenho acadêmico. No fim das contas, porém, os resultados apontam, sobretudo, para bons níveis de autoeficácia, associados à expectativa de realizações (desenvolvida por meio de realizações anteriores), associados à motivação contínua para aprender. A utilidade de desenvolver tarefas em que o indivíduo com problemas de aprendizagem pode experimentar algum nível de sucesso (conquista) não pode ser demasiadamente enfatizada aqui – exatamente como ocorreu na maior parte do livro. Tais tarefas cuidadosamente projetadas levarão a um autoconceito, autoavaliação e motivação positivos, com os subsequentes efeitos positivos nas realizações a que esses elementos podem conduzir. Em suma, trata-se de um círculo virtuoso.

Motivação e resiliência

Uma outra maneira de conceituar esses fatores inter-relacionados é por meio das teorias da resiliência. Existem várias abordagens teóricas sobre a resiliência (cf. a revisão de FLETCHER & SARKAR, 2013), mas muitas se concentram no risco e na adaptação como componentes fundamentais. A experiência de superar (adaptar-se) às adversidades (riscos) ou a experiência de resultados positivos na presença de uma circunstância adversa são vistas como fatores que levam à resiliência (RUTTER, 2012; SCHOON, 2006). Por outro lado, fatores de risco podem aumentar a probabilidade de desajustes ou resultados negativos para um indivíduo (OFIESH & MATHER, 2012).

Perspectivas sobre resiliência também podem ser importantes na educação por conta do potencial de aumento dos níveis de desadaptação entre aqueles com dificuldades educacionais. Tais níveis de desadaptação podem se estender para além da educação, afetando o desenvolvimento psicossocial, incluindo a autoestima e a autoeficácia. A má adaptação aqui incluiria algumas das ideias discutidas acima: considerar fatores externos como estando no controle geralmente é desadaptativo em um contexto de aprendizado; e baixos níveis de autoeficácia generalizados para tarefas que não estão associadas a uma deficiência também podem ser vistos como uma resposta não adaptativa a uma dificuldade de aprendizagem. Por exemplo, a importância da leitura e da escrita em todo o currículo escolar faz com que as dificuldades de aprendizagem da literacia sejam consideradas um fator de risco que pode levar a baixos níveis de competência acadêmica e a um ajuste psicossocial insuficiente. Os problemas de literacia levam a dificuldades de acesso ao currículo em muitos aspectos do trabalho escolar, o que pode levar à atribuição desadaptativa de que o indivíduo carece de tudo, independentemente de seu verdadeiro nível de habilidade em outras disciplinas escolares. Isso pode levar a uma desmotivação vivida em muitas ou todas as classes, e círculo vicioso de um baixo autoconceito leva a não tentar e, portanto, à baixa escolaridade, o que leva a reduções adicionais no autoconceito.

Por outro lado, a resiliência na educação tem sido associada a motivações e realizações acadêmicas bem-sucedidas e fundamentadas (MARTIN & MARSH, 2006), e isso resultou em uma série de programas que visam a facilitar tanto a realização educacional quanto a resiliência (BROPHY, 1988). No entanto, muitos desses programas não foram avaliados por pesquisas independentes e de qualidade (cf. BECKER & LUTHAR, 2002; DOLL & LYON, 1998), o que significa que sua implementação em intervenções educacionais ainda não foi totalmente explorada e as reivindicações sobre sua eficácia devem ser tratadas com alguma cautela. Não obstante, o conceito de resiliência e sua relação com riscos e adaptação pode ser útil em considerações adicionais sobre como auxiliar os estudantes com dificuldades de aprendizagem, particularmente em termos de resultados melhores no autoconceito. De fato, o desenvolvimento da resiliência pode ser particularmente útil para o estudante com dificuldades de aprendizagem, uma vez que circunstâncias adversas podem ocorrer ao longo da educação, e fornecer uma intervenção específica para todas essas experiências não é viável. O problema é que essa conceituação de resiliência exige que riscos sejam identificados e superados; Bandura (1997), por exemplo, argumentou que superar as dificuldades pela perseverança seria um requisito para a autoeficácia resiliente. Essa perseverança seria influenciada pela motivação. No entanto, os estudantes que enfrentam dificuldades com o aprendizado são os mesmos que correm o risco de se desmotivarem durante o aprendizado. Portanto, é necessário aplicar contextos de aprendizagem que sejam percebidos como um desafio (um risco), mas estruturados de maneira que o desafio seja superado. Se isso puder ser internalizado, a autoeficácia resiliente deve ser desenvolvida. Embora grande parte desta pesquisa se concentre na autoeficácia que leva à resiliência (cf. discussões em MARTIN & MARSH, 2006; WYMAN, 2003), é provável que exista uma relação recíproca: superar as dificuldades deve levar ao aumento da autoeficácia. E, assim como há sobreposições na conceitualização de expectativas e autoeficácia, também existem semelhanças em comum nas ideias relacionadas à autoeficácia e resiliência.

Considerando a visão acima de que a construção de resiliência seria útil para aqueles que têm dificuldade no aprendizado, a pesquisa de Denston (2016) teve como objetivo fornecer uma intervenção desafiadora para crianças com evidências de baixos níveis de aprendizado em literacia. Embora desafiadora, a intervenção foi estruturada para maximizar a probabilidade de conseguir realizações, além de manter a motivação. Os resultados indicam que as crianças com menor resiliência autorreferida apresentaram ganhos no autoconceito, além de melhorias no desempenho da leitura, após a conclusão bem-sucedida dessa intervenção pedagógica relativamente desafiadora. A intervenção de leitura foi dada a crianças de ensino fundamental que foram identificadas por relatórios escolares e medidas de avaliação de pesquisas como demonstrando evidências de baixos níveis de aquisição de literacia – durante esse período, tais estudantes tiveram cerca de três anos de níveis relativamente baixos de literacia, todos apresentavam dificuldade em termos de baixa decodificação de palavras escritas e/ou baixos níveis de compreensão de texto escrito. A intervenção foi tornada desafiadora pelo uso de textos de leitura apropriados à idade, em vez dos textos da idade de leitura aos quais as crianças normalmente foram expostas durante uma sessão de leitura instrutiva. Isso significava que os estudantes tinham de lidar com um vocabulário mais complexo do que normalmente experimentariam em uma aula de leitura diferenciada. Um componente de decodificação da intervenção significava que os estudantes eram obrigados a decodificar o complexo vocabulário encontrado nos textos. Estratégias de decodificação específicas foram focalizadas na decodificação fonológica, mas também permitiram aos alunos desenvolver um entendimento dos aspectos morfológicos (i. é, unidades de significado dentro de uma palavra) dessas palavras relativamente complexas. Uma característica final era que os textos deveriam ser lidos da forma mais fluente possível para os colegas (i. é, os colegas estudantes dentro da intervenção). Cada um desses fatores foi um desafio deliberado, mas foi apresentado de forma a maximizar as chances de sucesso. As estratégias de decodificação ensinadas focavam em palavras difíceis no texto que o estudante deveria ler. A consideração das unidades de significado das palavras (morfologia) também auxiliou a compreensão, e o foco nas características fonológicas e ortográficas ajudou na fluência. Praticar a leitura do texto com o professor antes de ler em voz alta para um colega também aumentou a probabilidade de enfrentar desafios – quando eles liam em voz alta para os colegas, as estratégias de decodificação e a prática aumentavam a fluência. As evidências de que esse protocolo de intervenção foi desafiador vieram de dados produzidos pelos estudantes que relataram altos níveis de resiliência e autoeficácia no início do estudo, apesar das baixas pontuações nas mensurações de literacia. Esses estudantes mostraram uma clara redução na resiliência durante o período da intervenção, de modo que seus autorrelatos finais foram mais parecidos com os outros estudantes na intervenção e mais consistentes com seus níveis finais (aprimorados) de precisão e compreensão da leitura. A reavaliação da autoeficácia e a resiliência autorreferida precisam ser tratadas com cuidado para evitar os problemas negativos de autoconceito discutidos acima. No entanto, esses estudantes parecem ter baixa autoavaliação de suas habilidades. Nesse caso, o uso de textos no nível da idade da leitura nas aulas anteriores de remediação pode ter levado ao excesso de confiança em termos das habilidades de leitura do indivíduo – e à falsa resiliência, pois os riscos nunca foram realmente superados. Uma vez que isso tenha sido realizado, um suporte adicional poderá direcionar estratégias apropriadas para lidar com o aprendizado, bem como garantir que o autoconceito não se danifique. A internalização de estratégias bem-sucedidas durante uma tarefa relativamente desafiadora pode ser uma maneira de auxiliar a autoeficácia, a resiliência e o aumento da motivação.

Intervenções: desenvolvimento acadêmico e psicossocial

Assim como as evidências da pesquisa sobre as inter-relações entre os conceitos psicológicos discutidas acima, os estudos de intervenções destinadas a melhorar os resultados da aprendizagem, bem como a consideração de benefícios para o desenvolvimento psicossocial, também podem apresentar uma gama relativamente complexa de descobertas (cf. as revisões de ELBAUM & VAUGHN, 2001, 2003; e os estudos mais recentes de GHILAY & GHILAY, 2015; JONES et al., 2010; REYES et al., 2012). Por exemplo, Lewis (1984) descobriu que um programa estruturado de aconselhamento em grupo melhorava o desempenho em leitura e o autoconceito entre as crianças do ensino fundamental. No entanto, uma meta-análise de pesquisas conduzidas por Hoagwood,

Olin, Kerker, Kratochwill, Crowe e Saka (2007) constatou que as intervenções escolares focadas em fatores socioemocionais eram mais propensas a ter efeitos positivos nos resultados socioemocionais do que nos resultados acadêmicos, e quaisquer efeitos nas áreas acadêmicas tiveram maior probabilidade de vida curta. Hoagwood et al. (2007) sugeriram que a falta de foco era uma das razões para maus resultados acadêmicos, sugerindo que uma boa contribuição acadêmica para uma intervenção é tão vital quanto auxiliar o desenvolvimento psicossocial. Da mesma forma, Elbaum e Vaughn (2001) descobriram que, entre os alunos do ensino fundamental, a autoestima respondia melhor às intervenções acadêmicas, em contraste com as intervenções de aconselhamento mais prevalentes. Eles também observaram que as intervenções acadêmicas tiveram maiores efeitos na autoestima acadêmica, enquanto a autoestima global parecia responder melhor às intervenções de aconselhamento. No geral, os dados sugerem que, embora as intervenções psicossociais possam aumentar o autoconceito, elas podem ter menos impacto no desempenho acadêmico; e tais realizações negativas podem, a longo prazo, afetar negativamente certos aspectos do autoconceito.

Igualmente, porém, programas acadêmicos focados apenas em resultados não precisam conduzir a resultados psicossociais positivos. Por exemplo, no campo das intervenções de literacia, Quirk e Schwanenflugel (2004) argumentam que poucas intervenções tradicionais levam a uma melhoria na motivação para ler, e Wanzek, Vaughn, Kim e Cavanaugh (2006) argumentam que esses programas podem realmente diminuir a motivação para a leitura. É claro que o ensino que mantém o interesse é vital (p. ex., PIERSON, 1999), mas uma abordagem combinada do desempenho acadêmico e do desenvolvimento psicossocial na avaliação e na intervenção também pode ser apropriada para auxiliar a motivação (cf. discussões em ANDREASSEN; KNIVSBERG & NIEMI, 2006; PELLITTERI et al., 2006). Por exemplo, Sencibaugh e Sencibaugh (2016) argumentaram que as intervenções de aprendizagem cooperativa que continham tutoria de pares, trabalho em grupo estruturado e assistência de colegas revelaram efeitos positivos no desempenho acadêmico. Tais intervenções se concentram principalmente nos resultados acadêmicos, mas também incluem o desenvolvimento de relacionamentos interpessoais, que podem ajudar no desenvolvimento de fatores psicossociais relacionados ao autoconceito e à autoavaliação (e à autoeficácia/resiliência) que, para muitos estudantes, melhorarão os níveis de engajamento e motivação. Hughes e Fredrick (2006) identificaram efeitos positivos semelhantes nos procedimentos de tutoria entre pares.

O trabalho de Spitzer e Aronson (2015) enfocou a utilidade de intervenções psicossociais que incluíam componentes de mediação, reavaliação e mentalidade, mas também considerou intervenções direcionadas a exercícios baseados em habilidades acadêmicas. Os autores concluíram que esses podem ter benefícios recíprocos. O funcionamento psicossocial aprimorado pode ser alcançado visando o desempenho acadêmico. Igualmente, intervenções direcionadas a experiências socioemocionais, a fim de reduzir as dificuldades de ansiedade e atenção, melhorarão o desempenho acadêmico. Daki e Savage (2010) identificaram resultados positivos semelhantes usando uma estratégia baseada em aconselhamento (um programa focado em soluções) que visava a soluções para dificuldades de leitura entre estudantes relativamente mais velhos (7 a 14 anos) com histórico de dificuldades de aprendizagem de literacia. Na intervenção, o orientador discutia com os estudantes o uso de estratégias ensinadas anteriormente que tinham como objetivo melhorar o desempenho na leitura e também participava de jogos de leitura direcionados ao uso dessas mesmas estratégias. Assim, a intervenção de aconselhamento se baseia nos procedimentos de literacia, além de incluir alguns jogos motivadores que devem ajudar a vincular o aconselhamento ao apoio acadêmico. Novamente, foram identificados efeitos positivos nas áreas acadêmicas e psicossociais.

Burton (2004) argumentou que as intervenções deveriam se concentrar tanto na modificação das aspirações quanto no aumento do sucesso, porque o autoconceito é influenciado pelas discrepâncias que surgem entre as aspirações/expectativas de um indivíduo e suas realizações reais. Humphrey (2004) defendeu a importância dos contextos sociais em influenciar esse desenvolvimento psicossocial. Tais contextos incluiriam colegas e professores (BURDEN & BURDETT, 2005; CASSERLY, 2013; GANS, KENNY & GHANY, 2003; GLAZZARD, 2010). Novamente, os colegas são aqueles contra quem as avaliações podem ser feitas, mas os professores também podem influenciar as comparações entre o eu ideal e o real, por meio de elogios (e outras formas de *feedback*) e o tipo de processo de aprendizagem utilizado, mas também em termos de suas próprias expectativas. De fato, a pesquisa sugere que as percepções dos professores podem afetar a capacidade dos estudantes de desenvolver os desafios, particularmente entre aqueles em risco de dificuldades de aprendizagem e baixo desenvolvimento psicossocial (HETTINGER, 1982; HORNSTRA et al., 2010; KUKLINSKI & WEINSTEIN, 2001; LEUNG & CHOI, 2010; SORENSEN et al., 2003). Luthar, Sawyer e Brown (2006) argumentaram que a relação entre professor e aluno é fundamental para promover a adaptação, com relações professor-aluno de baixa qualidade relacionadas a resultados relativamente menores (O'CONNOR & McCARTNEY, 2007).

Um estudo de Lackaye e Margalit (2006) constatou que os professores esperavam que os alunos com dificuldades de aprendizagem se esforçassem mais (ou seja, que fossem mais motivados) do que seus colegas para atender às demandas de aprendizagem. No entanto, verificou-se que estudantes com dificuldades de aprendizagem esforçam-se menos e apresentam menor envolvimento no estudo – os níveis de motivação eram o oposto do que os professores esperavam –, e níveis analogamente baixos de motivação para a aprendizagem foram encontrados em adultos com dificuldades de aprendizagem (cf. VOGEL & ADELMAN, 1990). Tais diferenças entre as expectativas dos professores e os comportamentos dos alunos com dificuldades de aprendizagem podem levar a problemas adicionais em termos de engajamento/motivação e relacionamento professor-aluno. No entanto, Lackaye e Margalit também descobriram que a autoeficácia acadêmica previa o esforço de alunos com e sem dificuldades de aprendizagem, o que sugere que, se o professor puder se concentrar em melhorar a autoeficácia por meio de um aprendizado estruturado adequadamente, o nível de motivação desejado deve seguir. O ponto aqui é a necessidade de desenvolver uma compreensão dos estudantes dentro de uma sala de aula para que falsas expectativas (altas demais, o que leva a tarefas que são inatingíveis ou baixas demais, para que as oportunidades de ensino sejam ignoradas) não atrapalhem as relações aluno-professor. Esse entendimento pode levar a tarefas direcionadas que aumentam o sucesso e a motivação.

Diferenças individuais e de desenvolvimento

A complexidade das interações discutidas acima indica a necessidade de mais pesquisas sobre estratégias destinadas a combinar um foco na solução dos problemas de aprendizagem e no apoio ao desenvolvimento psicossocial. Onde as intervenções consideraram abordagens combinadas, elas se concentraram principalmente na autoestima (cf., contudo, a discussão desses tipos de intervenções em MRUK, 2006). Uma das dificuldades para essa pesquisa é que os resultados são influenciados por uma série de fatores que incluem as características do estudante, o tipo de intervenção e o resultado pretendido. As diferenças individuais são importantes aqui, uma vez que não apenas o nível e o tipo de dificuldades de aprendizagem experimentados influenciam o resultado (cf. outros capítulos deste livro para discussões adicionais nesse sentido), mas as melhorias também serão influenciadas pelo valor atribuído pelo aluno à área de aprendizado, bem como as dimensões do eu que influenciam essas avaliações (conforme abordado neste capítulo) e as experiências anteriores que moldaram essas avaliações. Isso significa que indivíduos ou grupos de indivíduos podem responder diferentemente à mesma intervenção (THERRIEN; ZAMAN & BANDA, 2010), potencialmente devido aos fatores psicossociais discutidos pelo presente capítulo. Muitos dos conceitos abordados neste capítulo são influenciados pelas experiências sociais do indivíduo, o que potencialmente levará a diferenças culturais/sociais entre os grupos (cf. discussões em GRAHAM & WEINER, 2012; HEINE et al., 1999; SCHOLZ et al., 2002).

Elbaum e Vaughn (2003) sugeriram que, entre os estudantes com dificuldades de aprendizagem, aqueles com baixos níveis iniciais de autoconceito se beneficiarão significativamente de intervenções direcionadas ao autoconceito, em contraste com estudantes com autoestima média e elevada, que se beneficiarão muito menos de tal trabalho de intervenção. Embora isso possa ser considerado um simples "se não estiver quebrado, não tente consertar", os efeitos da intervenção mostrados no estudo de Denston (2016) e discutidos acima argumentam contra uma posição tão simplista acerca da intervenção. Se os estudantes tiverem uma avaliação inadequada de sua própria capacidade de lidar com situações de aprendizagem, o autoconceito poderá ser mantido em um bom nível até o momento em que essa avaliação for contestada, quando o autoconceito poderá reduzir substancialmente. Da mesma forma, se o estudante mantiver altos níveis de autoconceito externalizando as causas de dificuldades de aprendizagem, os resultados poderão ser uma falta de envolvimento com a aprendizagem e baixos níveis de motivação para participar de atividades escolares (ou sociais).

Ulteriores fatores individuais de diferença que podem influenciar os efeitos das intervenções estão relacionados aos atributos que as crianças podem trazer para a aprendizagem. Por exemplo, Anderson e Meier-Hedde (2011) descobriram que declarações autorreferenciais desadaptativas afetavam as atitudes dos estudantes em relação à aprendizagem, o que afetava seu desempenho acadêmico. Tais influências podem ocorrer no início da aprendizagem. Um estudo longitudinal de Chapman et al. (2000) descobriu que algumas crianças demonstraram atitudes negativas em relação à literacia em seis a oito semanas após o início da educação formal. Nesse estudo, ao final do primeiro ano de escolarização, a avaliação dos níveis de leitura indicava que esses mesmos estudantes não estavam se saindo tão bem em comparação com os colegas e mostravam evidências de baixa autoestima acadêmica.

Tais diferenças nas atribuições/atitudes individuais também podem estar relacionadas a influências de desenvolvimento e/ou experienciais na maioria dos fatores considerados neste capítulo. Por exemplo, o eu é construído cognitiva e socialmente com base em experiências e atribuições (BANDURA,

1997) e, portanto, mudará até certo ponto ao longo da vida. Se considerarmos o conceito de autoestima acadêmica, também se espera que isso mude com a experiência na escola. No entanto, aspectos do desenvolvimento cognitivo, bem como os processos que formam atribuições, influenciarão esses aspectos do autoconceito. Dado que as avaliações também serão influenciadas pelos processos de pensamento e pela compreensão dos outros, os aspectos da autoestima também podem variar à medida que a criança se desenvolve cognitiva e emocionalmente (cf. tb. discussões em HARTER, 2006). Intervenções apropriadas e os relativos procedimentos de auxílio devem seguir a partir do entendimento do nível de desenvolvimento e necessidades do indivíduo. Exemplos disso podem ser encontrados na discussão de diferentes tipos de intervenções de literacia no capítulo 1, mas podem ser apropriados para todas as áreas de aprendizado e desenvolvimento psicossocial. Obter o equilíbrio perfeito em todos esses aspectos será difícil, embora não impossível. No entanto, é importante ter essas coisas em mente como parte dos processos de ensino. Se uma criança não está prosperando dentro das condições de aprendizagem apresentadas, um entendimento básico das interações entre diferenças individuais, desenvolvimento psicossocial, desempenho acadêmico e motivação para aprender deveria auxiliar na avaliação de obstáculos, bem como em estratégias para superá-los.

Conclusão

No geral, então, a pesquisa parece argumentar uma abordagem educacional e psicológica combinada ao trabalhar com estudantes que podem ter desenvolvido sentimentos negativos de autoestima após falhas no desempenho educacional, juntamente com desengajamento e desmotivação. Estratégias direcionadas à melhoria da autoeficácia e sentimentos associados de controle e resiliência precisam ser implementadas juntamente com (ou potencialmente seguindo) melhorias no desempenho que provavelmente continuarão. Se essas melhorias são de curta duração ou percebidas como externas ao indivíduo, então pode haver pouco efeito a longo prazo no autoconceito ou na motivação. Por exemplo, constatou-se que estratégias baseadas em pontos fortes têm efeitos positivos no desempenho educacional de crianças mais velhas com dificuldades de aprendizagem, e esses impactos positivos foram maiores do que situações que tentaram remediar áreas mais fracas (cf. WEEKS; BROOKS & EVERATT, 2002). Esses dados sugerem que, uma vez alcançado o reenvolvimento na aprendizagem, concentrando-se em estratégias potencialmente bem-sucedidas a curto prazo, deve ser possível o trabalho subsequente com formas mais complexas de auxiliar a aprendizagem. Estudantes mais velhos com problemas de aprendizado de literacia, que experimentaram falhas contínuas em aprender decodificação fonológica básica, podem mostrar aprendizado bem-sucedido em situações em que se utiliza a memória visual. Embora essa possa ser uma estratégia relativamente de curto prazo (tentar aprender todas as palavras por esse método não seria considerado engajador no longo prazo), uma vez que mais experiências positivas tenham sido desenvolvidas, o foco pode mudar para as estratégias fonológicas usadas para fomentar uma aprendizagem mais independente e de longo prazo. Mostrar ao estudante como esses métodos de decodificação fonológica podem ajudar na independência (como é uma estratégia que vale a pena colocar esforço na aprendizagem) também será vital para muitos estudantes (principalmente os mais velhos). Estratégias multissensoriais também podem ser úteis aqui, permitindo a repetição de uma tarefa de aprendizado, mas evitando a desmotivação que pode acompanhar a mera repetição (p. ex., AL-SHARHAN & EVERATT, 2015). Claramente, é necessário um trabalho adicional, mas a construção de um autoconceito positivo (e da resiliência) por meio de tarefas e objetivos cuidadosamente identificados, juntamente com a ajuda adequada, deve levar a uma melhora da motivação e a um aumento dos efeitos positivos das intervenções educacionais. Ignorar essas influências de afeto negativo e desmotivação pode reduzir a probabilidade de sucesso da intervenção.

11
Motivação e o papel da tecnologia assistiva

Não há dúvida de que a tecnologia proporcionou um aumento significativo nos recursos disponíveis para apoiar crianças e jovens adultos com problemas de aprendizagem. Educadores e administradores em todo o mundo estão encontrando inúmeras maneiras de incorporar a tecnologia no ensino e na aprendizagem. Lousas digitais, ensino e aprendizagem em salas de bate-papo, computadores e *tablets*, além de *videogames* educativos, são apenas alguns exemplos de como a tecnologia está lentamente começando a aparecer de modo regular nas salas de aula em todo o mundo. Tal surgimento de aplicativos de tecnologia dentro das salas de aula transformou a ferramenta tradicional de ensino para uma maneira mais abrangente de fornecer e avaliar o conteúdo da aprendizagem, além de possibilitar e envolver os alunos.

O papel que a tecnologia desempenha na realização dos estudantes é extremamente importante. Eles ficam motivados e entusiasmados com o uso de computadores e da tecnologia, embora não necessariamente quando a tecnologia é ensinada, mas sim quando ela é utilizada e totalmente integrada em unidades de instrução bem-planejadas. Com o ritmo cada vez mais acelerado da tecnologia, os estudantes são agora precocemente introduzidos aos *smartphones* e à conectividade sem fio, e têm um inédito acesso à internet. Prensky (2008) argumenta que a exposição à tecnologia pode, de fato, desmotivar alguns estudantes se as escolas demorarem a se adaptar e continuarem a ensinar tópicos que não geram interesse ou não tenham valor para o aluno. Os estudantes agora usam *smartphones* e a internet para aprender e interagir com uma comunidade mais ampla, diversificada e universal do que aquela em que vivem fisicamente. Negar-lhes um acesso tão lúdico e rápido e substituí-lo por um conhecimento básico de conteúdo chato sobre como os computadores funcionam não servirá para motivá-los.

Customização

Os estudantes de hoje em dia estão habituados ao conceito inerente de customização. Os computadores e os *smartphones* atualmente encorajam a customização e nela se baseiam. As pessoas são diferentes, ou seja, suas necessidades, suas exigências, seus estilos e formas de fazer as coisas são diferentes, o ritmo de seu progresso e o resultado que elas pretendem alcançar são diferentes. A tecnologia parece ter se ajustado muito bem a essa "individualidade" subjacente do "consumidor". Computadores e *smartphones* são exemplos muito bons de resposta à diversidade e às necessidades, bem como preferências pessoais e estilos de trabalho. É uma pena que a educação não seja (talvez até relativamente há pouco tempo) tão capaz como a tecnologia de apreciar o papel subjacente da customização no processo de aprendizagem. Tem sido geralmente assumido que as pessoas aprendem, mais ou menos, da mesma forma. Assim, muitas escolas em todo o mundo foram projetadas e funcionam com essa visão tradicional de que um mesmo tamanho serve para todos. Não é de admirar que muitos estudantes estejam apáticos e desinteressados. A educação pode se beneficiar muito com a customização, por meio de várias boas práticas de ensino, tais como: instruções diferenciadoras, talvez por meio da identificação e apelo a estilos ou preferências de aprendizagem individuais; vincular o material de conteúdo estudado ao mundo real; fazendo uso das atividades extracurriculares disponíveis e concentrando-se em grupos escolares apropriados para aprimorar a interação social, a comunicação e o apoio de colegas.

Videogames interativos e jogos de alfabetização

Os *videogames* são poderosas ferramentas de aprendizagem (SHAFFER et al., 2004) porque refletem as quatro dimensões da motivação, da seguinte maneira:

1) Os *videogames* criam palavras virtuais por meio das quais os estudantes podem experimentar e aplicar em tempo real conceitos que estão sendo ensinados em sala de aula. Esse processo facilita a transformação de conceitos abstratos difíceis em experiências que podem ser facilmente compreendidas desde o início.

2) A transformação de conceitos abstratos em cenários da vida real/tempo real deve aumentar o interesse dos estudantes pelo que estão aprendendo, o que deve levar a sentimentos de competência na matéria em questão.

3) Alguns *videogames* envolvem jogar em dupla/grupo, e isso pode ser uma excelente introdução aos grupos sociais e a fazer amigos, o que, por sua

vez, encoraja o relacionamento e o sentimento de pertencimento entre os alunos.

4) A maioria desses jogos funciona como andaimes [*scaffolding*] e segue etapas guiadas; dois requisitos muito importantes para uma boa aprendizagem. Acima de tudo, eles incentivam um conceito muito importante mas subjacente na aprendizagem, que é o de que não há problema em não acertar da primeira vez. Os estudantes não são humilhados jogando *videogames* e podem repetir a mesma fase muitas vezes até passarem ou adquirirem domínio.

Com base no exposto acima, fica evidente que os *videogames* proporcionam um espaço promissor por meio do qual a aprendizagem pode ser aprimorada e auxiliada. Esse espaço se torna mais crítico no caso de estudantes desinteressados e desmotivados que não se dedicam à aprendizagem e à escola, e que passam muitas horas jogando *videogame*. Atualmente existem muitos exemplos de jogos eletrônicos que podem apoiar o aprendizado – alguns deles estão mencionados abaixo.

Mind Research Institute [Instituto de pesquisa da mente] desenvolveu uma série de jogos de computador baseados em matemática que acompanham os livros didáticos e outras ferramentas de desenvolvimento profissional. Os jogos podem ser ajustados para qualquer nível e podem ser alinhados para se ajustarem ao currículo nacional (o site do Mind Tools está disponível em: http://mindtools.com/ [acesso: nov./2016]).

Lure of the Labyrinth [Atração do labirinto] (disponível em www.Labyrinth.thinkport.org) é um jogo que foi desenvolvido pelo Instituto de tecnologia de Massachusetts e pelo Arcade Educacional. O jogo é direcionado aos estudantes em fase pré-algébrica e tem seus próprios planos de aula, alinhados com o currículo nacional dos Estados Unidos. Exige que os alunos utilizem quebra-cabeças lógicos que melhoram o seu sentido numérico e as suas relações numéricas.

UniqBio é outro programa criado pelo MIT para o sistema Android. Por ter sido projetado para ser usado em *smartphones*, é atrativo e incentiva a diversão "em movimento" no contexto de atividades educacionais.

Além dos exemplos acima, houve também um esforço para incentivar os estudantes a criarem a sua própria tecnologia educacional. Existem dois exemplos de plataformas que incentivam o envolvimento dos estudantes e o desenvolvimento de suas habilidades por meio da criação de jogos educativos e de mídia. São eles Scratch (disponível em: www.scratch.mit.edu) e Computer Clubhouse Network (disponível em: www.computerclubhouse.org). O Techies

Club é também outo exemplo de como crianças pequenas podem ser cativadas e envolvidas usando a tecnologia para aprender.

A Crossbow Education (www.crossboweducation.com) se especializou em jogos para crianças com dislexia e produz atividades para alfabetização, aritmética e técnicas de estudo. Dentre essas atividades, inclui-se "Spingoes", um bingo giratório composto por um total de 120 jogos que usam arranjo e rima; e "Funics", um manual prático de atividades para ajudar as crianças a reconhecer e usar palavras com rima, misturar e separar sílabas, identificar fonemas iniciais e ligar sons a símbolos. A Crossbow também produz jogos de alfabetização, incluindo: "Alphabet Lotto", que se concentra na fonética inicial; "Bing-Bang-Bong" e "CVC Spring", que ajudam a desenvolver a capacidade em sons curtos de vogal; e "Deebes", que é um jogo de tabuleiro para lidar com a confusão b-d. Há também jogos de tabuleiro chamados: "Magic-E Spinit and Hotwords", um conjunto de cinco tabuleiros para ensinar e reforçar os sons do "h" no inglês como "wh", "sh", "ch", "th", "ph", "gh" e "h" mudo; "Oh, No", um livro de jogos fotocopiável da tabela de tempos; e "Tens 'n' Units", que consiste em jogos de tabuleiro giratórios, projetados para ajudar as crianças de todas as idades a praticarem as noções básicas de valor em adição e subtração. A Crossbow também produz uma caixa de jogos fônicos chamada "Trugs", que envolve o ensino da leitura por meio de jogos, e consiste em um jogo de cartas progressivo e estruturado fonicamente para leitores principiantes de qualquer idade. Existem quatro estilos de jogos de cartas educacionais, o que garante variedade e mais aprendizagem, e cria opções com uma estrutura fônica progressiva. A caixa contém 20 jogos de cartas (cinco baralhos, quatro jogos de leitura por baralho), um livreto para leitura, um livreto de monitoramento e um de instruções.

A Smart Kids (www.smartkids.co.uk) produz uma série de recursos interessantes e criativos que são extremamente motivadores. Eles têm experiência na área das dificuldades de leitura (MILNE, 2006) e dispõem de alguns recursos muito inovadores. Estes incluem cartões de adivinhação inteligente (*smart chute*), fonética inteligente (*smart phonics*), jogos de construção de palavras em grupo, jogos de tabuleiro baseados em consoante-vogal-consoante (CVC), cartas de prática do alfabeto, construtores de frases e ímãs para misturar. Eles também incluem uma série de verbos de autoverificação baseados em cartões idiomáticos que incluem uma imagem fotográfica. O código de cores auxilia o uso desses cartões como uma atividade de autocorreção. Essas atividades são muito experienciais, interativas e têm potencial de serem muito motivadoras para as crianças com dislexia.

Tecnologia interativa e mídias sociais

Houve um grande aumento no uso da tecnologia interativa e mídia social no processo de aprendizagem. Os ambientes de aprendizagem inovadores foram considerados particularmente propícios no apoio à aprendizagem colaborativa em comparação com os ambientes mais tradicionais (cf., p. ex., SCHUITEMA; PEESTMA & Van Der VEEN, 2012, por suas descobertas com os alunos no início do ensino médio). Isso pode ser particularmente encorajador para estudantes que são tímidos por natureza e difíceis de incluir nas atividades de sala de aula utilizando uma abordagem participativa. Fóruns de discussão on-line e aplicativos de redes sociais podem ser usados eficazmente para envolver esses alunos. Shroff, Vogel e Coombes (2008) conduziram um estudo sobre estudantes universitários e o uso de fóruns de discussão on-line. Eles descobriram que essas discussões on-line eram familiares e populares entre os estudantes, pois os incentivavam a desenvolver seus próprios pensamentos individualmente e depois a contribuir para a conversa on-line. Estudantes que são tímidos e/ou nervosos podem achar esse tipo de participação mais fácil de lidar do que o contato presencial nas salas de aula onde o professor dirige quem diz o quê e quando. Com tais fóruns, o retorno imediato e os elogios frequentes também podem apoiar a motivação para contribuir para a aprendizagem cooperativa.

Os portfólios digitais também podem permitir que os estudantes expressem seu próprio aprendizado e o acompanhem de maneiras novas e empolgantes. Eles podem tirar fotos, anexar arquivos de som, identificar vários locais usando mapas e aplicativos de GPS, anexar notas digitadas ou até mesmo vincular a seções da internet em portfólios digitais que podem ser considerados como tarefas de casa. Como esses portfólios digitais são enviados on-line, eles podem ser salvos e adicionados com relativa facilidade e sempre com apoio. Tais portfólios também possibilitam que os estudantes mostrem seus vários conjuntos de competências e habilidades, notadamente sua literacia tecnológica e suas aplicações. Ash (2010) argumenta que o uso desses métodos tecnológicos promove conversas contínuas entre professores, estudantes e, às vezes, pais, além de ampliar as oportunidades de aprendizagem para além dos limites da escola.

Comentários finais

Como educadores, vivemos em uma época em que a tecnologia, as ferramentas baseadas no computador e os aplicativos estão se tornando uma característica comum dos ambientes de aprendizagem nas escolas e colégios, e uma parte importante da política educacional moderna (cf. INSTANCE & KOOLS, 2013, e sua discussão sobre o trabalho em Ambientes de Aprendizagem Inovadores). A tecnologia e a aprendizagem baseada em computador podem ser um fator importante para reintegrar os estudantes na aprendizagem, mesmo entre aqueles com grandes experiências motivacionais negativas. Por exemplo, Wilson e Boldeman (2012) argumentam que o uso de tecnologias de informação e comunicação inovadoras para proporcionar experiências de aprendizagem personalizadas que enfatizem a flexibilidade e a escolha individual pode ser uma forma eficaz de envolver novamente os estudantes em áreas do currículo que eles possam ter visto anteriormente como distantes das suas experiências e necessidades do cotidiano. Muitos dos jovens aprendizes em seu trabalho tiveram lacunas na escolaridade devido à ausência na escola (às vezes relacionada à suspensão e/ou expulsão, mas também devido a circunstâncias complexas da vida, incluindo falta de moradia e incapacidade), que tiveram um impacto negativo na aquisição de competências acadêmicas básicas.

A utilização dessas ferramentas de uma maneira que possa melhorar a aprendizagem e aumentar a motivação será uma questão permanente para todos nós. Embora seja um desafio, particularmente para aqueles que podem não se considerar experientes no uso de tais tecnologias, os apoios baseados em computador têm estado dentro do campo das dificuldades de aprendizagem há algum tempo e, como tal, existe uma literatura de base razoável que pode auxiliar em termos de estratégias e ferramentas. A tecnologia não substitui o ensino nem é uma solução abrangente para todos os desafios educacionais; contudo, pode ser um recurso muito importante para os professores (e pais) utilizarem no auxílio aos alunos com dificuldades de aprendizagem específicas e para envolver novamente aqueles que se desmotivaram. A forma como a tecnologia é utilizada é, portanto, fundamental.

12
Motivação e papel da escola e da família

Introdução

A motivação dos alunos é influenciada não apenas pelos pais, mas também por professores e colegas (WANG & ECCLES, 2012). No entanto, verificou-se que o apoio social dos pais está positivamente correlacionado com uma série de aspectos do engajamento escolar, como conformidade escolar, participação de atividades extracurriculares, interesse, aproveitamento escolar e o valor subjetivo da aprendizagem (WANG & ECCLES, 2012). As escolas também podem desempenhar um papel muito importante na motivação dos estudantes, trabalhando em estreita colaboração com os pais, principalmente porque os alunos passam quase metade do tempo na escola e a outra metade em casa. O tamanho da escola e o corpo discente, a forma como as aulas são ministradas e planejadas, a forma como se organiza a programação e como os estudantes são agrupados podem afetar o engajamento estudantil. Os esforços da escola para incrementar a motivação geralmente podem ser agrupados em três categorias: os programas de intervenção que a escola adota para incluir crianças em risco e reduzir a probabilidade de desistência e/ou perda de motivação; o papel dos professores e gestores no incentivo à motivação dos alunos; e a estrutura e o *design* da própria escola.

Wang e Eccles (2012) também descobriram que o apoio social dos pais era um preditor mais forte do que o apoio de colegas para a maioria dos indicadores de envolvimento da escola incluídos no estudo. Além disso, o apoio dos professores desempenhou um papel especificamente importante na redução do declínio na conformidade, na identificação da escola e no valor da aprendizagem. Os pesquisadores concluíram que o apoio percebido de professores e pais pode oferecer uma defesa contra o declínio geral no envolvimento escolar encontrado entre os estudantes de ensino médio. Os resultados do estudo sugerem que a maioria dos adolescentes continua sendo influenciada em grande parte por seus professores e pais em questões relacionadas ao envolvimento na escola, apesar de potencialmente se comportar de maneira diferente fora da sala de aula devido às influências de seus colegas. Se os professores encontrarem maneiras de engajar e envolver os pais na aprendizagem de seus próprios filhos na escola, a motivação da criança sem dúvida aumentará. Enquanto os professores tomam e podem tomar muitas medidas positivas dentro da sala de aula para aumentar a motivação de seus alunos, estes ainda precisam sair da escola e ir para casa, e se os pais estiverem trabalhando contra o que os professores estão tentando instilar na escola, a motivação diminuirá ou se perderá. Explicar aos pais o que pode ser feito em casa para incentivar a motivação de seus filhos terá um efeito positivo no trabalho que os docentes estão fazendo na escola para alcançar o mesmo objetivo.

A pesquisa documentou uma forte relação entre as características do contexto familiar, como renda e nível educacional, e o desempenho educacional das crianças. Os estudos também revelaram que os pais desempenham e podem desempenhar um papel importante no auxílio aos filhos no desempenho acadêmico. Embora o envolvimento dos pais na educação de seus filhos seja considerado desejável (KATZ; KAPLAN & BUZUKASHVILY, 2011), os resultados da pesquisa sobre a relação entre envolvimento dos pais e resultados dos estudantes às vezes é inconsistente. Enquanto muitos estudos encontraram uma relação positiva entre os dois, outros sugerem aspectos negativos do envolvimento dos pais (para uma revisão dessa literatura, cf. KATZ et al., 2011). Uma explicação possível para essa inconsistência pode ser a definição de envolvimento dos pais e as variáveis de resultado. Enquanto alguns pesquisadores consideraram como envolvimento dos pais a maneira como estes se comportam com seus filhos em casa, outros apenas analisaram o comportamento dos pais na escola, enquanto um terceiro grupo de pesquisadores considerou a interação entre pais e professores. Geralmente, estudos que investigaram o papel dos pais na motivação acadêmica e escolar de seus filhos destacam as características dos próprios pais como um fator importante na motivação acadêmica dos filhos. A educação, a renda e a competência dos pais aumentaram a qualidade de sua interação com os filhos, o que afetou positivamente a motivação destes.

Qualidade *versus* quantidade de envolvimento dos pais

Os resultados da pesquisa sobre a relação entre o envolvimento dos pais e os resultados dos alunos geralmente indicam que a qualidade e o tipo de envolvimento dos pais são mais importantes do que a quantidade/nível de envolvimento. Estilos parentais autoritários que combinam altas expectativas e demandas, combinados com carinho e apoio, estão associados a objetivos de domínio, enquanto estilos autoritários e permissivos, que são exigentes, mas sem carinho, ou sem demandas e pouco carinho, estão associados a objetivos de desempenho. Da mesma forma, os estilos de envolvimento dos pais, que incluem apoio à autonomia de seus filhos, incentivando a solução independente de problemas, a escolha e a participação no processo de tomada de decisão, estão positivamente relacionados aos esforços dos alunos, resultados dos testes, notas mais altas atribuídas pelos professores e mais trabalhos de casa concluídos (COOPER & LINDSAY, 2000; GONZALEZ-DeHASS; WILLEMS & HOLBEIN, 2005). Essa pesquisa sugere que a qualidade do envolvimento dos pais na lição de casa depende de quatro dimensões: (i) apoio à autonomia *versus* controle; (ii) foco no processo *versus* foco na pessoa; (iii) afeto positivo *versus* negativo; e (iv) crenças positivas *versus* crenças negativas sobre o potencial das crianças.

De acordo com as quatro dimensões acima, o envolvimento dos pais com os filhos é particularmente benéfico quando "é favorável à autonomia, focado no processo, caracterizado por afeto positivo e acompanhado por crenças positivas" (KATZ et al., 2011, p. 378). Mesmo que os pais não possam ajudar seus filhos com um assunto ou tópico/habilidade específicos, eles ainda podem desempenhar um papel importante, incentivando os sentimentos de autocompetência e controle de seus filhos, além de incentivar atitudes positivas em relação à vida acadêmica e escolar (GROLNICK; FRIENDLY & BELLAS, 2009). O comportamento dos pais que ajuda na "autonomia" de seus filhos inclui: mostrar compreensão das perspectivas de seus filhos; fornecer uma justificativa para as tarefas que eles pedem que seus filhos façam; além de oferecer-lhes uma opção. O comportamento dos pais que ajuda na "competência" de seus filhos inclui o estabelecimento de metas desafiadoras, auxiliando-os no processo de planejamento do trabalho e fornecendo-lhes *feedback* assistencial ao longo do caminho. O comportamento dos pais que ajuda na "relação" com o filho inclui empatia e aceitação, além de usar menos comparações com os outros e insistir menos na concorrência.

Características dos pais e motivação
Competência percebida pelos pais

Pesquisas revelaram que a competência percebida dos pais em ajudar seus filhos estava relacionada ao tipo e ao nível de envolvimento (TURNER & JOHNSON, 2003). Pais com baixa competência percebida se engajaram em pensamentos negativos sobre a interação com os filhos, foram menos atentos ao trabalhar na lição de casa com os filhos e manifestaram menor capacidade de resolução de problemas. Murray et al. (2006) encontraram evidências de que muitos pais não se sentem confiantes ou competentes o suficiente para ajudar seus filhos na lição de casa, mesmo nas séries iniciais. A baixa competência percebida dos pais faz com que evitem auxiliar seus filhos nas lições, o que acaba afetando negativamente a motivação da criança. Por outro lado, a alta competência percebida dos pais permite que eles participem da lição de casa de seus filhos, conversem calorosamente com eles sobre as tarefas da escola e se sintam mais à vontade para discutir assuntos da escola e de casa. Isso, por sua vez, aumentará a motivação escolar de seus filhos.

Atitudes e crenças dos pais em relação à escola

As atitudes e crenças dos pais em relação à escola em geral, e à lição de casa em particular, podem afetar seu envolvimento no percurso educacional de seus filhos em casa e/ou na escola. Isso, por sua vez, afetará a motivação de seus filhos. Cooper et al. (1998) descobriram que atitudes positivas dos pais em relação à lição de casa (aqueles que acreditavam que a lição de casa é importante e benéfica para a aprendizagem de seus filhos) estão ligadas a uma maior persistência dos filhos em concluir a lição de casa (tanto em tempo e quanto em boa qualidade), que também estava associado a melhores notas, principalmente nos anos do ensino fundamental. As atitudes dos pais em relação à lição de casa de seus filhos também estavam relacionadas às atitudes positivas de seus filhos e à consistência nessas lições. Quando os pais acreditam que a lição de casa vale por si mesmo e não simplesmente como um requisito escolar ou como um ato de conformidade com as regras da escola, eles apoiam, de maneira ampla, as razões autônomas para o envolvimento de seus filhos na escola e, de modo específico, no processo de aprendizagem em particular (ASSOR; KAPLAN & ROTH, 2002).

Os pais com grandes expectativas também parecem influenciar fortemente a motivação dos filhos. Aqueles que nutrem grandes expectativas em relação à aprendizagem de seus filhos acreditam na competência destes, expõem-nos a novas experiências e incentivam sua curiosidade e persistência, algo que pode ajudar seus filhos a desenvolverem uma motivação intrínseca para aprender. Por outro lado, os pais que tendem a ser mais controladores e usam recompensas e punições para o desempenho acadêmico podem desencorajar as crianças a desenvolverem sua própria motivação intrínseca (GOTTFRIED; FLEMING & GOTTFRIED, 1994). Pais controladores são mais propensos a incentivar a motivação extrínseca. Portanto, o elogio dos pais à inteligência de seus filhos, em detrimento do árduo trabalho e da persistência, pode enviar o sinal/mensagem incorreto de que a inteligência é uma característica fixa, isto é, uma crença que pode levar as crianças a evitarem desafios escolares ou temerem o fracasso.

Também é interessante notar que o tipo de motivação dos pais às vezes está relacionado ao tipo de motivação dos filhos em relação à lição de casa e à escola em geral. Ryan e Deci (2000a) sugeriram que o envolvimento em uma ação devido à motivação intrínseca/autônoma está sempre associado à emoção positiva e é menos estressante. Da mesma forma, os pais que se dedicam a ajudar seus filhos com a lição de casa, por acharem-na interessante, agradável e valiosa, provavelmente contagiam seus filhos com esse mesmo prazer e se comportam de modo a apoiar as necessidades de relacionamento, autonomia e competência de seus filhos. No estudo realizado por Katz et al. (2011), a motivação autônoma dos pais para o envolvimento na lição de casa de seus filhos foi o mais forte preditor de seu comportamento de apoio. As expectativas dos pais sobre o desempenho dos filhos na escola podem influenciar fortemente a motivação dos filhos.

Regras da casa dos pais

Os ambientes familiares são fortes preditores de habilidades cognitivas e socioemocionais das crianças. Gottfried, Fleming e Gottfried (1998) afirmam que o ambiente doméstico desempenha um papel significativo na previsão positiva da motivação acadêmica intrínseca, mesmo quando o *status* socioeconômico é controlado. Os pesquisadores atribuíram esse ambiente doméstico principalmente ao que eles chamam de "ambiente cognitivo estimulante", no qual as crianças adquirem o amor pela aprendizagem, além de terem sua curiosidade e senso de exploração aumentados e incentivados.

Ronald Ferguson (2007) forneceu dicas e estratégias baseadas em pesquisa para uma boa parentalidade a fim de aumentar a motivação de seus filhos. Ele argumentou que, quando os pais promovem a leitura em casa e discutem os materiais de leitura com os filhos, isso pode incentivar e apoiar o amor pelo aprendizado de seus filhos, o que, por sua vez, aumentará sua motivação. Ele também pede aos pais que procurem oportunidades em casa para incentivar seus filhos a aplicar o que aprenderam na escola. Ferguson também argumenta que os pais devem definir regras claras em casa em relação à lição de casa, assistir televisão e outras atividades diárias. Os pais também devem procurar atividades extracurriculares para seus filhos, especificamente aquelas que reforçam as lições da escola e incentivam atividades de exploração e desenvolvem o talento de seus filhos.

As circunstâncias em que são educadas as crianças em casa e o grau e o tipo de envolvimento dos pais na educação das crianças desempenham um papel importante na construção da mentalidade educacional e escolar das crianças. Programas que se concentram em tornar o ambiente doméstico mais estimulante para as crianças e motivá-las a alcançar podem realmente fazer a diferença. Os pais devem sempre se concentrar em elogiar seus filhos pelo esforço, pela persistência e pelo domínio do assunto, em vez de se concentrarem em inteligência e talento. Ler e conversar com as crianças, gostar de aprender com elas e oferecer oportunidades de exploração criativa podem incentivar sua motivação.

Programas de motivação direcionados às escolas

Algumas escolas recorreram a programas específicos para motivar seus alunos e diminuir a frequência de evasão escolar entre seus colegas. A evasão escolar é a perda definitiva de motivação, e é por isso que muitos programas direcionados são voltados para reduzir a probabilidade de os alunos abandonarem a escola. Um estudo longitudinal interessante de Balfanz et al. (2008) descobriu que 60% dos estudantes que não se formam no ensino médio podem ser identificados já a partir da sexta série usando um "sistema de sinalização de alerta" que envolve principalmente frequência, mau comportamento, falta de empenho e faltas nas disciplinas. Os programas escolares, portanto, visam a identificar os alunos em risco de perder a motivação o mais cedo possível e direcioná-los com medidas de intervenção motivacional adequadas para interromper o declínio na escola. Um desses programas de intervenção foi chamado de "ZAP" [do inglês: programa *Zeros Are not Permitted*, ou "zeros não são permitidos"] e foi testado na Glenpool School em Oklahoma, Estados Unidos (USHER & KOBER, 2012). De acordo com esse programa, os estudantes que não entregam suas tarefas a tempo são enviados para concluir o trabalho de compensação obrigatório durante o horário de almoço. Portanto, em vez de punir os estudantes, este programa vê essa etapa como uma maneira de melhorar suas notas, frequência e compreensão do assunto em estudo. Ao impedir que os estudantes perdessem o controle de suas obrigações acadêmicas e escolares, a escola evitava a perda de motivação. Obviamente, há uma questão de justiça a ser considerada (no caso dos estudantes que fizeram o que foi exigido no tempo previsto em casa), mas esse programa pode ser usado de maneira justa para garantir que todos estejam incluídos e que nenhum deles experimente a perda de controle, pois este é um importante elemento desmotivador.

Atividades extracurriculares e motivação

Alguns estudantes respondem melhor quando estão sendo motivados em contextos não acadêmicos. Iniciativas não acadêmicas, como arte e música, podem ser usadas como recompensa para atrair a participação no processo de aprendizagem. De fato, a pesquisa mostrou consistentemente efeitos positivos para os estudantes que participam de atividades extracurriculares. Tais conexões também foram demonstradas na frequência escolar, aspirações acadêmicas e engajamento e participação escolar (SHULRUF, 2010). Essas atividades também têm sido associadas a relações sociais mais fortes, maior autoestima e um desenvolvimento geral melhorado (MARSH & KLEITMAN, 2003).

Melnick e Sabo (1992) conduziram um estudo sobre os efeitos das atividades extracurriculares da escola no envolvimento, participação e no desempenho escolar de fato; descobriram que a participação no atletismo escolar oferecia uma oportunidade para os estudantes afro-americanos e hispânicos serem incluídos em círculos sociais que, de outra forma, não estariam disponíveis para eles. Pesquisadores também descobriram que as taxas de abandono escolar entre os estudantes do 11º ano foram significativamente reduzidas para os alunos que participaram de atividades extracurriculares (MAHONEY & CAIRNS, 1997). Criar um ambiente em que os estudantes se sintam interconectados e socialmente aceitos, apoiados e acolhidos aumentará seu senso de relacionamento, o que, por sua vez, deve aumentar seu nível de motivação. Os estudantes que participam de atividades extracurriculares aprendem novas habilidades que podem ajudá-los a se tornarem competentes na sala de aula. Além disso, as atividades extracurriculares das quais participam podem proporcionar aos alunos do ensino fundamental de famílias de baixa renda experiências que, de outra forma, se destinariam apenas aos alunos de famílias de classe média. Ao incentivar o desenvolvimento de novas habilidades por meio de atividades extracurriculares, a relação, o interesse e a competência dos estudantes são aprimorados, o que, por sua vez, melhora sua motivação e sucesso acadêmico.

13
Conclusões e reflexões

Uma estrutura geral

A motivação tem sido um assunto de interesse humano há muito tempo, desde as primeiras perspectivas filosóficas e religiosas, frequentemente relacionadas a ideias sobre livre-arbítrio e determinação de comportamento, até teorias científicas ou psicológicas mais modernas que consideram uma série de influências, tanto internas (biológico, habilidade, personalidade) quanto externas (ambiente, cultura, relacionamentos). Uma consideração dos aspectos da motivação intrínseca e extrínseca segue-se a partir dessas diferentes perspectivas, e muitos dos primeiros capítulos deste livro preparam o cenário para a compreensão dessas diferentes influências na motivação. Se tentarmos incluir essas perspectivas em uma estrutura, o modelo a seguir pode ajudar (cf. fig. 13.1). Embora ele possa não abranger todos os fatores que foram propostos como potenciais influências na motivação, fornece uma visão geral dos principais recursos discutidos ao longo deste livro – e o importante de considerar as influências internas e externas. Para fins educacionais, o professor (e a escola) é/são um componente vital em termos de motivação para aprender, mas não são as únicas influências externas.

13.1 Uma estrutura em torno da motivação

Além disso, influências internas, como as experiências de fundo da criança e suas habilidades (um fator importante a considerar ao lidar com dificuldades de aprendizagem), precisam ser consideradas. As ligações entre cada um dos termos do modelo existem para mostrar o nível de interação entre as diferentes influências na motivação. O professor e a filosofia ou ética da escola terão um grande impacto em certos fatores, mas eles também podem levar a efeitos indiretos em outras partes do modelo. Professores positivos, dentro de uma escola inclusiva, podem ter efeitos importantes em muitos aspectos da motivação.

Diferenças de motivação

A motivação é um conceito importante na pesquisa e prática em todos os níveis de ensino – em relação aos níveis pré-escolar, jardim de infância ou até mesmo de berçário, para a educação de adultos no ensino superior ou de desenvolvimento profissional nas organizações; e sua influência não deve ser ignorada em contextos de aprendizagem informais (em casa ou até mesmo atividades extracurriculares como parte da escola, p. ex.). De fato, a motivação costuma ser considerada um dos determinantes cruciais do sucesso em qualquer atividade de aprendizado (COLE et al., 2004). É uma das características que influencia a maneira como os alunos abordam o aprendizado e como percebem o ambiente em que aprendem. Breen e Lindsay (2002) viam o desempenho acadêmico como fundamentado na motivação, além da habilidade; como tal, eles argumentaram que esse é o foco de muitas pesquisas que tentam "encontrar construções motivacionais que predigam o sucesso do estudante" (BREEN & LINDSAY, 2002, p. 693). Apesar do nível de trabalho e da importância potencial do conceito, ainda há muitas opiniões divergentes sobre a função específica da motivação e sobre quais os fatores que têm maior influência nos níveis de motivação, particularmente no âmbito da educação. Portanto, não é possível apresentar um conjunto simples de regras. Em vez disso, este livro enfatiza a importância da motivação e propõe estratégias para incrementar a motivação nas diferentes áreas que foram o foco dos diferentes capítulos. Por necessidade (e intenção), existe um nível de sobreposição entre os diferentes capítulos. Uma perspectiva relativamente simplista da motivação a reduziria à estratégia de tornar algo interessante para o aluno. No entanto, a tentativa de fazer isso e manter o interesse em várias áreas temáticas leva a mais complexidade nas estratégias necessárias. Portanto, as estratégias mostrarão pontos em comum entre todos os estudantes; no entanto, eles também serão influenciados por fatores relacionados ao pano de fundo do indivíduo, bem como suas habilidades e caráter. Portanto, os pontos em comum devem ser vistos através dos capítulos, mas também a individualização dessas estratégias, claramente associada ao tema do capítulo.

As estratégias discutidas precisarão variar de acordo com os objetivos/metas da classe. Pode haver algumas tarefas que podem parecer relativamente mais flexíveis com as ideias apresentadas neste livro – enquanto outras áreas de estudo podem parecer ser mais orientadas para o trabalho duro e esforço:

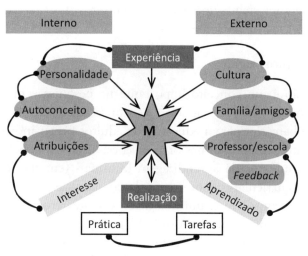

Figura 13.1 Uma estrutura em torno da motivação

você só precisa aprender. No entanto, a última perspectiva precisa de consideração cuidadosa ao lidar com alunos com dificuldades de aprendizagem. A expectativa de apenas começar a trabalhar duro e aprender pode não ser viável quando você tem uma dificuldade de aprendizagem. Embora alguns possam se esforçar mais (cf. discussões em LOCKIEWICZ; BOGDANOWICZ & BOGDANOWICZ, 2014), essa expectativa pode levar a um colapso no relacionamento entre professor e aluno, o que pode ter efeitos negativos no aprendizado dentro da sala de aula. Um bom professor não deve simplesmente abandonar o estudante no seu esforço. No entanto, o entendimento da área de estudo e algumas ideias básicas sobre os alunos da turma devem auxiliar no desenvolvimento de estratégias para apoiar e manter o esforço necessário.

O foco nas diferenças deste livro tem sido em diferentes tipos de dificuldades de aprendizagem, principalmente as relacionadas a problemas de leitura, escrita e matemática, como três habilidades básicas que podem levar a dificuldades em uma variedade de matérias, mas também às dificuldades associadas à motivação (comportamento, emoção, autoconceito) que podem ter efeitos negativos na escola. No entanto, esses principais temas do livro também precisam ser considerados em relação às diferenças individuais dentro dessas dificuldades específicas de aprendizado. Fatores como a idade ou o sexo da criança terão um potencial impacto nas atribuições cognitivas, mas também em termos de experiências anteriores: quanto mais experiências negativas com a aprendizagem no histórico da criança, mais esforço poderá ser necessário para envolvê-la com a aprendizagem ou mesmo a própria vida escolar. Da mesma forma, experiências relacionadas à cultura ou atitudes de amigos e familiares terão impacto na motivação da criança. Esses são conceitos importantes e podem ser abordados só brevemente em um livro como este. No entanto, a construção de uma cultura escolar que permita, respeite e acomode essas diferenças individuais deve sustentar os objetivos individuais do professor na construção da motivação.

A importância do *ethos* escolar

Um *ethos* escolar positivo é importante para todos os estudantes, mas é essencial para crianças com dificuldades. Alguns pontos sobre esse tema são discutidos brevemente abaixo, embora a maioria também seja abordada em mais detalhes ao longo do livro.

Valorizar a motivação

McLean (2004) discute as qualidades de uma escola motivada. Ele argumenta que a motivação é de responsabilidade da escola e que é bastante distinta do desenvolvimento da autoestima dos alunos. Os fatores que envolvem e influenciam a experiência de aprendizagem contribuem para a motivação dos alunos e estão no controle do sistema escolar. Grande parte da influência desse sistema decorre do *ethos* da escola, o grau de satisfação pessoal e incentivo do estudante para ter sucesso, todos os quais estão relacionados com a escola ter e valorizar um *ethos* de aprendizagem. No entanto, deve-se lembrar também que um aprendizado mais eficaz ocorrerá quando for divertido.

Ambiente rico em aprendizado

É importante distinguir aprendizado e desempenho – o aprendizado é um processo, o desempenho é um produto. Normalmente, é mais fácil medir o desempenho, pois isso geralmente se refere a um nível de realização, o que pode fornecer uma medida de resultado ou progresso em relação a um resultado (um exame de final de ano ou uma avaliação intermediária, p. ex.). No entanto, alguns aspectos da aprendizagem não são tão facilmente medidos. Pode ser apenas por meio do trabalho com o estudante durante um período que o progresso na própria aprendizagem pode se tornar evidente. Consistente com o primeiro ponto acima, portanto, é importante garantir que exista uma cultura de aprendizado em uma escola e também uma cultura de desempenho.

Valorizar a individualidade

Pode ser muito fácil absorver o desenvolvimento da boa reputação da escola e fazer as coisas para o bem desse ambiente. É importante, no entanto, garantir que as necessidades individuais não sejam negligenciadas. Isso se aplica a colaboradores e estudantes. Atividades como um dia livre ou fazer algo especial em uma tarde da semana podem reduzir o estresse e formar equipes.

Celebrar o sucesso

Tais ocasiões especiais podem estar relacionadas a uma celebração apropriada do sucesso. Embora o sucesso possa ser comemorado por meio de realizações individuais, ele também pode se basear em atividades de toda a escola, que podem formar outro aspecto da escola, sendo mais inclusivo em suas atividades e *ethos*. É importante que os estudantes vejam como importante o sucesso de toda a escola e não apenas o sucesso individual. Isso pode ajudá-los a desenvolver uma identidade escolar e contribuir para o sentido de pertença, tão importante para um clima escolar positivo. O sucesso pode ser comemorado em qualquer aspecto da vida escolar – não precisa ser uma conquista titânica – pode ser algo que pode ter pouco significado fora da escola.

Apreciar as diferenças

Conforme sugerido ao longo deste livro, é importante reconhecer a diversidade. Isso inclui a diversidade cultural, bem como as diferenças individuais de personalidade. Esforços devem ser feitos a partir da perspectiva de toda a escola para garantir que ela seja culturalmente consciente. Isso pode ser observado nas placas de boas-vindas em diferentes idiomas e no reconhecimento de festivais e tradições de diferentes culturas.

Espaço do estudante

Existem várias estratégias que podem contribuir para um sentimento de pertença. Por exemplo, exibindo o trabalho dos estudantes no corredor, garantindo que eles estejam envolvidos em algumas das atividades de tomada de decisão da escola, fazendo com que apresentem o ambiente escolar aos visitantes e que se envolvam de alguma maneira nos encontros de pais e em outras ocasiões sociais da escola.

À vontade com o ambiente

Como parte do espaço que pode proporcionar ao estudante um sentimento de pertença, ele também deve se sentir confortável no ambiente. Alguns estudantes têm pouca consciência do melhor ambiente para aprender efetivamente. Isso não é surpreendente, já que as crianças na escola geralmente têm pouquíssima possibilidade de escolha em relação ao ambiente de aprendizagem. Uma maneira de fazer isso é dar-lhes algumas opções em relação ao ambiente. Novamente, *displays* apropriados para a parede, alguns aspectos de cor, organização de mesas e assentos que fornecem espaço para movimento, bem como o nível de atividade e aprendizado em grupo, podem ser aspectos em que as crianças de uma classe demonstram envolvimento. A música pode ser outro exemplo, pois pode ser animadora, e o tipo certo de música pode aprimorar o aprendizado, proporcionando uma atmosfera positiva e estimulante, porém tranquila, na escola. Embora seja necessário considerar as pessoas de uma classe para garantir que esses ambientes não causem problemas com distração, discussões sobre o que é bom e o que pode ser uma distração podem fornecer a base sobre a qual as crianças podem pensar e falar sobre seu aprendizado, o que por si só pode fornecer uma sensação de controle sobre (e motivação para) a aprendizagem.

Aprendizagem social

É necessário um foco no indivíduo em muitos procedimentos usados para apoiar o aprendizado. No entanto, para alguns estudantes, a ideia de aprender isoladamente pode ser desmotivadora. Muitas crianças, principalmente as pequenas, precisam se envolver socialmente quando aprendem. Isso pode envolver trabalhar em grupo ou ser capaz de colaborar com pelo menos uma outra pessoa: a aprendizagem emparelhada é um exemplo de aprendizagem social e envolve duas crianças aprendendo ao mesmo tempo. Os aspectos sociais da aprendizagem podem estar na forma de atividades não estruturadas, como organizar as ferramentas ou equipamentos necessários para atividades ou aula (p. ex., como parte do início de uma aula de educação física).

Abordagens em grupo – amizades

Os aspectos sociais da aprendizagem também podem estar relacionados à necessidade de amizade. Para muitas crianças, as amizades podem ser o ingrediente mais importante na vida escolar. É necessário reconhecer como uma ruptura nessas amizades muitas vezes pode estar na raiz de muitas das dificuldades de aprendizagem, sociais, emocionais e comportamentais observadas nas escolas de hoje.

Colaborar

A aprendizagem social e as amizades podem ser promovidas por meio do trabalho colaborativo. O trabalho de campo é um bom exemplo dessa colaboração. Se houver pouca colaboração, é provável que a atividade de campo não seja bem-sucedida. Esse trabalho normalmente tem um foco prático, que muitas vezes é motivador para as crianças, mas também ajuda as crianças a apreciar o papel de outras pessoas e como elas podem se ajudar.

Colaborar com os pais e toda a comunidade

Além da colaboração dentro da escola, a colaboração com a comunidade pode ser uma excelente maneira de se envolver com outras pessoas (incluindo os pais) e mostrar às crianças o quão importante é o apoio mais amplo. Isso também pode ser motivador para a equipe. De fato, uma escola que se vê como um recurso da comunidade geralmente mostra práticas mais inclusivas que aumentam a participação e, portanto, a motivação. Como parte disso, é importante que as ligações com a comunidade estejam disponíveis e que as pessoas da comunidade local tenham oportunidades de visitar a escola. Esse deve ser o caso particularmente dos pais e devem ser feitos esforços para garantir que os pais sejam bem-vindos. Uma maneira de fazer isso é alocar uma sala para os pais. Isso os ajudará a conhecer outros pais, bem como os funcionários da escola.

Capacidade de acessar o material didático

Problemas relacionados à incapacidade de acessar os materiais didáticos necessários para uma aula podem ser uma das razões pelas quais alguns estudantes tropeçam emocionalmente ao aprender. Isso pode ser frustrante e embaraçoso em algumas ocasiões. Pode ser devido a simples barreiras físicas (entrar em um armário, no site ou na biblioteca) ou talvez os materiais de que precisam estejam além do nível atual de conhecimento e compreensão. Isso precisa ser verificado com o estudante antes de problemas que possam impactar negativamente o aprendizado e a motivação.

Expectativas e objetivos

Definir metas realistas e alcançá-las tem tudo a ver com as realizações alcançadas e com a consciência do que precisa ser feito para desenvolver essas realizações e atingir as metas. Muitas vezes, os estudantes estabelecem metas muito altas e ignoram o que já alcançaram, mesmo que não a tenham atingido completamente. É importante que eles percebam que atingir essas metas é um processo, e um processo no qual podem ter um grande controle. Caso se concentrarem demais na consecução dos objetivos estabelecidos, poderão ficar sobrecarregados porque os objetivos podem representar um salto muito grande. Registrar conquistas pode garantir que todas as conquistas sejam observadas, mesmo que pareçam menores em comparação com a meta geral; a partir disso, os objetivos maiores podem começar a se tornar mais realistas e alcançáveis. Da mesma forma, é importante definir as metas dos estudantes, os objetivos que eles precisam se esforçar para alcançar. Se um objetivo é muito fácil, pode menosprezar a conquista e desmotivar o estudante. Portanto, os objetivos devem ser realistas, mas desafiadores. É esse equilíbrio entre o que é realista e o que é desafiador que impõe exigências ao professor.

O que é realista?

O que é realista depende do estudante – é por isso que é importante conhecê-lo no desenvolvimento de tarefas. É importante conhecer os pontos fortes e fracos dos estudantes e suas preferências de aprendizado, bem como a compreensão que eles têm do tópico. Outros aspectos importantes a serem considerados no desenvolvimento de tarefas realistas incluem:

- os passos e a sequência, e com que clareza são fornecidos ao estudante;
- a experiência do estudante sobre o tópico e o tipo de aprendizado em que estará envolvido;
- as habilidades do estudante no automonitoramento e na capacidade de avaliar se está no caminho certo ou não.

Reflexão

Reflexão é importante, mas ela pode assumir diferentes formas para diferentes estudantes: é muito individual. Algumas pessoas refletem discutindo, outras ouvindo música, outras por meio de exercícios e outras apenas pensando. É importante ajudar os estudantes a identificarem sua maneira preferida de refletir e auxiliá-los e orientá-los a usá-la efetivamente.

Feedback

Para que o aluno mantenha a motivação, é importante que o *feedback* seja fornecido durante e ao final da tarefa. Como mencionado em muitos capítulos ao longo deste livro, o *feedback* deve oferecer:

- *Orientação* – O ponto principal de qualquer *feedback* é fornecer ao estudante orientações para garantir que ele esteja progredindo para a realização da tarefa. A orientação pode e deve ser enquadrada de maneira positiva.
- *Reforço positivo* – É importante começar com comentários positivos e, em seguida, alguns pontos para o desenvolvimento podem ser mencionados. Também é importante que comentários positivos sejam feitos inicialmente e no final de qualquer sessão de *feedback*.
- *Avaliação dos progressos* – Idealmente, isso deve ser feito pelo ou com o estudante, pois pode ter a vantagem de capacitá-lo suficientemente para que ele possa assumir a responsabilidade de monitorar seu próprio trabalho. Isso realça a necessidade de os estudantes ganharem algum controle sobre seu próprio aprendizado.
- *Sugestões para trabalhos futuros* – Também é importante que o estudante tenha uma estrutura e sugestões para o desenvolvimento. Leituras adicionais, juntamente com recursos adicionais que podem ser acessados, são importantes.
- *Oportunidades para desenvolver automonitoramento e autoavaliação* – Essencialmente, é disso que se trata o *feedback* – capacitar o estudante para assumir o controle sobre seu próprio aprendizado. O *feedback* construtivo do professor, enquadrado em tom positivo, pode ajudar o aluno a conseguir isso.

DAEs e motivação

A variedade de dificuldades de aprendizagem abordadas neste livro, bem como seu foco, significa que alguns conceitos foram discutidos apenas brevemente – esperamos que as referências adicionais forneçam mais informações, conforme necessário. No entanto, alguns temas-chave emergem das ideias discutidas.

Intervenção precoce

Uma das principais conclusões derivadas de grande parte do trabalho relacionado às dificuldades/deficiências de aprendizagem é que a identificação precoce num problema de aprendizagem parece ser melhor do que uma perspectiva "esperar para ver" e "esperar pelo melhor". Embora uma estratégia "esperar para ver" às vezes possa funcionar (a criança pode desenvolver-se a partir do problema), muitos dos métodos básicos para auxiliar os alunos com dificuldades de aprendizagem não são tão diferentes das maneiras de apoiar a aprendizagem entre muitas crianças. Portanto, as intervenções iniciais não serão necessariamente prejudiciais se planejadas e implementadas adequadamente.

Abordagens individuais e à pessoa em sua integralidade

Quando as tentativas iniciais de apoiar um problema de aprendizagem baseado em boas práticas de ensino e aprendizagem não parecem suficientes, pode ser necessário um foco mais amplo na pessoa como um todo. Esse será particularmente o caso se a identificação precoce não for possível ou não for bem-sucedida e à medida que o estudante envelhecer. Esse foco na pessoa inteira geralmente será necessário para superar aspectos negativos das experiências de fracasso – e para apreciar o que é importante (e, portanto, motivador) para o indivíduo. Também grande parte do trabalho relacionado a intervenções para dificuldades de aprendizagem específicas mostra possíveis diferenças na eficácia das intervenções. Embora existam temas que perpassem as intervenções (p. ex., aspectos fonológicos das dificuldades de leitura), não parece haver uma resposta simples para todos. Além disso, o tipo de intervenção pode ter de variar com base nos requisitos da tarefa: novamente, no exemplo da leitura, compare as estratégias de leitura e compreensão de palavras discutidas no capítulo 1.

Professores e trabalho em equipe

Professores claramente treinados e conhecedores são um componente vital do sucesso. No entanto, como sugerido na seção anterior sobre o *ethos* escolar, o trabalho em equipe também é vital. Isso envolverá outros professores e gestores de escolas/departamentos, mas pode, em alguns casos, ter de envolver especialistas – e o valor de trabalhar com os pais não pode ser sobrestimado

Estratégias de aprendizagem

Será necessário considerar estratégias de aprendizagem diferenciadas ao trabalhar com estudantes com dificuldades de aprendizagem. No entanto, evite a transmissão, que geralmente tem impactos negativos sobre as turmas mais fracas, tanto em termos de expectativas quanto em termos de autoconceito – os mesmos recursos que discutimos ao longo deste livro. A turma mais "fraca" quase certamente conterá crianças com dificuldades de aprendizagem.

Por outro lado, o foco no aprendizado cooperativo pode ser altamente útil, principalmente quando cuidadosamente planejado e implementado. Da mesma forma, uma perspectiva de "poder fazer" deve ser adotada e deve ser bem-sucedida se o apoio correto for implementado; embora as expectativas precisem ser realistas. Basicamente, não assuma que uma criança "não dará conta" de fazer algo simplesmente porque tem uma dificuldade de aprendizagem.

Finalmente, motivar a prática é vital. A prática melhorará as habilidades e deve levar à realização e aumentar a autoeficácia. Praticar é bom! Para uma criança praticar, porém, ela precisa querer – daí a importância da motivação.

Motivação do professor

Apesar do aumento em nossa compreensão do aprendizado e da instrução, bem como das possíveis melhorias na organização das salas de aula, e da variedade de ferramentas agora disponíveis nas escolas modernas (como computadores/*tablets*, lousas digitais interativas, videoconferência e o potencial acesso a um mundo de informações/recursos via internet), os conceitos básicos de ensino e aprendizagem são mais ou menos os mesmos de sempre. Isso às vezes inclui "professores frustrados e exasperados tentando motivar estudantes aparentemente desmotivados a aumentar seus gastos com esforço e atenção à tarefa" (GRAHAM & WEINER, 2012, p. 367). Apesar desse truísmo, não há motivo para desespero. O fato de ter sido uma característica do ensino por tanto tempo deve nos dar toda a esperança – se outros precisaram enfrentar isso e ainda ajudaram no aprendizado das crianças, então não há razão para duvidarmos que também nós possamos fazê-lo. Com as estratégias certas e o suporte correto (mais uma vez, o *ethos* escolar), haverá aprendizado e motivação para aprender, não obstante frustrações – embora a redução dessas últimas sem dúvida melhore as coisas, inclusive a motivação.

Há também quem defenda que a maneira como consideramos a motivação na educação mudou. Por exemplo, Cole et al. (2004) sugerem que a pesquisa sobre motivação considerou as motivações principais para os estudantes, baseadas ao mesmo tempo em princípios como "descoberta intelectual", "desejo de conhecimento" e "entusiasmo". Eles argumentaram que isso foi corroído e substituído por outro tipo de motivação em que "a educação se tornou um meio para um fim, em vez de ter um valor em si mesma" (COLE et al., 2004, p. 3). Novamente, embora isso possa ser verdade, um entendimento da relação entre motivações internas e externas ajudará o professor a desenvolver planos para facilitar o aprendizado e poderá levar a uma reversão dessa tendência. Se olharmos para a história dos escritos sobre educação, persistem as mesmas preocupações – e argumentos semelhantes para as coisas mudaram para pior, apesar dos ganhos de entendimento sobre ensino e aprendizagem que ocorreram no mesmo período.

De fato, talvez uma característica estranha de todas as mudanças contínuas na educação (reformas ou modismos educacionais) seja a única coisa em comum: o aprendizado acontece melhor quando o indivíduo é motivado a aprender. Além disso, o fato de a motivação depender de uma série de influências (como sugerido ao longo deste livro) significa que ela não pode ser simplesmente encaixotada como uma moda educacional. Portanto, é a própria área em que os professores podem desempenhar um papel vital no aprendizado com base em sua própria iniciativa, em suas próprias experiências e em seus próprios conhecimentos, independentemente de quantas formas precisem ser preenchidas a dizer como uma criança pode ou não aprender – ou a mostrar que um currículo está sendo implementado corretamente; não importa o quão fixo um currículo possa parecer desde o início – ou quão irritante seja uma mudança no currículo exatamente quando o anterior estava começando a mostrar resultados; não importa qual seja a mudança, um professor que pensa sobre a melhor forma de motivar seus alunos será sempre e até certo ponto pessoal. Pensar em como você seria motivado a aprender uma área ou conceito específico pode ser motivador por si só – e a motivação é tipicamente contagiante. Se você estiver motivado sobre o assunto, a grande maioria das crianças também o será. Se você está farto das mudanças e das formas, como seu nível de automotivação sobreviverá e apoiará os esforços de seus alunos? Assim como a motivação é individual para a criança, o mesmo ocorre para o professor. Encontrar formas individualizadas de automotivação é, portanto, igualmente vital para o professor. Da mesma forma, para uma escola ou instituição educacional, é importante encontrar maneiras de fomentar a motivação de seus professores.

Portanto, a automotivação diante das frustrações é uma habilidade que todos os professores precisam ter – e pensar e planejar maneiras de tornar algo interessante faz parte dessa habilidade. Planejar oportunidades para desafiar, ao mesmo tempo em que se mantém o autoconceito e o interesse, significa garantir o desempenho e que sejam desenvolvidas expectativas adequadas, tudo dentro dos limites de um programa curricular, pode ser um desafio para qualquer professor. No entanto, é também uma oportunidade de resiliência como professor. Ver como os conceitos básicos apoiaram o aprendizado de ideias mais complexas (geralmente um recurso do aprendizado auxiliado por andaimes, que pode ser vital para a criança com dificuldade de aprendizagem), deve ser tão motivador para o professor quanto pensar sobre a chegada das férias de verão. Ver essas ideias se desenvolverem na criança com mais dificuldades para aprender pode ser a característica mais agradável do magistério. Manter a resiliência quando um objetivo não for alcançado – e tentar novamente – deve ser tanto uma característica de um professor motivado quanto uma expectativa colocada sobre o estudante. Assim como a motivação e o prazer podem varrer uma classe ou instituição, também o desamparo aprendido parece ter algumas das mesmas características de uma doença infecciosa e leva à mesma espiral descendente que temos discutido para a criança com uma dificuldade de aprendizagem. É claro que a competência do professor em sua área de estudo é importante, mas igualmente importante é sua competência em entender como apoiar o aprendizado de seus alunos. Manter a motivação faz parte disso – e pode ser um dos aspectos mais agradáveis. Da mesma forma, é importante compreender os desafios de aprendizagem do estudante – e, na perspectiva dos autores atuais, o entendimento de dificuldades de aprendizagem específicas (suas características, desafios, mas também suas oportunidades) pode ser uma parte importante disso. Obviamente, o interesse contínuo pela educação (em pedagogia) e a oportunidade de desenvolvimento profissional também fazem parte disso. No entanto, se o preenchimento dos formulários para dizer como uma criança pode ou não aprender também ajuda nesse entendimento, os formulários podem fazer parte da resposta – para você ou o professor que está seguindo você. O uso inteligente das informações (da sua compreensão da criança e de seus antecedentes) para auxiliar o aprendizado e desenvolver planos de aula motivadores será motivador tanto para você quanto para os alunos.

Referências

ADAMS, J.W.; SNOWLING, M.J.; NEHHESSY, S.M. & KIND, P. (1999). "Problems of behaviour, reading and arithmetic". In: *British Journal of Educational Psychology*, 69 (4), p. 571-585.

ADAMS, K. & CHRISTENSON, S. (2000). "Trust and the family – school relationship: Examination of parent – teacher differences in elementary and secondary grades". In: *Journal of School Psychology*, 38 (5), p. 477-497.

ALDERFER, C.P. (1969). "An empirical test of a new theory of human needs". In: *Organizational Behavior & Human Performance*, 4 (2), p. 142-175.

Al-SHARHAN, A. & EVERATT, J. (2015). "Behavioural interventions and developmental learning difficulties: Factors influencing effectiveness in a Kuwaiti school context". In: *Asian Pacific Journal of Developmental Differences*, 2 (2), p. 114-131.

AMERICAN PSYCHIATRIC ASSOCIATION (2013). *Diagnostic and statistical manual of mental disorders*. 5. ed. Arlington: American Psychiatric Association.

AMES, C. (1992). "Classrooms: Goals, structure and student motivation". In: *Journal of Educational Psychology*, 84 (3), p. 261-271.

ANDERMAN, E.; ANDERMAN, L.; YOUGH, M. & GIMBERT, B. (2010). "Value-added models of assessment: Implications for motivation and accountability". In: *Educational Psychologist*, 45, p. 123-137.

ANDERMAN, E.M. & WOLTERS, C.A. (2006). "Goals, values, and affect: Influences on student motivation". In: ALEXANDER, P.A. & WINNE, P. (orgs.). *Handbook of educational psychology*. Mahwah: Erlbaum, p. 369-389.

ANDERSON, A.J.; KUTASH, K. & DUCHNOWSKI, A.J. (2001). "A comparison of the academic progress of students with EBD and students with LD". In: *Journal of Emotional and Behavioral Disorders*, 9, p. 106-115.

ANDERSON, P.L. & MEIER-HEDDE, R. (2011). "Cross-case analysis and reflections". In: ANDERSON, P.L. & MEIER-HEDDE, R. (orgs.). *International case studies of dyslexia*. Nova York: Routledge, p. 283-306.

ANDREASSEN, A.B.; KNIVSBERG, A.N. & NIEMI, P. (2006). "Resistant readers 8 months later: Energizing the student's learning milieu by targeted counselling". In: *Dyslexia*, 12, p. 115-133.

APPLEGATE, A.J. & APPLEGATE, M.D. (2004). "The Peter effect: Reading habits and attitudes of preservice teachers". In: *Reading Teacher*, 57 (6), p. 554-565.

ASH, K. (2011). "E-portfolios". In: *Digital Directions*, Spring-Summer, p. 42-44.

ASSOR, A.; KAPLAN, H. & ROTH, G. (2002). "Choice is good, but relevance is excellent: Autonomy enhancing and suppressing teacher behaviours in predicting students' engagement in schoolwork". In: *British Journal of Educational Psychology*, 72 (2), p. 261-278.

ATKINSON, J.W. (1957). "Motivational determinant of risk-taking behaviour". In: *Psychological Review*, 64, p. 359-372.

BAER, R.A. & NIETZEL, M.T. (1999). "Cognitive and behavioural treatment of impulsivity in children: A meta-analytic review of the outcome literature". In: *Journal of Clinical Child Psychology*, 20 (4), p. 400-412.

BALFANZ, R.; HERZOG, L. & MacIVER, D. (2008). "Preventing student disengagement and keeping students on the graduation path in urban middle-grade schools: Early identification and effective intervention". In: *Educational Psychologist*, 42 (4), p. 223-235.

BANDURA, A. (1997). *Self-efficacy*: The exercise of control. Nova York: Freeman.

_____ (1996). "Social cognitive theory of human development". In: HUSEN, T. & POSTLETHWAITE, T.N. (orgs.). *International encyclopaedia of education*. 2. ed. Oxford: Pergamon, p. 5.513-5.518.

BARKLEY, R.A. (2006). *Attention Deficit Hyperactivity Disorder*. Nova York: Guilford.

BARRY, L.M. & MESSER, J.J. (2003). "A practical application of self-management for students diagnosed with Attention-Deficit/Hyperactivity Disorder". In: *Journal of Positive Behavior Interventions*, 5 (4), p. 238-248.

BARRY, N. (2007). "Motivating the reluctant student". In: *American Music Teacher*, 56 (5), p. 23-27.

BEASLEY, T.M.; LONG, J.D. & NATALI, M. (2001). "A confirmatory factor analysis of the Mathematics Anxiety Scale for Children". In: *Measurement and Evaluation in Counselling and Development*, 34, p. 14-26.

BECKER, B.E. & LUTHAR, S.S. (2002). "Social-emotional factors affecting achievement outcomes among disadvantaged students: Closing the achievement gap". In: *Educational Psychologist*, 37 (4), p. 197-214.

BENEVIDES, T. & PETERSON, S.S. (2010). "Literacy attitudes, habits and achievements of future teachers". In: *Journal of Education for Teaching*, 36 (3), p. 291-302.

BERCH, D.B. & MAZZOCCO, M.M.M. (orgs.) (2007). *Why is math so hard for some children?* - The nature and origins of mathematical learning difficulties and disabilities. Baltimore: Paul H. Brookes.

BERNINGER, V.; VAUGHAN, K.; ABBOTT, R.; BEGAY, K.; COLEMAN, K.; CURTIN, G. & HAWKINS, J. (2002). "Teaching spelling and composition alone and together: Implications for the simple view of writing". In: *Journal of Educational Psychology*, 94 (2), p. 291-304.

BETTS, J.E.; APPLETON, J.J.; RESCHLY, A.L.; CHRISTENSON, S.L. & HUEBNER, E.S. (2010). "A study of the factorial invariance of the Student Engagement Instrument (SEI): Results from middle and high school students". In: *School Psychology Quarterly*, 25 (2), p. 84-93.

BISHOP, D.V.M. & SNOWLING, M.J. (2004). "Developmental dyslexia and Specific Language Impairment: Same or different?" In: *Psychological Bulletin*, 130 (6), p. 858-886.

BLYTHE, P. (1992). *A physical approach to resolving specific learning difficulties*. Chester: Institute for Neuro-Physiological Psychology.

BOWYER-CRANE, C.; SNOWLING, M.J.; DUFF, F.J.; FIELDSEND, E.; CARROLL, J.M.; MILES, J.; GÖTZ, K. & HULME, C. (2008). "Improving early language and literacy skills: Differential effects of an oral language *versus* a phonology with reading intervention". In: *Journal of Child Psychology and Psychiatry*, 49, p. 422-432.

BRADLEY, L. (1990). "Rhyming connections in learning to read and spell". In: PUMFREY, P.D. & ELLIOTT, C.D. (orgs.). *Children's difficulties in reading, spelling and writing*. Abingdon: Routledge, p. 83-100.

BRADLEY, L. & BRYANT, P. (1983). "Categorizing sounds and learning to read: A causal connection". In: *Nature*, 301, p. 419-421.

BREEN, R. & LINDSAY, R. (2002). "Different disciplines require different motivations for student success". In: *Research in Higher Education*, 43 (6), p. 693-725.

BREWER, E. & BURGESS, D. (2005). "Professor's role in motivating students to attend class". In: *Journal of Industrial Teaching Education*, 42 (23), p. 23-47.

BREWER, E.; DEJONG, J. & STOUT, V. (2001). *Moving to online*: Make the transition from traditional instruction and communication strategies. Newbury Park: Corwin.

BRIDGELAND, J.; DILULIO, J. & MORISON, K. (2006). *The silent epidemic*: Perspectives of high school dropouts. Washington: Civil Enterprises LLC.

BROOKS, P. & EVERATT, J. (2009). "Phonology, discrepancy, instruction and dyslexia: Adversaries or allies?" In: LARSON, J.E. (org.). *Educational psychology*: Cognition and learning, individual differences and motivation. Hauppauge: Nova Science, p. 207-224.

BROPHY, J. (1998). *Failure syndrome students* [Disponível em http://files.eric.ed.gov/fulltext/ED419625.pdf – Acesso em nov./2016].

_____ (1988). "Research linking teacher behavior to student achievement: Potential implications for instruction of Chapter 1 students". In: *Educational Psychologist*, 23 (3), p. 235-286.

BROUSSARD, S. & GARRISON, M. (2004). "The relationship between classroom motivation and academic achievement in elementary school-aged children". In: *Family and Consumer Sciences Research Journal*, 33 (2), p. 106-120.

BRUCK, M. (1990). "Word-recognition skills of adults with childhood diagnoses of dyslexia". In: *Developmental Psychology*, 26 (3), p. 439-454.

BRUSTER, D.B. (2015). "Poetry and writing: Improving fluency and motivation for students with developmental dyslexic traits". In: *Reading Improvement*, 52, p. 93-99.

BUGDEN, S. & ANSARI, D. (2015). "How can cognitive developmental neuroscience constrain our understanding of developmental dyscalculia?" In: CHINN, S. (org.). *The Routledge international handbook of dyscalculia and mathematical learning difficulties*. Abingdon: Routledge, p. 18-43.

BULLIS, M. & YOVANOFF, P. (2006). "Idle hands: Community employment experiences of formerly incarcerated youth". In: *Journal of Emotional and Behavioral Disorders*, 14, p. 71-85.

BURDEN, R.L. (2002). "A cognitive approach to dyslexia: Learning styles and thinking skills". In: REID, G. & WEARMOUTH, J. (orgs.). *Dyslexia and literacy*: Theory and practice. Chichester: Wiley.

BURDEN, R.L. & BURDETT, J. (2007). "What's in a name? – Students with dyslexia: Their use of metaphor in making sense of their disability". In: *British Journal of Special Education*, 34 (2), p. 77-81.

_____ (2005). "Factors associated with successful learning in pupils with dyslexia: A motivational analysis". In: *British Journal of Special Education*, 32 (2), p. 100-104.

BURTON, S. (2004). "Self-esteem groups for secondary pupils with dyslexia". In: *Educational Psychology in Practice*, 20 (1), p. 55-73.

BUSSING, R.; ZIMA, B.T.; GARY, F.A. & GARVAN, C.W. (2002). "Use of complementary and alternative medicine for symptoms of Attention-Deficit Hyperactivity Disorder". In: *Psychiatric Services*, 53 (9), p. 1.096-1.102.

BUTROWSKY, I.S. & WILLOWS, D.M. (1980). "Cognitive-motivational characteristics of children varying in reading ability: Evidence for learned helplessness in poor readers". In: *Journal of Educational Psychology*, 72 (3), p. 408-422.

CAIN, K. & OAKHILL, J. (2007). "Reading comprehension difficulties: Correlates, causes, and consequences". In: CAIN, K. & OAKHILL, J. (orgs.). *Children's comprehension problems in oral and written language*: A cognitive perspective. Nova York: Guilford Press, p. 41-75.

CAIN, K.; OAKHILL, J. & BRYANT, P. (2004). "Children's reading comprehension ability: Concurrent prediction by working memory, verbal ability and component skills". In: *Journal of Educational Psychology*, 96 (1), p. 31-42.

CALSON, C.L.; MANN, M. & ALEXANDER, D.K. (2000). "Effects of reward and response cost on the performance and the motivation of children with ADHD". In: *Cognitive Therapy and Research*, 24 (1), p. 87-98.

CASSERLY, A.M. (2013). "The socio-emotional needs of children with dyslexia in different educational settings in Ireland". In: *Journal of Research in Special Educational Needs*, 13 (1), p. 79-91.

CATTS, H.W.; HOGAN, T.P. & ADOLF, S.M. (2005). "Developmental changes in reading and reading disabilities". In: CATTS, H.W. & KAMHI, A.G. (orgs.). *The connections between language and reading disabilities*. Mahwah: Erlbaum.

CATTS, H.W. & KAMHI, A.G. (orgs.) (2005). *The connections between language and reading disabilities*. Mahwah: Erlbaum.

CHAN, L.K.S. (1994). "Relationship of motivation, strategic learning, and reading achievement in Grades 5, 7, and 9". In: *Journal of Experimental Education*, 62 (4), p. 319-339.

CHAPMAN, J.W. (1988). "Learning disabled children's self-concepts". In: *Review of Educational Research*, 58 (3), p. 347-371.

CHAPMAN, J.W.; TUNMER, W.E. & PROCHNOW, J.E. (2000). "Early reading--related skills and performance, reading self-concept, and the development of academic self-concept: A longitudinal study". In: *Journal of Educational Psychology*, 92 (4), p. 703-708.

CHINN, S. (2016). "Mathematical learning difficulties and dyscalculia". In: PEER, L. & REID, G. (orgs.). *Special Educational Needs*: A guide for inclusive practice. 2. ed. Londres: Sage.

_____ (2012). *More trouble with maths*: A complete guide to identifying and diagnosing mathematical difficulties. Abingdon: Routledge.

CHU, S. (2003). "Attention Deficit Hyperactivity Disorder (ADHD) part one: A review of the literature". In: *International Journal of Therapy and Rehabilitation*, 10 (5), p. 218-227.

CLARKE, P.J.; SNOWLING, M.J.; TRUELOVE, E. & HULME, C. (2010). "Ameliorating children's reading comprehension difficulties: A randomized controlled trial". In: *Psychological Science*, 21, p. 1.106-1.116.

COBB, B.; SAMPLE, P.L.; ALWELL, M. & JOHNS, N.P. (2006). "Cognitive-behavioural interventions, dropout, and youth with disabilities: A systematic review". In: *Remedial and Special Education*, 27 (5), p. 259-275.

COGMENA, S. & SARACALOGLUB, A.S. (2009). "Students' usage of reading strategies in the faculty of education". In: *Procedia Social and Behavioral Sciences*, 1, p. 248-251.

COLE, M.; FIELD, H. & HARRIS, S. (2004). "Student learning motivation and psychological hardiness: Interactive effects on students' reactions to a management class". In: *Academy of Management Learning & Education*, 3 (1), p. 64-85.

COLLINS, K.W.; DANSEREAU, D.F.; GARLAND, J.C.; HOLLY, C.D. & McDONALD, B.A. (1981). "Control of concentration during academic tasks". In: *Journal of Educational Psychology*, 73 (1), p. 122-128.

CONDERMAN, G. & HEDIN, L. (2011). "Cue cards: A self-regulatory strategy for students with learning disabilities". In: *Intervention in School and Clinic*, 46 (3), p. 165-173.

CONNERS, C.K.; EPSTEIN, J.N.; MARCH, J.S.; ANGOLD, A.; WELLS, K.C.; KLARIC, J.; SWANSON, J.M.; ARNOLD, L.E.; ABIKOFF, H.B.; ELLIOTT, G.R.; GREENHILL, L.L.; HECHTMAN, L.; HINSHAW, S.P.; HOZA, B.; JENSEN, P.S.; KRAEMER, H.C.; NEWCORN, J.H.; PELHAM, W.E.; SEVERE, J.B.; VITIELLO, B. & WIGAL, T. (2001). "Multimodal treatment of ADHD in the MTA: An alternative outcome analysis". In: *Journal of the American Academy of Child and Adolescent Psychiatry*, 40, p. 159-167.

COOPER, H. & LINDSAY, J. (2000). "Homework in the home: How student, family, and parenting-style differences relate to the homework process". In: *Contemporary Educational Psychology*, 25 (4), p. 464-487.

COOPER, H.; LINDSAY, J.; NYE, B. & GREATHOUSE, S. (1998). "Relationships among attitudes about homework, amount of homework assigned and completed and student achievement". In: *Journal of Educational Psychology*, 90 (1), p. 70-83.

COOPERSMITH, S. (1967). *The antecedents of self-esteem*. São Francisco: Consulting Psychologists Press.

COVINGTON, M.V. (2002). "Rewards and intrinsic motivation: A needs-based developmental perspective". In: PAJARES, F. & URDAN, T. (orgs.). *Academic motivation of adolescents*. Greenwich: Information Age, p. 1-27.

_____ (1992). *Making the grade*: A self-worth perspective on motivation and school reform. Nova York: Holt, Rinehart & Winston.

CROFT, A. (2010). "The motivations to study of undergraduate students in management: The impact of degree or programme and level of study". In: *International Journal of Management Education*, 9 (1), p. 11-29.

DAKI, J. & SAVAGE, R.S. (2010). "Solution-focused brief therapy: Impacts on academic and emotional difficulties". In: *The Journal of Educational Research*, 103 (5), p. 309-326.

DAVIS, B. (1999). *Motivating students*. University of California, Berkeley: Jossey-Bass.

_____ (1993). *Tools for teaching*. São Francisco: Jossey-Bass.

De CASTELLA, K.; BYRNE, D. & COVINGTON, M. (2013). "Unmotivated or motivated to fail? A cross-cultural study of achievement motivation, fear of failure, and student disengagement". In: *Journal of Educational Psychology*, 105 (3), p. 861-880.

DECI, E.; KOESTNER, R. & RYAN, R. (1999). "A meta-analytic review of experiments examining the effects of extrinsic rewards on intrinsic motivation". In: *Psychological Bulletin*, 125 (6), p. 627-668.

DECI, E. & RYAN, R. (2000). "The 'what' and 'why' of goal pursuits: Human needs and the self-determination of behaviour". In: *Psychological Inquiry*, 11 (4), p. 227-268.

_____ (1985). *Intrinsic motivation and self-determination in human behaviour*. Nova York: Plenum.

DENICOLO, P. & POPE, M. (2001). *Transformational professional practice*: Personal construct approaches to education and research. Londres: Whurr.

DENNISON, P.E. & HARGROVE, G. (1985). *Personalized whole brain integration*. Glendale, CA, Edu-Kinesthetics.

DENSTON, A.J. (2016). *Self-esteem and resilience in students with literacy learning difficulties within an educational context*. PhD thesis: University of Canterbury, NZ.

DEPARTMENT FOR EDUCATION AND SKILLS (2001). *The National Numeracy Strategy* – Guidance to support children with dyslexia and dyscalculia. Londres: Department for Education and Skills.

DESFORGES, C. & ABOUCHAAR, A. (2003). *The impact of parental involvement, parental support and family education on pupil achievements and adjustment*: A literature review. Londres: DfES.

DOLL, B. & LYON, M.A. (1998). "Risk and resilience: Implications for the delivery of educational and mental health services in schools". In: *School Psychology Review*, 27 (3), p. 348-363.

DOMINO, G. (1968). "Differential predictions of academic achievement in conforming and independent settings". In: *Journal of Educational Psychology*, 59 (4), p. 256-260.

DORNYEI, Z. & USHIODA, E. (2013). *Teaching and researching motivation*. Nova York: Routledge.

DRAFFAN, E.A.; EVANS, D.G. & BLENKHORN, P. (2007). "Use of assistive technology by students with dyslexia in post-secondary education". In: *Disability & Rehabilitation*: Assistive Technology, 2 (2), p. 105-116.

DUKE, N.K. & PEARSON, P.D. (2002). "Effective practices for developing reading comprehension". In: FARSTRUP, A.E. & SAMUELS, S.J. (orgs.). *What research has to say about reading instruction*. Nova York: International Reading Association, p. 205-242.

DuPAUL, J.G.; ERVIN, R.A.; HOOK, C.L. & MCGOEY, K.E. (1998). "Peer tutoring for children with Attention Deficit Hyperactivity Disorder: Effects on classroom behavior and academic performance". In: *Journal of Applied Behavior Analysis*, 31 (4), p. 579-592.

DuPAUL, J.G. & STONER, G. (2003). *ADHD in the schools*: Assessment and intervention strategies. 2. ed. Nova York: Guilford.

DURIK, A.M.; VIDA, M. & ECCLES, J.S. (2006). "Task values and ability beliefs as predictors of high school literacy choices: A developmental analysis". In: *Journal of Educational Psychology*, 98, p. 382-393.

DWECK, C. (2010). "Mindsets and equitable education". In: *Principal Leadership*, 10 (5), p. 26-29.

_____ (2006). *Mindset*: The new psychology of success. Nova York: Random House.

ECCLES, J. (1993). "School and family effects on the ontogeny of children's interests, self-perception and activity choices". In: DIENSTBIER, R. & JACOBS, J. (orgs.). *Developmental perspectives on motivation.* Vol. 40. Lincoln: University of Nebraska Press, p. 145-208.

ECCLES, J. & WIGFIELD, A. (2002). "Motivational beliefs, values and goals". In: *Annual Review of Psychology,* 53 (1), p. 109-132.

EHRI, L.C. (2005). "Development of sight word reading: Phases and findings". In: SNOWLING, M.J. & HULME, C. (orgs.). *The science of reading:* A handbook. Oxford: Blackwell.

EILERS, H.L. & PINKLEY, C. (2006). "Metacognitive strategies help students to comprehend all text". In: *Reading Improvement,* 43 (1), p. 13-29.

EKWALL, E. & EKWALL, C. (1989). "Using metacognitive techniques for the improvement of reading comprehension". In: *Journal of Reading Education,* 14 (3), p. 6-12.

ELBAUM, B. & VAUGHN, S. (2003). "For which students with learning disabilities are self-concept interventions effective?" In: *Journal of Learning Disabilities,* 36 (2), p. 101-108.

_____ (2001). "School-based interventions to enhance the self-concept of students with learning disabilities: A meta-analysis". In: *The Elementary School Journal,* 101 (3), p. 303-329.

ELBEHERI, G. & EVERATT, J. (2009). "IQ and dyslexia: From research to practice". In: REID, G.; ELBEHERI, G.; EVERATT, J.; KNIGHT, D. & WEARMOUTH, J. (orgs.). *The Routledge companion to dyslexia.* Abingdon: Routledge, p. 22-32.

ELBEHERI, G.; EVERATT, J. & Al-MALKI, M. (2009). "The incidence of dyslexia among young offenders in Kuwait". In: *Dyslexia,* 15, p. 86-104.

ELBRO, C.; NIELSEN, I. & PETERSEN, D.K. (1994). "Dyslexia in adults: Evidence for deficits in non-word reading and in the phonological representation of lexical items". In: *Annals of Dyslexia,* 44, p. 205-226.

ELBRO, C. & PETERSEN, D.K. (2004). "Long-term effects of phoneme awareness and letter sound training: An intervention study with children at risk for dyslexia". In: *Journal of Educational Psychology,* 96 (4), p. 660-670.

ELIKAI, F. & SCHUHMANN, P. (2010). "An examination of the impact of grading policies on students' achievements". In: *Issues in Accounting Education,* 25 (4), p. 677-693.

ELLIOT, A. (2005). "A conceptual history of the achievement goal construct". In: ELLIOT, A. & DWECK, C. (orgs.). *Handbook of competence and motivation*. Nova York: Guildford, p. 52-72.

ELLIOT, E.S. & DWECK, C.S. (1988). "Goals: An approach to motivation and achievement". In: *Journal of Personality and Social Psychology*, 54, p. 5-12.

ELLIS, A.W.; McDOUGALL, S.J.P. & MONK, A.F. (1996). "Are dyslexics different?" In: *Dyslexia*, 2, p. 31-58.

ENTWISLE, D.; ALEXANDER, K.; CADIGAN, D. & PALLAS, A. (1986). "The schooling process in first grade: Two samples a decade apart". In: *American Educational Research Journal*, 23 (4), p. 587-613.

EVANS, S.W.; PELHAM, W.E.; SMITH, B.H.; BUKSTEIN, O.; GNAGY, E.M.; GREINER, A.R.; ALTENDERFER, L. & BARON-MYAK, C. (2001). "Dose-response effects of Methylphenidate on ecologically valid measures of academic performance and classroom behavior in adolescents with ADHD". In: *Experimental and Clinical Psychopharmacology*, 9 (2), p. 163-175.

EVERATT, J.; ALMURTAJI, Y.; AL-SHARHAN, A. & ELBEHERI, G. (2017). "Relationships between emotion and educational achievement in Arabic children". In: *Asian Pacific Journal of Developmental Differences*, 4 (1), p. 65-84.

EVERATT, J.; ELBEHERI, G. & BROOKS, P. (2014). "Dyscalculia: Research and practice on identification and intervention across languages". In: HOLLIMAN, A.J. (org.). *The Routledge international companion to educational psychology*. Abingdon: Routledge, p. 317-326.

EVERATT, J. & McNEILL, B. (2014). "Practical implications of research into dyspraxia". In: HOLLIMAN, A.J. (org.). *The Routledge international companion to educational psychology*. Abingdon: Routledge, p. 307-316.

EVERATT, J.; PURVIS, C.J.; FIDLER, R. & McNEILL, B.C. (no prelo). *Reading comprehension strategies for adult students with dyslexia versus those with poor reading comprehension*.

EVERATT, J. & REID, G. (2009). "Dyslexia: An overview of recent research". In: REID, G.; ELBEHERI, G.; EVERATT, J.; KNIGHT, D. & WEARMOUTH, J. (orgs.). *The Routledge companion to dyslexia*. Abingdon: Routledge, p. 3-21.

FARAONE, S.V.; BIEDERMAN, J.; MORLEY, C.P. & SPENCER, T.J. (2008). "Effects of stimulants on height and weight: A review of the literature". In: *Journal of the American Academy of Child and Adolescent Psychiatry*, 47, p. 994-1.009.

FAWCETT, A.J. & NICOLSON, R.I. (orgs.) (1994). *Dyslexia in children*: Multidisciplinary perspectives. Hemel Hempstead: Harvester Wheatsheaf.

FERGUSON, R. (2007). *Research based tips for high achievement parenting* [Disponível em http://groundcontrolparenting. wordpress.com/2011/03/05/dr-ronald-ferguson-what-parents-can-do/ – Acesso em nov./2016].

FIDLER, R. & EVERATT, J. (2012). "Reading comprehension in adult students with dyslexia: Areas of weakness and strategies for support". In: BRUNSWICK, N. (org.). *Supporting dyslexic adults in higher education and the workplace*. Chichester: Wiley-Blackwell, p. 91-100.

FIELDING-BARNSLEY, R. (2010). "Australian pre-service teachers' knowledge of phonemic awareness and phonics in the process of learning to read". In: *Australian Journal of Learning Difficulties*, 15 (1), p. 99-110.

FIGAROLA, P.M.; GUNTER, P.L.; REFFEL, J.M.; WORTH, S.R.; HUMMEL, J. & GERBER, B.L. (2008). "Effects of self-graphing and goal setting on the math fact fluency of students with disabilities". In: *Behavior Analysis in Practice*, 1 (1), p. 36-41.

FLETCHER, D. & SARKAR, M. (2013). "Psychological resilience: A review and critique of definitions, concepts, and theories". In: *European Psychologist*, 18 (1), p. 12-23.

FLETCHER, H. & CAPLAN, M. (2014). *Anyone can spell it*. Farnham: Helen Arkell Dyslexia Centre.

FORREST-BANK, S.S. & JENSON, J.M. (2015). "The relationship among childhood risk and protective factors, racial microaggression and ethnic identity, and academic self-efficacy and antisocial behavior in young adulthood". In: *Children and Youth Services Review*, 50, p. 64-74.

FOX, A. (1999). *An evaluation of the contribution of a Brain Gym1 intervention programme on the acquisition of literacy skills in a mainstream primary school setting*. M.Ed. Dissertação. Universidade de Edimburgo.

FRITH, U. (1985). "Beneath the surface of developmental dyslexia". In: PATTERSON, K.E.; MARSHALL, J.C. & COLTHEART, M. (orgs.). *Surface dyslexia*: Neuropsychological and cognitive studies of phonological reading. Londres: Erlbaum, p. 301-330.

GANS, A.M.; KENNY, M.C. & GHANY, D.L. (2003). "Comparing the self-concept of students with and without learning disabilities". In: *Journal of Learning Disabilities*, 36 (3), p. 287-295.

GEARY, D.C. (2004). "Mathematics and learning disabilities". In: *Journal of Learning Disabilities*, 37, p. 4-15.

GEARY, D.C.; BOW-THOMAS, C.C. & YAO, Y. (1992). "Counting knowledge and skill in cognitive addition: A comparison of normal and mathematically disabled children". In: *Journal of Experimental Child Psychology*, 54, p. 372-391.

GERBER, P.J.; GINSBERG, R. & REIFF, H.B. (1992). "Identifying alterable patterns in employment success for highly successful adults with learning difficulties". In: *Journal of Learning Disabilities*, 25 (8), p. 475-487.

GHILAY, Y. & GHILAY, R. (2015). "ISMS: A new model for improving student motivation and self-esteem in primary education". In: *International Electronic Journal of Elementary Education*, 7 (3), p. 383-397.

GILLON, G.T. (2004). *Phonological awareness*: From research to practice. Nova York: Guilford.

GILMAN, R.; MEYERS, J. & PEREZ, L. (2004). "Structured extracurricular activities among adolescents: Findings and implications for school psychologists". In: *Psychology in the Schools*, 41 (1), p. 31-41.

GIORCELLI, L.R. (1999). "Inclusion and other factors affecting teachers' attitudes to literacy programmes for students with special needs". In: WATSON, A.J. & GIORCELLI. L.R. (orgs.). *Accepting the Literacy Challenge*. Nova Gales do Sul: Scholastic.

GJESSING, H.J. & KARLSEN, B. (1989). *A longitudinal study of dyslexia*. Nova York: Springer.

GLASSER, W. (1984). *Control theory*: A new explanation of how we control our lives. Nova York: Harper and Row.

GLAZZARD, J. (2010). "The impact of dyslexia on pupils' self-esteem". In: *Support for Learning*, 25, p. 63-69.

GOLDBERG, R.; HIGGINS, E.; RASKIND, M. & HERMAN, K. (2003). "Predictors of success in individuals with learning disabilities: A qualitative analysis of a 20-year longitudinal study". In: *Learning Disabilities Research and Practice*, 18 (4), p. 222-236.

GONZALEZ-DeHASS, A.; WILLEMS, P. & HOLBEIN, M. (2005). "Examining the relationship between parental involvement and student motivation". In: *Educational Psychology Review*, 17 (2), p. 99-123.

GOTTFRIED, A.E. (2009). "Commentary: The role of environment in contextual and social influences on motivation: Generalities, specifics and causality". In: WENTZEL, K. & WIGFIELD, A. (orgs.). *Handbook of motivation at school*. Nova York: Routledge, p. 462-475.

_____ (1990). "Academic intrinsic motivation in young elementary school children". In: *Journal of Educational Psychology*, 82 (3), p. 525-538.

GOTTFRIED, A.E.; FLEMING, J.S. & GOTTFRIED, A.W. (2001). "Continuity of academic intrinsic motivation from childhood through late adolescence: A longitudinal study". In: *Journal of Educational Psychology*, 93 (1), p. 3-13.

_____ (1998). "Role of cognitively stimulating home environment in children's academic intrinsic motivation: A longitudinal study". In: *Child Development*, 69 (5), p. 1.448-1.460.

_____ (1994). "Role of parental motivational practices in children's academic intrinsic motivation and achievement". In: *Journal of Educational Psychology*, 86 (1), p. 104-113.

GOUGH, P.B.; HOOVER, W.A. & PETERSON, C.L. (1996). "Some observations on the simple view of reading". In: CORNOLDI, C. & OAKHILL, J. (orgs.). *Reading comprehension difficulties*: Processes and interventions. Mahwah: LEA.

GOUGH, P.B. & TUNMER, W.E. (1986). "Decoding, reading, and reading disability". In: *Remedial and Special Education*, 7 (1), p. 6-10.

GRAHAM, S. & WEINER, B. (2012). "Motivation: Past, present and future". In: HARRIS, K.R.; GRAHAM, S. & URDAN, T. (orgs.). *APA educational psychology handbook* – Vol. 1: Theories, constructs, and critical issues. Washington: Applied Psychology Association, p. 367-397.

_____ (1996). "Theories and principles of motivation". In: BERLINER, D.C. & CALFEE, R.C. (orgs.). *Handbook of educational psychology*. Nova York: Macmillan, p. 63-84.

GREENBAUM, P.E.; DEDRICK, R.F.; FRIEDMAN, R.M.; KUTASH, K.; BROWN, E.C.; LARDIERH, S.P. & PUGH, A.M. (1996). "National Adolescent and Child Treatment Study (NACTS): Outcomes for children with serious emotional and behavioral disturbance". In: *Journal of Emotional and Behavioral Disorders*, 4, p. 130-146.

GREGG, N. (2009). *Assessing and accommodating adolescents and adults with LD and ADHD*. Nova York: Guilford.

GRILLS, A.E.; FLETCHER, J.M.; VAUGHN, S.; BARTH, A.; DENTON, C.A. & STUEBING, K.K. (2014). "Anxiety and response to reading intervention among first grade students". In: *Child & Youth Care Forum*, 43 (4), p. 417-431.

GROLNICK, W.; FRIENDLY, R. & BELLAS, V. (2009). "Parenting and children's motivation at school". In: WENTZEL, K.R. & WIGFIELD, A. (orgs.). *Handbook of motivation at school*. Nova York/Londres: Routledge, p. 279-300.

GUAY, F.; CHANAL, J.; RATELLE, C.; MARSH, H.; LAROSE, S. & BOIVIN, M. (2010). "Intrinsic, identified and controlled types of motivation for school subjects in young elementary school children". In: *British Journal of Educational Psychology*, 80 (4), p. 711-735.

GUTHRIE, J.T.; WIGFIELD, A. & VON SECKER, C. (2000). "Effects of integrated instruction on motivation and strategy use in reading". In: *Journal of Educational Psychology*, 92 (2), p. 331-341.

HALLAHAN, D.P. & KAUFFMAN, J.M. (1997). *Exceptional learners*: Introduction to special education. Boston: Allyn & Bacon.

HANCOCK, D. (2002). "Influencing postsecondary students' motivation to learn in the classroom". In: *College Teaching*, 50 (2), p. 63-66.

HARDRE, P. & SULLIVAN, D. (2009). "Motivating adolescents: High school teachers' perceptions and classroom practices". In: *Teacher Development*, 13 (1), p. 1-16.

HARRIS, D.N. (2011). *Value-added measures in education*. Cambridge: Harvard Educational Press.

HARRIS, K.R.; FRIEDLANDER, B.D.; SADDLER, B.; FRIZZELLE, R. & GRAHAM, G. (2005). "Self-monitoring of attention *versus* self-monitoring of academic performance: Effects among students with ADHD in the general education classroom". In: *Journal of Special Education*, 39 (3), p. 145-156.

HARTER, S. (2006). "The self". In: EISENBERG, N. (org.). *Handbook of child psychology*. Vol. III. 6. ed. Hoboken: John Wiley & Sons, p. 505-570.

_____ (1999). "Symbolic interactionism revisited: Potential liabilities for the self constructed in the crucible of interpersonal relationships". In: *Merrill-Palmer Quarterly*, 45 (4), p. 677-703.

HATCHER, P.J.; HULME, C. & ELLIS, A. (1994). "Ameliorating early reading failure by integrating the teaching of reading and phonological skills: The phonological linkage hypothesis". In: *Child Development*, 65, p. 41-57.

HATTIE, J. (2009). *Visible learning*: A synthesis of over 800 meta-analyses relating to achievement. Londres: Routledge.

HAYES, L. (2007). "Problem behaviours in early primary school children: Australian normative data using the Strengths and Difficulties Questionnaire". In: *Australian and New Zealand Journal of Psychiatry*, 41, p. 231-238.

HAZEL, C.E.; VAZIRABADI, G.E.; ALBANES, J. & GALLAGHER, J. (2014). "Evidence of convergent and discriminant validity of the Student School Engagement Measure". In: *Psychological Assessment*, 26, p. 806-814.

HEIKKILA, E. & KNIGHT, A. (2012). "Inclusive music teaching strategies for elementary-age children with developmental dyslexia". In: *Music Educators Journal*, 99, p. 54-59.

HEILIGENSTEIN, E.; GUENTHER, G.; LEVY, A.; SAVINO, F. & FULWILER, J. (1999). "Psychological and academic functioning in college students with attention deficit hyperactivity disorder". In: *Journal of American College Health*, 47, p. 181-185.

HEINE, S.J.; LEHMAN, D.R.; MARKUS, H.R. & KITAYAMA, S. (1999). "Is there a universal need for positive self-regard?" In: *Psychological Review*, 106 (4), p. 766-794.

HETTINGER, C.C. (1982). "The impact of reading deficiency on the global self--concept of the adolescent". In: *The Journal of Early Adolescence*, 2 (3), p. 293-300.

HIDI, S. & HARACKIEWICZ, J. (2000). "Motivating the academically unmotivated: A critical issue for the 21st century". In: *Review of Educational Research*, 70 (2), p. 151-179.

HINSHAW, S.P. (1994). *Attention deficits and hyperactivity in children*. Thousand Oaks: Sage.

HOAGWOOD, K.E.; OLIN, S.S.; KERKER, B.D.; KRATOCHWILL, T.R.; CROWE, M. & SAKA, N. (2007). "Empirically based school interventions targeted at academic and mental health functioning". In: *Journal of Emotional and Behavioral Disorders*, 15 (2), p. 66-92.

HOCK, M.F. & MELLARD, D.F. (2005). "Reading comprehension strategies for adult literacy outcomes". In: *Journal of Adolescent and Adult Literacy*, 49 (3), p. 192-200.

HOLMES, A. & SILVESTRI, R. (2012). "Assistive technology use by students with LD in postsecondary education: A case of application before investigation?" In: *Canadian Journal of School Psychology*, 27 (1), p. 81-97.

HOOVER, W.A. & GOUGH, P.B. (1990). "The simple view of reading". In: *Reading and Writing*, 2 (2), p. 127-160.

HONG-NAM, K. & LEAVELL, A.G. (2011). "Reading strategy instruction, metacognitive awareness, and self-perception of striving college developmental readers". In: *Journal of College Literacy and Learning*, 37, p. 3-17.

HORNBY, G. & LAFAELE, R. (2011). "Barriers to parental involvement in education: An explanatory model". In: *Educational Review*, 63 (1), p. 37-52.

HORNSTRA, L.; DENESSEN, E.; BAKKER, J.; VAN DEN BERGH, L. & VOETEN, M. (2010). "Teacher attitudes toward dyslexia: Effects on teacher expectations and the academic achievement of students with dyslexia". In: *Journal of Learning Disabilities*, 43 (6), p. 515-529.

HOWLETT, C.A. (2001). "Dyslexia and biology". In: PEER, L. & REID, G. (orgs.). *Dyslexia: Successful inclusion in the secondary school*. Londres: David Fulton.

HUGHES, L. & COOPER, P. (2007). *Understanding and supporting children with ADHD: Strategies for teachers, parents and other professionals*. Londres: Sage.

HUGHES, T.A. & FREDRICK, L.D. (2006). "Teaching vocabulary with students with learning disabilities using classwide peer tutoring and constant time delay". In: *Journal of Behavioral Education*, 15 (1), p. 1-23.

HUITT, W. (2011). "Motivation to learn: An overview". In: *Educational Psychology Interactive*. Valdosta: Valdosta State University [Disponível em http://www.edpsycinteractive.org/topics/motivation/motivate.html – Acesso em nov./2016].

_____ (2005). "Increasing engagement on classroom tasks: Extrinsic *versus* intrinsic motivation". In: *Educational Psychology Interactive*. Valdosta: Valdosta State University [Disponível em http://www. edpsycinteractive.org/topics/motivation/classmot.html – Acesso em nov./2016].

HULL, C.L. (1943). *Principles of behavior*. Nova York: Appleton-Century-Crofts.

HUMPHREY, N. (2004). "The death of the feel-good factor? – Self-esteem in the educational context". In: *School Psychology International*, 25 (3), p. 347-360.

_____ (2002). "Teacher and pupil ratings of self-esteem in developmental dyslexia". In: *British Journal of Special Education*, 29 (1), p. 29-36.

HUMPHREY, N. & MULLINS, P.M. (2002). "Personal constructs and attribution for academic success and failure in dyslexia". In: *British Journal of Special Education*, 29 (4), p. 196-203.

HUNTINGTON, D.D. & BENDER, W.N. (1993). "Adolescents with learning disabilities at risk? – Emotional well-being, depression, suicide". In: *Journal of Learning Disabilities*, 26 (3), p. 159-166.

INSTANCE, D. & KOOLS, M. (2013). "OECD work on technology and education: Innovative learning environments as an integrating framework". In: *European Journal of Education*, 48 (1), p. 43-57.

JACKSON, N.E. & DOELINGER, H.L. (2002). "Resilient readers? – University students who are poor decoders but sometimes good text comprehenders". In: *Journal of Educational Psychology*, 94 (1), p. 64-78.

JONES, A. & KINDERSLEY, K. (2013). *Dyslexia* – Assessing and reporting: The PATOSS guide. Londres: Hodder.

JONES, S.M.; BROWN, J.L.; HOGLUND, W.L.G. & ABER, J.L. (2010). "A school-randomized clinical trial of an integrated social-emotional learning and literacy intervention: Impacts after 1 school year". In: *Journal of Consulting and Clinical Psychology*, 78 (6), p. 829-842.

JORM, A.F.; SHARE, D.L.; MATTHEWS, R. & MACLEAN, R. (1986). "Behavior problems in specific reading retarded and general reading backward children: A longitudinal study". In: *Journal of Child Psychology and Psychiatry*, 27 (1), p. 33-43.

JOSHI, R.M.; BINKS, E.; HOUGEN, M.; DAHLGREN, M.E.; OCKER-DEAN, E. & SMITH, D.L. (2009). "Why elementary teachers might be inadequately prepared to teach reading". In: *Journal of Learning Disabilities*, 42 (5), p. 392-402.

KAMANN, M.P. & WONG, B.Y.L. (1993). "Inducing adaptive coping self-statements in children with learning disabilities through self-instruction training". In: *Journal of Learning Disabilities*, 26, p. 630-638.

KATZ, I.; KAPLAN, A. & BUZUKASHVILY, T. (2011). "The role of parents' motivation in students' autonomous motivation for doing homework". In: *Learning and Individual Difference*, 21 (4), p. 376-386.

KELLER, J.M. (2010). *Motivational design for learning and performance*: The ARCS model approach. Nova York: Springer.

_____ (1987). "Development and use of the ARCS model of motivational design". In: *Journal of Instructional Development*, 10 (3), p. 2-10.

_____ (1984). "The use of the ARCS model of motivation in teacher training". In: SHAW, K. & TROTT, A.J. (orgs.). *Aspects of educational technology* – Vol. XVII: Staff development and career updating. Londres: Kogan Page.

_____ (1983). "Motivational design of instruction". In: REIGELUTH, C.M. (org.). *Instructional-design theories and models*: An overview of their current status. Hillsdale: Lawrence Erlbaum Associates.

KENRICK, D.T.; GRISKEVICIUS, V.; NEUBERG, S.L. & SCHALLER, M. (2010). "Renovating the pyramid of needs: Contemporary extensions built upon ancient foundations". In: *Perspectives on Psychological Science*, 5 (3), p. 292-314.

KERN, L.; MANTEGNA, M.E.; VORNDRAN, C.; BAILIN, D. & HILT, A. (2001). "Choice of task sequence to reduce problem behaviours". In: *Journal of Positive Behaviour Interventions*, 3 (1), p. 3-10.

KIRBY, A.; SUGDEN, D.; BEVERIDGE, S.; EDWARDS, L. & EDWARDS, R. (2008). "Dyslexia and developmental co-ordination disorder in further and higher education-similarities and differences – Does the 'Label' influence the support given?" In: *Dyslexia*, 14 (3), p. 197-213.

KUKLINSKI, M.R. & WEINSTEIN, R.S. (2001). "Classroom and developmental differences in a path model of teacher expectancy effects". In: *Child Development*, 72 (5), p. 1.554-1.578.

LACKAYE, T.D. & MARGALIT, M. (2006). "Comparisons of achievement, effort, and self-perceptions among students with learning disabilities and their peers from different achievement groups". In: *Journal of Learning Disabilities*, 39 (5), p. 432-446.

LANE, K.L.; BARTON-ARWOOD, S.M.; NELSON, J.R. & WEHBY, J. (2008). "Academic performance of students with emotional and behavioural disorders served in a self-contained setting". In: *Journal of Behavioural Education*, 17 (1), p. 43-62.

LANE, K.L.; CARTER, E.W.; PIERSON, M.R. & GLAESER, B.C. (2006). "Academic, social, and behavioral characteristics of high school students with emotional disturbances and learning disabilities". In: *Journal of Emotional and Behavioral Disorders*, 14, p. 108-117.

LANGE, G. & ADLER, F. (1997). *Motivation and achievement in elementary children* [Paper apresentado no encontro bienal da Society for Research in Child Development, Washington].

LAUTH, G.W.; HEUBECK, B.G. & MACKOWIAK, K. (2006). "Observation of children with attention-deficit hyperactivity (ADHD) problems in three natural classroom contexts". In: *British Journal of Educational Psychology*, 76, p. 385-404.

LAWRENCE, D. (1996). *Enhancing self-esteem in the classroom*. Londres: Paul Chapman.

LEATHER, C.; HOGH, H.; SEISS, E. & EVERATT, J. (2011). "Cognitive function and work success in adults with dyslexia". In: *Dyslexia*, 17 (4), p. 327-338.

LEE, Y.; SUGAI, G. & HORNER, R. (1999). "Using an instructional intervention to reduce problem and offtask behaviours". In: *Journal of Positive Behaviour Interventions*, 1 (4), p. 195-204.

LEPPER, M. & CHABAY, R. (1985). "Intrinsic motivation and instruction: Conflicting views on the role of motivational processes in computer-based education". In: *Educational Psychologist*, 20 (4), p. 217-230.

LEUNG, C.-H. & CHOI, E. (2010). "A qualitative study of self-esteem, peer affiliation, and academic outcome among low achieving students in Hong Kong". In: *New Horizons in Education*, 58 (1), p. 22-42.

LEWIS, H.W. (1984). "A structured group counseling program for reading disabled elementary students". In: *School Counselor*, 31 (5), p. 454-459.

LEWIS, C.; HITCH, G.J. & WALKER, P. (1994). "The prevalence of specific arithmetic difficulties and specific reading difficulties in 9-to 10-year-old boys and girls". In: *Journal of Child Psychology*, 35, p. 283-292.

LINNENBRINK, E. & PINTRICH, P. (2003). "The role of self-efficacy beliefs in student engagement and learning in the classroom". In: *Reading & Writing Quarterly*, 19 (2), p. 119-137.

LINNENBRINK-GARCIA, L.; TYSON, D.F. & PATALL, E.A. (2008). "When are achievement goal orientations beneficial for academic achievement? - A closer look at moderating factors". In: *International Review of Social Psychology*, 21 (1), p. 19-70.

LLOYD, G. & NORRIS, C. (1999). "Including ADHD?" In: *Disability and Society*, 14, p. 505-517.

LOADES, M.E. & MASTROYANNOPOULOU, K. (2010). "Teachers' recognition of children's mental health problems". In: *Child and Adolescent Mental Health*, 15 (3), p. 150-156.

LOCKE, E. & LATHAM, G. (2002). "Building a practically useful theory of goal setting and task motivation". In: *American Psychologist*, 57, p. 705-717.

LOCKIEWICZ, M.; BOGDANOWICZ, K.M. & BOGDANOWICZ, M. (2014). "Psychological resources of adults with developmental dyslexia". In: *Journal of Learning Disabilities*, 47 (6), p. 543-555.

LONGDON, W. (2001). "Brain Gym1 training in news and views". In: *Scottish Dyslexia Trust Newsletter*, primavera.

LUNDBERG, I.; OLOFSSON, A. & WALL, S. (1980). "Reading and spelling skills in the first years predicted from phonemic awareness skills in kindergarten". In: *Scandinavian Journal of Psychology*, 21, p. 159-173.

LUTHAR, S.S.; SAWYER, J.A. & BROWN, P.J. (2006). "Conceptual issues in studies of resilience: Past, present, and future research". In: *Annals of the New York Academy of Sciences*, 1.094 (1), p. 105-115.

MacINTYRE, C. (2009). *Dyspraxia 5-11* (a practical guide). 2. ed. Londres: David Fulton.

_____ (2001). *Dyspraxia 5-11* (a practical guide). Londres: David Fulton.

_____ (2000). *Dyspraxia in the early years, identifying and supporting children with movement difficulties*. Londres: David Fulton.

MAEHR, M.L. & ZUSHO, A. (2009). "Achievement goal theory: The past, present, and future". In: WENTZEL, K.R. & WIGFIELD, A. (orgs.). *Handbook of motivation at school*. Nova York: Routledge, p. 77-104.

MAHONEY, J. & CAIRNS, R. (1997). "Do extracurricular activities protest against early school dropouts?" In: *Developmental Psychology*, 33 (2), p. 241-253.

MALONEY, E.; RISKO, E.F.; ANSARI, D. & FUGELSANG, J.F. (2010). "Mathematics anxiety affects counting but not subitizing during visual enumeration". In: *Cognition*, 114, p. 721-729.

MANNUZZA, S.; KLIEN, R.G.; BESSLER, A.; MALLOY, P. & LaPADULA, M. (1993). "Adult outcome of hyperactive boys: Educational achievement, occupational rank, and psychiatric status". In: *Archives of General Psychiatry*, 50 (7), p. 565-576.

MARGALIT, M. (2003). "Resilience model among individuals with learning disabilities: Proximal and distal influences". In: *Learning Disabilities Research & Practice*, 18 (2), p. 82-86.

MARIANI, M. & BARKLEY, R.A. (1997). "Neuropsychological and academic functioning in preschool children with Attention Deficit Hyperactivity Disorder". In: *Developmental Neuropsychology*, 13, p. 111-129.

MARSH, H.W. & KLEITMAN, S. (2003). "School athletic participation: Mostly gain with little pain". In: *Journal of Sport and Exercise Psychology*, 25 (2), p. 205-228.

MARTIN, A. (2009). "Motivation and engagement across the academic life span: A developmental construct validity study of elementary school, high school and university/college students". In: *Educational and Psychological Measurement*, 69 (5), p. 794-824.

MARTIN, A.J. (2013). "Improving the achievement, motivation, and engagement of students with ADHD: The role of personal best goals and other growth-based approaches". *Australian Journal of Guidance and Counselling*, 23 (1), p. 143-155.

_____ (2012). "The role of Personal Best (PB) goals in the achievement and behavioral engagement of students with ADHD and students without ADHD". In: *Contemporary Educational Psychology*, 37 (2), p. 91-105.

MARTIN, A.J. & MARSH, H.W. (2006). "Academic resilience and its psychological and educational correlates: A construct validity approach". In: *Psychology in the Schools*, 43 (3), p. 267-281.

MARTIN, A.J.; MARSH, H.W. & DEBUS, R.L. (2003). "Self-handicapping and defensive pessimism: A model of self-protection from a longitudinal perspective". In: *Contemporary Educational Psychology*, 28 (1), p. 1-36.

MASLOW, A.H. (1943). *Motivation and personality*. Nova York: Harper.

MATHER, N.; BOS, C. & BABUR, N. (2001). "Perceptions and knowledge of preservice and inservice teachers about early literacy instruction". In: *Journal of Learning Disabilities*, 34 (5), p. 472-482.

McBRIDE, H.E. & SIEGEL, L.S. (1997). "Learning disabilities and adolescent suicide". In: *Journal of Learning Disabilities*, 30 (6), p. 652-659.

McCLELLAND, D. (2001). "Achievement motivation". In: NATEMEYER, W.E. & McMAHON J.T. (orgs.). *Classics of organizational behaviour*. 3. ed. Long Grove: Waveland, p. 73-80.

McCONAUGHY, S.H.; MATTISON, R.E. & PETERSON, R.L. (1994). "Behavioral/emotional problems of children with serious emotional disturbances and learning disabilities". In: *School Psychology Review*, 23 (1), p. 81-98.

McINERNEY, D.M. & ALI, J. (2006). "Multidimensional and hierarchical assessment of school motivation: Cross-cultural validation". In: *Educational Psychology*: An International Journal of Experimental Educational Psychology, 26, p. 717-734.

McKINNEY, J.D. (1989). "Longitudinal research on the behavioral characteristics of children with learning disabilities". In: *Journal of Learning Disabilities*, 22 (3), p. 141-150.

McLEAN, A. (2004). *The motivated school*. Londres: Sage.

McLOUGHLIN, D.; FITZGIBBON, G. & YOUNG, V. (1994). *Adult dyslexia*: Assessment, counselling and training. Londres: Whurr.

McNAMARA, D.S.; O'Reilly, T.; Rowe, M.; Boonthum, C. & Levinstein, I. (2007). "iSTART: A webbased tutor that teaches self-explanation and metacognitive reading strategies". In: McNAMARA D.S. (org.). *Reading comprehension strategies*: Theories, interventions and technologies. Nova York: Lawrence Erlbaum Associates, p. 397-420.

McPHILLIPS, M.; HEPPER, P.G. & MULHERN, G. (2000). "Effects of replicating primary-reflex movements on specific reading difficulties in children: A randomised double-blind, controlled trial". In: *The Lancet*, 355 (9.203), p. 537-541.

MELNIC, A.S. & BOTEZ, N. (2014). "Academic learning motivation". In: *Economy Transdisciplinarity Cognition*, 17 (2), p. 56-63.

MELNICK, M. & SABO, D. (1992). "Educational effects of interscholastic athletic participation on African American and Hispanic youth". In: *Adolescence*, 27 (106), p. 295-308.

MICHAELS, C.R. & LEWANDOWSKI, L.J. (1990). "Psychological adjustment and family functioning of boys with learning disabilities". In: *Journal of Learning Disabilities*, 23 (7), p. 446-450.

MILANI, A.; LORUSSO, M.L. & MOLTENI, M. (2010). "The effects of audio-books on the psychosocial adjustment of pre-adolescents and adolescents with dyslexia". In: *Dyslexia*, 16 (1), p. 87-97.

MILES, T.R. (orgs.) (2004). *Dyslexia and stress.* 2. ed. Londres: Whurr.

MILES, T.R.; GILROY, D. & DuPRE, E.A. (2007). *Dyslexia at college.* Londres: Routledge.

MILES, T.R. & VARMA, V. (orgs.) (1995). *Dyslexia and stress.* Londres: Whurr.

MILLER, G.A.; GALANTER, E. & PRIBRAM, K.H. (1960). *Plans and the structure of behavior.* Nova York: Henry Holt.

MILNE, D. (2006). *Teaching the brain to read.* Hungerford: Smart Kids.

MOATS, L.C. & FOORMAN, B.R. (2003). "Measuring teachers' content knowledge of language and reading". In: *Annals of Dyslexia*, 53, p. 23-45.

MONTAGUE, M. & CASTRO, M. (2004). "Attention deficit hyperactivity disorder: Issues and concerns". In: CLOUGH, P.; GARNER, P.; PARDECK, J.T. & YUEN, F. (orgs.). *Handbook of emotional and behavioural difficulties.* Londres: Sage, p. 399-416.

MOONEY, P.; RYAN, J.B.; UHING, B.M.; REID, R.; & EPSTEIN, M.H. (2005). "A review of self-management learning interventions on academic outcomes for students with emotional and behavioral disorders". In: *Journal of Behavioral Education*, 14, p. 203-221.

MOSELEY, D. (2011). *ACE spelling dictionary.* 4. ed. Cambridge: LDA.

_____ (2010). *Advanced ACE spelling dictionary.* Cambridge: LDA.

MOSELEY, D. & NICOL, C. (1995). ACE (*Actually Coded English*) *spelling dictionary.* Cambridge: LDA.

MOSLEY, J. (1996). *Quality Circle Time.* Cambridge: LDA.

MRUK, C.J. (2006). *Self-esteem research, theory, and practice:* Toward a positive psychology of self-esteem. Nova York: Springer.

_____ (1990). *Self-esteem:* Research, theory and practice. Londres: Free Association Books.

MTA COOPERATIVE GROUP (1999). "A 14-month randomized clinical trial of treatment strategies for Attention Deficit/Hyperactivity Disorder". In: *Archives of General Psychiatry*, 56 (12), p. 1.073-1.086.

MURRAY, A. (2011). "Montessori elementary philosophy reflects current motivation theories". In: *Montessori Life*, 23 (1), p. 22-33.

MURRAY, L.; WOOLGAR, M.; MARTINS, C.; CHRISTAKI, A.; HIPWELL, A. & COOPER, P. (2006). "Conversations around homework: Links to parental mental health, family characteristics and child psychological functioning". In: *British Journal of Developmental Psychology*, 24 (1), p. 125-149.

NASSER, R. (2014). "Social motivation in Qatari schools and their relation to school achievement". In: *Psychological Reports*: Relationships and Communications, 115 (2), p. 584-606.

NATHANSON, S.; PRUSLOW, J. & LEVITT, R. (2008). "The reading habits and literacy attitudes of in-service and prospective teachers: Results of a questionnaire survey". In: *Journal of Teacher Education*, 59 (4), p. 313-321.

NATION, K. & NORBURY, C.F. (2005). "Why reading comprehension fails: Insights from developmental disorders". In: *Topics in Language Disorders*, 25 (1), p. 21-32.

NATION, K. & SNOWLING, M.J. (2004). "Beyond phonological skills: Broader language skills contribute to the development of reading". In: *Journal of Research in Reading*, 27 (4), p. 342-356.

_____ (1999). "Developmental differences in sensitivity to semantic relations among good and poor comprehenders: Evidence from semantic priming". In: *Cognition*, 70 (1), p. 1-13.

_____ (1998). "Individual differences in contextual facilitation: Evidence from dyslexia and poor reading comprehension". In: *Child Development*, 69, p. 996-1.011.

NATIONAL RESEARCH COUNCIL (2004). *Engaging schools*: Fostering high school students' motivation to learn. Washington: The National Academies Press.

NELSON, J.R.; BENNER, G.J.; LANE, K. & SMITH, B.W. (2004). "An investigation of the academic achievement of K-12 students with emotional and behavioral disorders in public school settings". In: *Exceptional Children*, 71, p. 59-73.

NEWBURY, D.F.; MONACO, A.P. & PARACCHINI, S. (2014). "Reading and language disorders: The importance of both quantity and quality". In: *Genes*, 5, p. 285-309.

NICOLSON, R. (2000). "Dyslexia and dyspraxia: Commentary". In: *Dyslexia*, 6, p. 203-204.

NOREM, J.K. & CANTOR, N. (1986). "Defensive pessimism: Harnessing anxiety as motivation". In: *Journal of Personality and Social Psychology*, 51, p. 1.208-1.217.

O'CONNOR, E. & McCARTNEY, K. (2007). "Examining teacher–child relationships and achievement as part of an ecological model of development". In: *American Educational Research Journal*, 44 (2), p. 340-369.

OFIESH, N. & MATHER, N. (2012). "Resilience and the child with learning disabilities". In: GOLDSTEIN, S. & BROOKS, R.B. (orgs.). *Handbook of resilience in children*. Nova York: Springer Science.

OKA, E.R. & PARIS, S.G. (1987). "Patterns of motivation and reading skills in under-achieving children". In: CECI, S.J. (org.). *Handbook of cognitive, social and neurological aspects of learning disabilities*. Vol II. Hillsdale: LEA.

OLSON, R.K. (2011). "Genetic and environmental influences on phonological abilities and reading achievement". In: BRADY, S.; BRAZE, D. & FOWLER, C. (orgs.). *Explaining individual differences in reading*: Theory and evidence. Nova York: Psychology Press/Taylor-Francis, p. 197-216.

OMIZO, M.M. & MICHAEL, W.B. (1982). "Biofeedback-induced relaxation training and impulsivity, attention to task, and locus of control among hyperactive boys". In: *Journal of Learning Disabilities*, 15 (7), p. 314-316.

PACHRAN, P.; BAY, D. & FELTON, S. (2013). "The impact of a flexible assessment system on students' motivation, performance and attitude". In: *Accounting Education*: An International Journal, 22 (12), p. 147-167.

PAJARES, F.; JOHNSON, M. & USHER, E. (2007). "Sources of writing self-efficacy beliefs of elementary, middle, and high school students". In: *Research in the Teaching of English*, 42 (1), p. 104-120.

PALINCSAR, A. & BROWN, A. (1984). "Reciprocal teaching of comprehension fostering and comprehension monitoring activities". In: *Cognition and Instruction*, 1 (2), p. 117-175.

PARIS, S.G.; CARPENTER, R.D.; PARIS, A.H. & HAMILTON, E.E. (2005). "Spurious and genuine correlates of children's reading comprehension". In: PARIS, S.G. & STAHL, S.A. (orgs.). *Children's reading comprehension and assessment*. Mahway: Erlbaum.

PARIS, S.G.; WASIK, B.A. & TURNER, J.C. (orgs.) (1991). *The development of strategic readers*. Vol. 2. Nova York: Longman.

PARK, L.E. & CROCKER, J. (2013). "Pursuing self-esteem: Implications for self--regulation and relationships". In: ZEIGLER-HILL, V. (org.). *Self-esteem*. Nova York: Psychology Press, p. 43-59.

PAUL, G.; ELAM, B. & VERHULST, S.J. (2007). "A longitudinal study of students' perceptions of using deep breathing meditation to reduce testing stresses". In: *Teaching and Learning in Medicine*, 19 (3), p. 287-292.

PELHAM, W.E. & FABIANO, G.A. (2008). "Evidence-based psychosocial treatments for Attention-Deficit/ Hyperactivity Disorder". In: *Journal of Clinical Child and Adolescent Psychology*, 37 (1), p. 184-214.

PELLITTERI, J.; DEALY, M.; FASANO, C. & KUGLER, J. (2006). "Emotionally intelligent interventions for students with reading disabilities". In: *Reading and Writing Quarterly*, 22 (2), p. 155-171.

PENNINGTON, B.F.; GROISSER, D. & WELSH, M.C. (1993). "Contrasting cognitive deficits in attention deficit hyperactivity disorder *versus* reading disability". In: *Developmental Psychology*, 29, p. 511-523.

PENNINGTON, B.F. & LEFLY, D.L. (2001). "Early reading development in children at family risk for dyslexia". In: *Child Development*, 72, p. 816-833.

PIERSON, J.M. (1999). "Transforming engagement in literacy instruction: The role of student genuine interest and ability". In: *Annals of Dyslexia*, 49, p. 307-329.

PINTRICH, P. (2003). "A motivational science perspective on the role of student motivation in learning and teaching contexts". In: *Journal of Educational Psychology*, 95 (4), p. 667-686.

PINTRICH, P. & DeGROOT, E. (1990). "Motivational and self-regulated learning components of classroom academic performance". In: *Journal of Educational Psychology*, 82 (1), p. 33-40.

POLYCHRONI, F.; KOUKOURA, K. & ANAGNOSTOU, I. (2006). "Academic self-concept, reading attitudes and approaches to learning of children with dyslexia: Do they differ from their peers?" In: *European Journal of Special Needs Education*, 21, p. 425-430.

PORTWOOD, M. (2001). *Developmental dyspraxia*: A practical manual for parents and professionals. Durham: Durham County Council Educational Psychology Service.

_____ (2000). *Understanding developmental dyspraxia* – A textbook for students and professionals. Londres: David Fulton.

_____ (1999). *Developmental dyspraxia: Identification and intervention* – A manual for parents and professionals. Londres: David Fulton.

PRENSKY, M. (2008). "Turning on the lights". In: *Reaching the Reluctant Learner*, 65 (6), p. 40-45.

PRESSLEY, M. (2006). *Reading instruction that works*: The case for balanced teaching. Nova York: Guildford.

_____ (2002). "Effective beginning reading instruction". In: *Journal of Literacy Research*, 34 (2), p. 165-188.

PULLEN, P.C. et al. (2010). "A tiered intervention model for early vocabulary instruction: The effects of tiered instruction for young students at risk for reading disability". In: *Learning Disabilities Research & Practice*, 25 (3), p. 110-123.

PURDIE, N.; HATTIE, J. & CARROLL, A. (2002). "A review of the research on interventions for Attention Deficit Hyperactivity Disorder: What works best?" In: *Review of Educational Research*, 72, p. 61-99.

PURVIS, C.J.; MCNEILL, B.C. & EVERATT, J. (2016). "Enhancing the metalinguistic abilities of pre-service teachers via coursework targeting language structure knowledge". In: *Annals of Dyslexia*, 66 (1), p. 55-70.

QUIRK, M.P. & SCHWANENFLUGEL, P.J. (2004). "Do supplemental remedial reading programs address the motivational issues of struggling readers? – An analysis of five popular programs". In: *Reading Research and Instruction*, 43 (1), p. 1-19.

RACK, J.P. (1997). "Issues in the assessment of developmental dyslexia in adults: Theoretical perspectives". In: *Journal of Research in Reading*, 20, p. 66-76.

RAMUS, F.; PIDGEON, E. & FRITH, U. (2003). "The relationship between motor control and phonology in dyslexic children". In: *Journal of Child Psychology and Psychiatry*, 44, p. 712-722.

RATEY, N. & SLEEPER-TRIPLETT, J. (2011). "Strategic coaching for LD and ADHD". In: GOLDSTEIN, S.; NAGLIERI, J. & DeVRIES, M. (orgs.). *Learning and attention disorders in adolescence and adulthood*: Assessment and treatment. Nova York: Wiley.

REID, G. (2017). *Dyslexia in the early years*. Londres: Jessica Kingsley.

_____ (2016). *Dyslexia*: A practitioner's handbook. 5. ed. Oxford: Wiley/Blackwell.

_____ (2007). *Motivating learners*: Strategies for the classroom. Londres: Sage.

_____ (1997). *Dyslexia*: A practitioner's handbook. 2. ed. Chichester: Wiley.

REID, G.; ELBEHERI, G. & EVERATT, J. (2015). *Assessing children with specific learning difficulties*: A teacher's practical guide. Abingdon: Routledge.

REID, G.; ELBEHERI, G.; EVERATT, J.; KNIGHT, D. & WEARMOUTH, J. (orgs.) (2009). *The Routledge companion to dyslexia*. Abingdon: Routledge.

REID, G. & GREEN, S. (2016a). *Dyslexia*: 100 ideas for the primary school. Londres: Bloomsbury.

_____ (2016b). *Dyslexia*: 100 ideas for the secondary school. Londres: Bloomsbury.

REID, R.; GONZALEZ, J.; NORDNESS, P.D.; TROUT, A. & EPSTEIN, M.H. (2004). "A meta-analysis of the academic status of students with emotional/behavioral disturbance". In: *Journal of Special Education*, 38, p. 130-143.

REYES, M.R.; BRACKETT, M.A.; RIVERS, S.E.; ELBERTSON, N.A. & SALOVEY, P. (2012). "The interaction effects of program training, dosage, and implementation quality on targeted student outcomes for the RULER approach to social and emotional learning". In: *School Psychology Review*, 41 (1), p. 82-99.

REYNOLDS, D. & NICOLSON, R.I. (2007). "Follow-up of an exercise-based treatment for children with reading difficulties". In: *Dyslexia*, 13 (2), p. 78-96.

REYNOLDS, D.E.; NICOLSON, R.I. & HAMBLEY, H. (2003). "Evaluation of an exercise-based treatment for children with reading difficulties". In: *Dyslexia*, 9 (1), p. 48-71.

RICKETTS, J.; COCKSEY, J. & NATION, K. (2011). "Understanding children's reading comprehension difficulties". In: ELLIS, S. & McCARTNEY, E. (orgs.). *Applied linguistics and primary school teaching*. Nova York: Cambridge University Press, p. 154-164.

RIDDICK, B. (2010). *Living with dyslexia*: The social and emotional consequences of specific learning difficulties/disabilities. 2. ed. Nova York: Routledge.

RIDDICK, B.; FARMER, M. & STERLING, C. (1997). *Students and dyslexia*. Londres: Whurr.

RIDDICK, B.; STERLING, C.; FARMER, M. & MORGAN, S. (1999). "Self-esteem and anxiety in the educational histories of adult dyslexic students". In: *Dyslexia*, 5 (4), p. 227-248.

RIGBY, C.; DECI, E.; PATRICK, B. & RYAN, R. (1992). "Beyond the intrinsic-extrinsic dichotomy: Selfdetermination in motivation and learning". In: *Motivation and Emotion*, 16 (3), p. 165-185.

RITCHEY, K.D.; SILVERMAN, R.D.; MONTANARO, E.A.; SPEECE, D.L. & SCHATSCHNEIDER, C. (2012). "Effects of a Tier 2 supplemental reading intervention for at-risk fourth-grade students". In: *Exceptional Children*, 78 (3), p. 318-334.

RITCHMAN, N.; STEVENSON, J. & GRAHAM, P.J. (1982). *Pre-school to school*: A behavioral study. Londres: Academic Press.

ROBERTS, G.; RANE, S.; FALL, A.-M.; DENTON, C.A.; FLETCHER, J.M. & VAUGHN, S. (2015). "The impact of intensive reading intervention on level of attention in middle school students". In: *Journal of Clinical Child & Adolescent Psychology*, 44 (6), p. 942-953.

ROBINS, R.W.; HENDIN, H.M. & TRZESNIEWSKI, K.H. (2001). "Measuring global self-esteem: Construct validation of a single-item measure and the Rosenberg Self-Esteem Scale". In: *Personality and Social Psychology Bulletin*, 27 (2), p. 151-161.

ROE, B.; SMITH, S. & BURNS, P. (2005). *Teaching reading in today's elementary school*. Boston: Houghton Mifflin Company.

ROECKELEIN, J.E. (1998). *Dictionary of Theories, Laws and Concepts in Psychology*. Westport: Greenwood Press.

ROSENBERG, M.; SCHOENBACH, C.; SCHOOLER, C. & ROSENBERG, F. (1995). "Global self-esteem and specific self-esteem: Different concepts, different outcomes". In: *American Sociological Review*, 60 (1), p. 141-156.

ROSENTHAL, J.H. (1973). "Self-esteem in dyslexic children". In: *Academic Therapy*, 9 (1), p. 27-39.

ROTTER, J.B. (1954). *Social learning and clinical psychology*. Nova York: Prentice-Hall.

ROURKE, B.P. (1989). *Nonverbal learning disabilities*: The syndrome and the model. Nova York: Guilford.

RUBINSTEN, O. & HENIK, A. (2006). "Double dissociation of functions in developmental dyslexia and dyscalculia". In: *Journal of Educational Psychology*, 98, p. 854-867.

RUSSELL, J. (1988). *Graded activities for children with motor difficulties*. Cambridge: Cambridge Educational.

RUTHERFORD, R.B.; Quinn, M.M. & Mathur, S.R. (orgs.) (2004). *Handbook of research in emotional and behavioural disorders*. Nova York: Guilford.

RUTTER, M. (2012). "Resilience: Causal pathways and social ecology". In: UNGAR, M. (org.). *The social ecology of resilience*: A handbook of theory and practice. Nova York: Springer Science+Business, p. 33-42.

RYAN, R. & DECI, E. (2000a). "Intrinsic and extrinsic motivation: Classic definitions and new directions". In: *Contemporary Educational Psychology*, 25 (1), p. 54-67.

_____ (2000b). "Self-determination theory and the facilitation of intrinsic motivation, social development and wellbeing". In: *American Psychologist*, 55 (1), p. 68-78.

SCHOLZ, U.; DONA, B.G.; SUD, S. & SCHWARZER, R. (2002). "Is general self-efficacy a universal construct? – Psychometric findings from 25 countries". In: *European Journal of Psychological Assessment*, 18 (3), p. 242-251.

SCHOON, I. (2006). *Risk and resilience*: Adaptations in changing times. Cambridge: Cambridge University Press.

SCHUITEMA, J.; PEETSMA, T. & Van Der VEEN, I. (2012). "Self-regulated learning and students' perceptions of innovative and traditional learning environments: A longitudinal study in secondary education". In: *Educational Studies*, 38 (4), p. 397-413.

SCHUNK, D.H. & PAJARES, F. (2009). "Self-efficacy theory". In: WENTZEL, K.R. & WIDFIELD, A. (orgs.). *Handbook of motivation at school*. Nova York: Routledge, p. 35-53.

SEMRUD-CLIKEMAN, M.; BEIDERMAN, J.; SPRICH-BUCKMINSTER, S.; LEHMAN, B.K.; FARAONE, S.V. & NORMAN, D. (1992). "The incidence of ADHD and concurrent learning disabilities". In: *Journal of the American Academy for Child and Adolescent Psychiatry*, 31 (3), p. 439-448.

SENCIBAUGH, J.M. & SENCIBAUGH, A.M. (2016). "An analysis of cooperative learning approaches for students with learning disabilities". In: *Education*, 136 (3), p. 356-364.

SÉNÉCHAL, M. (2006). *The effect of family literacy interventions on children's acquisition of reading*. Portsmouth: National Center for Family Literacy.

SHAFFER, D.; SQUIRE, K.; HALVERSON, R. & GEE, J. (2004). *Video games and the future of learning*. Madison: University of Wisconson-Madison/Academic Advanced Distributed Learning Co-Laboratory.

SHALEV, R.S.; MANOR, O.; KEREM, B.; AYALI, M.; BIDICHI, N. et al. (2001). "Developmental dyscalculia is a familial learning disability". In: *Journal of Learning Disabilities*, 34, p. 59-65.

SHARE, D.L. (1996). "Word recognition and spelling processes in specific reading disabled and garden variety poor readers". In: *Dyslexia*, 2, p. 167-174.

SHEOREY, R. & MOKHTARI, K. (2001). "Differences in the metacognitive awareness of reading strategies among native and non-native readers". In: *System*, 29, p. 431-449.

SHIMABUKURO, S.M.; PRATER, M.N.; JENKINS, A. & EDELEN-SMITH, P. (1999). "The effects of self-monitoring of academic performance on students with learning disabilities and ADD/ADHD". In: *Education and Treatment of Children*, 22 (4), p. 397-414.

SHORT, E.J.; MANOS, M.J.; FIDLING, R.L. & SCHUBEL, E.A. (2004). "A prospective study of stimulant response in preschool children: Insights from ROC analyses". In: *Journal of the American Academy of Child and Adolescent Psychiatry*, 43 (3), p. 251-259.

SHROFF, R. VOGEL, D. & COOMBES, J. (2008). "Assessing individual-level factors supporting student intrinsic motivation in online discussions – A qualitative study". In: *Journal of Information Systems Education*, 19 (1), p. 111-126.

SHULRUF, B. (2010). "Do extra-curricular activities in schools improve educational outcomes? – A critical review and meta-analysis of the literature". In: *International Review of Education*, 56 (5-6), p. 591-612.

SIDERIDIS, G.D. (2003). "On the origins of helpless behavior of students with learning disabilities: Avoidance motivation?" In: *International Journal of Educational Research*, 39, p. 497-517.

SILVERMAN, R.D.; SPEECE, D.L.; HARRING, J.R. & RITCHEY, K.D. (2013). "Fluency has a role in the simple view of reading". In: *Scientific Studies of Reading*, 17 (2), p. 108-133.

SMILEY, P.A. & DWECK, C.S. (1994). "Individual differences in achievement goals among young children". In: *Child Development*, 65, p. 1.723-1.743.

SNOW, C.E. & JUEL, C. (2005). "Teaching children to read: What do we know about how to do it?" In: SNOWLING, M.J. & HULMES, C. (orgs.). *The science of reading*: A handbook. Oxford: Blackwell, p. 501-520.

SNOWLING, M.J. (2000). *Dyslexia*. 2. ed. Oxford: Blackwell.

SNOWLING, M.J. & HULME, C. (orgs.) (2007). *The science of reading*: A handbook. Oxford: Blackwell.

SNOWLING, M.J. & MELBY-LERVÅG, M. (2016). "Oral language deficits in familial dyslexia: A metanalysis and review". In: *Psychological Bulletin*, 142, p. 498-545.

SORENSEN, L.G.; FORBES, P.W.; BERNSTEIN, J.H.; WEILER, M.D.; MITCHELL, W.M. & WABER, D.P. (2003). "Psychosocial adjustment over a two-year period in children referred for learning problems: Risk, resilience, and adaptation". In: *Learning Disabilities Research & Practice*, 18 (1), p. 10-24.

SPENCE, K.W. (1958). "A theory of emotionally based drive (D) and its relation to performance in simple learning situations". In: *American Psychologist*, 13, p. 131-141.

SPITZER, B. & ARONSON, J. (2015). "Minding and mending the gap: Social psychological interventions to reduce educational disparities". In: *British Journal of Educational Psychology*, 85 (1), p. 1-18.

STACKHOUSE, J. & SNOWLING, M. (1992). "Barriers to literacy development in two cases of developmental verbal dyspraxia". In: *Cognitive Neuropsychology*, 9, p. 273-299.

STACKHOUSE, J. & WELLS, B. (1997). *Children's speech and literacy difficulties: A psycholinguistic framework*. Londres: Whurr.

STANLEY, E. (2011). "The place of outdoor play in a school community: A case study of recess values". In: *Children, Youth and Environments*, 21 (1), p. 185-211.

STANOVICH, K.E. (1986). "Matthew effects in reading: Some consequences in individual differences in the acquisition of literacy". In: *Reading Research Quarterly*, 21 (4), p. 360-364.

_____ (1980). "Towards an interactive compensatory model of individual differences in the development of reading fluency". In: *Reading Research Quarterly*, 16 (1), p. 32-71.

STANOVICH, K.E. & SIEGEL, L.S. (1994). "Phenotypic performance profile of children with reading disabilities: A regression-based test of the Phonological-Core Variable-Difference Model". In: *Journal of Educational Psychology*, 86, p. 24-53.

STANOVICH, K.E. & STANOVICH, P.J. (1997). "Further thoughts on aptitude/achievement discrepancy". In: *Educational Psychology in Practice*, 13, p. 3-8.

STETTER, M.E. & HUGHES, M.T. (2010). "Computer-assisted instruction to enhance the reading comprehension of struggling readers: A review of the literature". In: *Journal of Special Education Technology*, 25 (4), p. 1-16.

STEVENSON, J.; PENNINGTAN, B.F.; GILGER, J.W.; DEFRIES, J.C. & GILLIS, J.J. (1993). "Hyperactivity and spelling disability: Testing for shared genetic aetiology". In: *Journal of Child Psychology and Psychiatry*, 34 (7), p. 1.137-1.152.

STIPEK, D. (1996). "Motivation and instruction". In: BERLINER, D.C. & CALFEE, R.C. (orgs.). *Handbook of educational psychology*. Nova York: Macmillan, p. 85-113.

STIPEK, D. (2002). *Motivation to learn*: Integrating theory and practice. Boston: Allyn and Bacon.

STIPEK, D.; FEILER, R.; DANIELS, D. & MILBURN, S. (1995). " "Effects of different instructional approaches on young children's achievement and motivation". In: *Child Development*, 66 (1), p. 209-223.

STONE, L. (2014). *Spelling for life*: Uncovering the simplicity and science of spelling. Londres: Routledge.

STUCK, M. & GLOECKNER, N. (2005). "Yoga for children in the mirror of the science: Working spectrum and practice fields of the training of relaxation with elements of yoga for children". In: *Early Childhood Development and Care*, 175 (4), p. 371-377.

SWANSON, H.L. & MALONE, S. (1992). "Social skills and learning disabilities: A meta-analysis of the literature". In: *School Psychology Review*, 21 (3), p. 427-443.

SWANSON, J.M.; FLOCKHART, D.; UDREA, D.; CANTWELL, D.; CONNOR, D. & WILLIAMS, L. (1995). "Clonidine in the treatment of ADHD: Questions about safety and efficacy". In: *Journal of Child and Adolescent Psychopharmacology*, 5 (4), p. 301-304.

SZTAJN, P.; CONFREY, J.; WILSON, P.-H. & EDGINGTON, C. (2012). "Learning trajectory based instruction: Toward a theory of teaching". In: *Educational Researcher*, 41, p. 147-156.

TAYLOR, M.F. (2002). *Stress-induced atypical brain lateralization in boys with attention-deficit/hyperactivity disorder* – Implications for scholastic performance. Tese de doutorado, University of Western Australia.

THERRIEN, W.J.; ZAMAN, M. & BANDA, D.R. (2010). "How can meta-analyses guide practice? – A review of the learning disability research base". In: *Remedial and Special Education*, 32 (3), p. 206-218.

THIEDE, K.W.; ANDERSON, M.C.M. & THERRIAULT, D. (2003). "Accuracy of meta-cognitive monitoring affects learning of texts". In: *Journal of Educational Psychology*, 95 (1), p. 66-73.

THOMPSON, P.A.; HULME, C.; NASH, H.M.; GOOCH, D.; HAYIOU-THOMAS, E. & SNOWLING, M.J. (2015). "Developmental dyslexia: Predicting individual risk". In: *Journal of Child Psychology and Psychiatry*, 56, p. 976-987.

TORGESEN, J.K. (2005). "Recent discoveries on remedial interventions for children with dyslexia". In: SNOWLING, M.J. & HULME, C. (orgs.). *The science of reading*: A handbook. Oxford: Blackwell.

TORPPA, M.; LYYTINEN, P.; ERSKINE, J.; EKLUND, K. & LYYTINEN, H. (2010). "Language development, literacy skills, and predictive connections to reading in Finnish children with and without familial risk for dyslexia". In: *Journal of Learning Disabilities*, 43, p. 308-321.

TRIDAS, E.Q. (2007). *From ABC to ADHD*: What parents should know about dyslexia and attention problems. Baltimore: International Dyslexia Association.

TROUT, A.L.; NORDNESS, P.D.; PIERCE, C.D. & EPSTEIN, M.H. (2003). "Research on the academic status of children with emotional and behavioral disorders: A review of the literature from 1961 to 2000". In: *Journal of Emotional and Behavioral Disorders*, 11, p. 198-210.

TUNMER, W.E. & CHAPMAN, J.W. (2012). "The simple view of reading redux: Vocabulary knowledge and the independent components hypothesis". In: *Journal of Learning Disabilities*, 45 (5), p. 453-466.

TUNMER, W.E. & NICHOLSON, T. (2011). "The development and teaching of word recognition skill". In: KAMIL, L.; PEARSON, D.; BIRR, E. & AFFLERBACH, P. (orgs.). *Handbook of reading research*. Vol. 4. Nova York: Routledge, p. 405-431.

TURNER, J. (1995). "The influence of classroom contexts on young children's motivation for literacy". In: *Reading Research Quarterly*, 30 (3), p. 410-441.

TURNER, L. & JOHNSON, B. (2003). "A model of mastery motivation for at-risk pre-schoolers". In: *Journal of Educational Psychology*, 95 (3), p. 495-505.

UMBREIT, J.; LANE, K. & DEJUD, C. (2004). "Improving classroom behaviour by modifying task difficulty: Effects of increasing the difficulty of too-easy tasks". In: *Journal of Positive Behavior Interventions*, 6 (1), p. 13-20.

USHER, A. & KOBER, N. (2012). *Student motivation*: An overlooked piece of school reform. Washington: Centre on Educational Policy, George Washington University.

VAUGHN, S.; GERSTEN, R. & CHARD, D.J. (2000). "The underlying message in LD intervention research". In: *Exceptional Children*, 67 (1), p. 99-114.

VAUGHN, S.; ZARAGOZA, N.; HOGAN, A. & WALKER, J. (1993). "A four-year longitudinal investigation of the social skills and behaviour problems of students with learning disabilities". In: *Journal of Learning Disabilities*, 26 (6), p. 404-412.

VELLUTINO, F.R.; SCANLON, D.M.; SIPAY, E.R.; PRATT, A.; CHEN, R. & DENCKLA, M.B. (1996). "Cognitive profiles of difficult-to-remediate and readily remediated poor readers: Early intervention as a vehicle for distinguishing between cognitive and experiential deficits as basic causes of specific reading disability". In: *Journal of Educational Psychology*, 88, p. 601-638.

VELLUTINO, F.; SCANLON, D.; ZHANG, H. & SCHATSCHNEIDER, C. (2008). "Using response to kindergarten and first grade intervention to identify children at-risk for long-term reading difficulties". In: *Reading and Writing*, 21, p. 437-480.

VILE-JUNOD, R.E.; DUPAUL, G.J.; JITENDRA, A.K.; VOLPE, R.J. & CLEARY, K.S. (2006). "Classroom observations of students with and without ADHD: Differences across types of engagement". In: *Journal of School Psychology*, 44, p. 87-104.

VISSER, J. (2003). "Developmental coordination disorder: A review of research on subtypes and comorbidities". In: *Human Movement Science*, 22, p. 479-493.

VOGEL, S.A. & ADELMAN, P.B. (2000). "Adults with learning disabilities 8-15 years after college". In: *Learning Disabilities*: A Multi-disciplinary Journal, 10 (3), p. 165-182.

_____ (1990). "Extrinsic and intrinsic factors in graduation and academic failure among LD college students". In: *Annals of Dyslexia*, 40, p. 119-137.

VOSTANIS, P. (2007). "Mental health and mental disorders". In: COLEMAN, J. & HAGELL, A. (orgs.). *Adolescence, risk, and resilience*. Chichester: Wiley, p. 165-174.

VROOM, V.H. (1964). *Work and motivation*. Nova York: Wiley.

VYGOTSKY, L. (1978). *Mind in society*: The development of higher psychological processes. Cambridge: Harvard University Press.

WALKER, H.M.; RAMSEY, E. & GRESHAM, F.M. (2004). *Antisocial behavior in school*: Evidence-based practices. 2. ed. Belmont: Wadsworth.

WANG, M. & ECCLES, J. (2012). "Social support matters: Longitudinal effects of social support on three dimensions of school engagement from middle to high school". In: *Child Development*, 83 (3), p. 877-895.

WANZEK, J.; VAUGHN, S.; KIM, A.-H. & CAVANAUGH, C.L. (2006). "The effects of reading instructions on social outcomes for elementary students with reading difficulties: A synthesis". In: *Reading and Writing Quarterly*, 22, p. 121-138.

WEEKS, S.; BROOKS, P. & EVERATT, J. (2002). "Differences in learning to spell: Relationships between cognitive profiles and learning responses to teaching methods". In: *Educational and Child Psychology*, 19 (4), p. 47-62.

WEINER, B. (1984). "Principles for a theory of student motivation and their application within an attributional framework". In: AMES, R. & AMES, G. (orgs.). *Re-*

search on motivation in education: Student motivation. Vol. 1. San Diego: Academic Press, p. 15-38.

WEINER, B. & KUKLA, A. (1970). "An attributional analysis of achievement motivation". In: *Journal of Personality and Social Psychology*, 15 (1), p. 1-20.

WENTZEL, K. (1997). "Student motivation in middle school: The role of perceived pedagogical caring". In: *Journal of Educational Psychology*, 89 (3), p. 411-419.

WIGFIELD, A. & GUTHRIE, J.T. (1995). *Dimensions of children's motivation for reading*: An initial study. Athens: National Reading Research Centre.

WIGFIELD, A.; TONKS, S. & KLAUDA, S.L. (2009). "Expectancy-value theory". In: WENTZEL, K.R. & WIGFIELD, A. (orgs.). *Handbook of motivation at school*. Nova York: Routledge, p. 55-75.

WIENER, N. (1948). *Cybernetics*: Control and communication in the animal and the machine. Cambridge: MIT Press.

WILLCUTT, E.G.; Pennington, B.F. & DeFries, J.C. (2000). "Twin study of etiology of comorbidity between reading disability and attention deficit disorder". In: *American Journal of Medical Genetics*, 96, p. 293-301.

WILLIAMS, D.M. (2010). "Outcome expectancy and self-efficacy: Theoretical implications of an unresolved contradiction". In: *Personality and Social Psychology Review*, 14, p. 417-425.

WILLINGHAM, D. (2008). "Should learning be its own reward?" In: *American Educator*, 31 (4), p. 29-35.

WILMHURST, L.; PEELE, M. & WILMHURST, L. (2011). "Resilience and well-being in college students with and without a diagnosis of ADHD". In: *Journal of Attention Disorders*, 15 (1), p. 11-17.

WILSON, A.J. & DEHAENE, S. (2007). "Number sense and developmental dyscalculia". In: COCH, D.; DAWSON, G. & FISCHER, K. (orgs.). *Human behavior, learning and the developing brain*: Atypical development. Nova York: Guilford Press, p. 212-238.

WILSON, J.T. (2011). "Students' perspective on intrinsic motivation to learn: A model to guide educators". In: *International Christian Community for Teacher Education Journal*, 6 (1) [Disponível em https://icctejournal.org/ issues/v6i1/v6i1-wilson – Acesso em nov./2016].

WILSON, K. & BOLDEMAN, S. (2012). "Exploring ICT integration as a tool to engage young people at a flexible learning centre". In: *Journal of Science Education & Technology*, 21 (6), p. 661-668.

WILSON, V.L. & RUPLEY, W.H. (1997). "A structural equation model for reading comprehension based on background, phonemic, and strategy knowledge". In: *Scientific Studies of Reading*, 1 (1), p. 45-63.

WRAY, D. (2009). "Extending literacy skills: Issues for practice". In: REID, G.; ELBEHERI, G.; EVERATT, J.; KNIGHT, D. & WEARMOUTH, J. (orgs.). *The Routledge companion to dyslexia*. Abingdon: Routledge, p. 94-112.

_____ (1994). *Literacy and Awareness*. Londres: Hodder & Stoughton.

WRAY, D. & LEWIS, M. (1997). *Extending literacy*: Children reading and writing non-fiction. Londres: Routledge.

WYMAN, P. (2003). "Emerging perspectives on context specificity of children's adaptation and resilience". In: LUTHAR, S.S. (org.). *Resilience and vulnerability*: Adaptation in the context of childhood adversities. Cambridge: Cambridge University Press, p. 293-317.

YUILL, N. & OAKHILL, J. (1991). *Children's problems in text comprehension*: An experimental investigation. Cambridge: Cambridge University Press.

ZABELL, C. & EVERATT, J. (2000). "Gender differences in dyslexia". In: SMYTHE, I. (org.). *The dyslexia handbook 2000*. Reading: British Dyslexia Association, p. 83-87.

ZENTALL, S.S. (2006). *ADHD and education*: Foundations, characteristics, methods, and collaboration. Upper Saddle River: Pearson Merrill Prentice Hall.

ZENTALL, S.S. & LEE, J. (2012). "A reading motivation intervention with differential outcomes for students at risk for reading disabilities, ADHD, and typical comparisons". In: *Learning Disability Quarterly*, 35 (4), p. 248-259.

ZIMMERMAN, B.J. (2000). "Self-efficacy: An essential motive to learn". In: *Contemporary Educational Psychology*, 25 (1), p. 82-91.

Índice analítico*

Abouchaar, A. 20
ACE *Spelling Activities* (Moseley) 92
ACE *Spelling Dictionary* (Moseley & Nicol) 92
Acessibilidade do material didático 164
Adams, J.W. 121
Adams, K. 123
Adelman, P.B. 120, 141
Adler, F. 60
Adolf, S.M. 24
Advanced ACE Spelling Dictionary (Moseley) 92
Alderfer, C. 52
Alderfer, teoria ERC de 52-53, *53*
Alexander, D.K. 129
Ali, J. 14
Al-Malki, M. 13
Al-Sharhan, A. 127, 128, 129, 144
Alunos; cf. Estudantes
Ambiente
  estudantes sentindo-se à vontade na escola 163
  necessário para estudantes TDAH/EBD 123-125
American Psychiatric Association [Associação Americana de Psiquiatria] 102, 121
Ames, C. 45, 69
Amizades 163

Anagnostou, I. 131
Anderman, E. 128
Anderson, A.J. 122
Anderson, M.C.M. 29
Anderson, P.L. 19, 142
Andreassen, A.B. 139
Ansari, D. 102
Anyone Can Spell It (Fletcher & Caplan) 93
Applegate, A.J. 30
Applegate, M.D. 30
Aprendizagem/aprendizado; cf. Tarefas específicas de aprendizagem
Aronson, J. 140
Ash, K. 149
Assor, A. 154
Atitudes
  crenças dos estudantes e 72
  sentimentos dos pais em relação à escola 154
Atividades de pré-escrita 95
Atividades extracurriculares 73, 157
Atkinson, J.W. 15
Autoavaliação na leitura 84, 85-86
Autoconceito
  autoestima dos estudantes 77-78, 103-105, 131-133
  diferenças individuais e desenvolvimentais afetando o 141-143

---

* A numeração de página em *itálico* indica figuras no texto; o **negrito** indica as tabelas

discalculia e 102-105
dislexia e 76-78
dispraxia e 114
intervenções para 138-141
motivação, autoavaliação e 131-135
questões de baixo autoconceito 131, 142-144
resiliência na aprendizagem 16-17, 132-135, 136-138
Automotivação
  categorias de 45-47
  dificuldades de leitura e 81
Autonomia 72
Autoquestionamento 83
Avaliações
  avaliação de fontes motivacionais 47, 48, **48**
  dificuldade da tarefa *42*, 70-71
  lendo autoavaliações 85, 86
  matemática 105-108
  métodos para 69

Babur, N. 30
Baer, R.A. 126
Baixo autoconceito; cf. Autoconceito
Balfanz, R. 156
Banda, D.R. 142
Bandura, A. 74, 135, 136, 142
Barkley, R.A. 33, 120, 123, 125, 130
Barrington Stoke 85
Barry, L.M. 125, 126
Barry, N. 45, 72
Bay, D. 69
Beasley, T.M. 33
Becker, B.E. 136
Bellas, V. 153
Bender, W.N. 132
Benefícios do emparelhamento na leitura 79, 85-87
Benevides, T. 30
Berch, D.B. 33
Betts, J.E. 14

Bishop, D.V.M. 27, 31
Blenkhorn, P. 28
Blythe, P. 114
Bogdanowicz, K.M. 160
Bogdanowicz, M. 160
Boldeman, S. 150
Bos, C. 30
Botez, N. 63
Bow-Thomas, C.C. 33
Bowyer-Crane, C. 28
Bradley, L. 20
Breen, R. 159
Brewer, E. 64
Bridgeland, J. 12
Brooks, P. 31, 33, 143
Brophy, J. 64
Broussard, S. 12, 45, 60
Brown, A. 84
Brown, P.J. 140
Bruck, M. 25
Bruster, D.B. 22
Bryant, P. 20, 24
Bugden, S. 102
Bullis, M. 122
Burden, R. 133, 140
Burdett, J. 133, 140
Burgess, D. 64
Burton, S. 140
Bussing, R. 125
Butrowsky, I.S. 131
Buzukashvily, T. 152-153
Byrne, D. 14

Cain, K. 24, 27
Cairns, R. 73, 157
Caligrafia 93
Calson, C.L. 129
Cantor, N. 134
Caplan, M. 93
Carroll, A. 123
Casserly, A.M. 133, 140
Castro, M. 124

Catchwords, série de livros 93
Catts, H.W. 24, 27
Celebrando o sucesso 162-163
Chabay, R. 67
Chan, L.K.S. 133
Chapman, J.W. 19, 24, 28, 132, 142
Chard, D.J. 23
Chinn, S. 101, 102-104
Choi, E. 140
Christenson, S. 123
Chu, S. 123
Clarke, P.J. 28, 29
Cobb, B. 126
Cocksey, J. 28
Cogmena, S. 29
Colaboração 164
Cole, M. 39, 159, 168
Collins, K.W. 128
Competência percebida dos pais 153-155
Compreensão da leitura 83
Computer Clubhouse Network 147-148
Conderman, G. 126
Condicionamento operante 49
Conners, C.K. 125
Construtos pessoais, teoria dos 133
Coombes, J. 149
Cooper, H. 153, 154
Cooper, P. 124, 125
Coopersmith, S. 132
Covington, M. 14, 129, 134
Crenças e atitudes dos estudantes 72
Crianças; cf. Estudantes
Crocker, J. 132
Croft, A. 43
Crossbow Education 91, 148

DAEs; cf. Dificuldades de aprendizagem específicas
Daki, J. 14, 140
David, B. 67, 68
Davis, B. 63

De Castella, K. 14, 134
Debus, R.L. 134
Deci, E. 11, 40, 42, 44, 56, 61, 66, 73, 129, 155
DeFries, J.C. 121
DeGroot, E. 16
Dehaene, S. 33
Dejong, J. 65
Dejud, C. 123
Denicolo, P. 133
Dennison, P.E. 114
Denston, A.J. 137, 142
Desamparo aprendido 76, 133-134
Desempenho
  autoestima relacionada à realização 131-134
  efeito da dislexia no 80-81
  resiliência e tarefa 15-18
Desenvolvimento cognitivo
  dislexia e 79-81
  ensinando estratégias metacognitivas de leitura 82-83
  zona de desenvolvimento proximal 70-73, *71*
Desforges, C. 20
Diferenças desenvolvimentais
  autoconceito e desenvolvimento 140-143
  avaliação 163
  disgrafia 94-95
  cf. tb. Discalculia; Dislexia; Dispraxia
Dificuldades de aprendizagem específicas
abordagens 166-167
  identificação precoce e intervenção 166-167
  motivação educacional 11-14
  aprendizagem como motivação 17-31
  revisão de literatura sobre 30-34
  pesquisa sobre a motivação de pessoas com 12-18

cf. tb. os tipos específicos de
  dificuldades
Dificuldades de atenção
  matemática 105-106
  TDAH e 120-123
Dificuldades de coordenação motora
  características da dispraxia 114-118,
    116-118
  ethos escolar e 118-119
  intervenções para 113-116, **116-118**
  sobre 113
Dilulio, J. 12
Discalculia desenvolvimental (DD) 102
Discalculia
  características da 33-34, 101-102
  identificação e rotulagem 102-105
  sobrepõe-se à dislexia 34, 103
Disgrafia 94-95
Dislexia
  ajudando a criar sucessos na
    leitura 78
  autoestima e 77
  compreendendo 79-81
  discalculia se sobrepõe 34, 103
  ensinando crianças com 81-83
  pesquisa sobre 25-26
  recursos e auxílios para a 85-86
Dispraxia
  características da 114-118
  escrita e 32-33
  sobre 113
  cf. tb. Dificuldades de coordenação
    motora
Diversidade cultural 162
Doelinger, H.L. 25
Doll, B. 136
Dornyei, Z. 40, 44, 46
Draffan, E.A. 28
Duchnowski, A.J. 122
Duke, N.K. 29
DuPaul, J.G. 123, 126
DuPre, E.A. 29

Durik, A.M. 15
Dweck, C. 72, 74, 128, 134
Dyslexia (revista) 114

Eccles, J. 15, 59, 72, 151
Ehri, L.C. 21, 24
Eilers, H.L. 29
Ekwall, C. 83
Ekwall, E. 83
Elam, B. 128
Elbaum, B. 138, 142
Elbeheri, G. 13, 31, 33, 80
Elbro, C. 19, 25
Elikai, F. 69
Elliot, A. 128
Ellis, A. 21, 31
Ensino recíproco da leitura 84-85
Entwisle, D. 60
ERG, teoria 52-54, *53*
Escolas
  atitudes dos pais em relação à 154
  atividades extracurriculares 73, 157
  estudantes sentindo-se à vontade
    na 163
  ethos na 118, 161-166
  Inventory of School Motivation
    [Inventário de Motivação Escolar] 14
  papel na motivação 151-153
  programas de motivação
    direcionados na 156
  Student School Engagement Measure
    [Medida de engajamento estudantil
    na escola] 14
Escrita
  atividades pré-escrita 95
  caligrafia 93
  desafios na 93-95
  desenvolvendo independência na 99
  disgraphia e 94-96
  dispraxia e 32
  elaboração de ensaios 97-98
  estratégias para ortografia 89-93

feedback para a 99
fornecendo esquemas para a 96-97, *96*
garantindo a motivação para a 98
Esquemas para a escrita 96-97, *96*
Estratégias metacognitivas para a leitura 82
Estratégias visuais
  imagens visuais para a leitura 81-84
  ortografia 89-92
Estudantes
  atividades de pré-escrita para 95
  atividades extracurriculares para 73, 157
  autoavaliações de leitura 84
  autoestima dos 76-77, 103-105, 131-134
  automotivação pelos 46-48
  características motivacionais dos 57-62
  crenças e atitudes 72
  desafios na escrita para os 93-95
  dificuldade das tarefas para os *42*, 70-73
  efeito da dislexia nos 79-81
  efeito da gestão de sala de aula sobre os 68-70
  efeito da motivação nos 40-42, *41*
  efeito das diferenças de desenvolvimento nos 141-143
  encorajando o autoquestionamento 83
  ensinando estudantes com dislexia 81-83
  feedback 66-67
  influência dos métodos de avaliação nos 69
  necessidades motivacionais dos *41*, 47, **48**
  resposta às qualidades do professor 64
  sentimento de pertença 162
  sentindo-se à vontade na escola 163
  cf. tb. Hierarquia das necessidades
Evans, D.G. 28
Evans, S.W. 125
Evasões 156
Everatt, J. 13, 25, 26, 29, 31, 33, 35, 80, 127, 128, 129, 134, 143

Fabiano, G.A. 126
Família
  competência percebida 153-154
  papel dos pais em casa 155
  papel na motivação 151-152
  qualidade *versus* quantidade do envolvimento familiar 152
  cf. tb. Pais
Faraone, S.V. 125
Farmer, M. 25
Fator/es de motivação
  atividades extracurriculares 73, 157
  crenças e atitudes como 72
  dificuldade da tarefa como 70-71, *71*
  esquema para a 73-75, **74, 75**
  feedback e 66-67
  gestão de sala de aula e 68-69
  métodos de avaliação 69
  métodos dos professores como 65-66
  personalidade do professor como 64
  visão geral 63
Fawcett, A.J. 114
Feedback
  características do 165
  fornecendo f. sobre a escrita 99
  fornecendo f. sobre a matemática 107
  motivação para a leitura com 86
  papel do f. na motivação 67-68
Felton, S. 69
Ferguson, R. 155
Fidler, R. 25, 26, 29
Field, H. 39
Fielding-Barnsley, R. 30
Figarola, P.M. 127

Fitzgibbon, G. 131
Fleming, J.S. 154, 155
Fletcher, D. 135
Fletcher, H. 93
Foorman, B.R. 30
Forrest-Bank, S.S. 13
Fox, A. 114
Fredrick, L.D. 139
Friendly, R. 153
Frith, U. 24, 32

Galanter, E. 55
Gans, A.M. 140
Garrison, M. 12, 45, 60
Geary, D.C. 33
Gênero e motivação 59
Gerber, P.J. 132
Gersten, R. 23
Gestão de sala de aula 68-69
Ghany, D.L. 140
Ghilay, R. 138
Ghilay, Y. 138
Gillon, G.T. 20, 22
Gilman, R. 73
Gilroy, D. 29
Ginsberg, R. 132
Giorcelli, L.R. 124
Gjessing, H.J. 132
Glasser, W. 55
Glazzard, J. 140
Gloeckner, N. 128
Goldberg, R. 132
Gonzalez-DeHass, A. 153
Gottfried, A.E. 11, 40, 44, 59, 60, 154, 155
Gottfried, A.W. 59, 154, 155
Gough, P.B. 24, 27
Graham, P.J. 120
Graham, S. 13, 39, 142, 168
Green, S. 78, 79
Greenbaum, P.E. 122
Gregg, N. 28
Gresham, F.M. 122

Groisser, D. 34
Grolnick, W. 153
Guay, F. 40, 59
Guthrie, J.T. 14, 65, 66

Hallahan, D.P 13
Hambley, H. 114
Hancock, D. 65
Harackiewicz, J. 44, 65, 66, 72
Hardre, P. 64
Hargrove, G. 114
Harring, J.R. 24
Harris, D.N. 128
Harris, K.R. 126
Harris, S. 39
Harter, S. 132, 143
Hatcher, P.J. 21
Hattie, J. 123, 130
Hayes, L. 35
Hazel, C.E. 14
Hedin, L. 126
Heikkila, E. 22
Heiligenstein, E. 123
Heine, S.J. 132, 142
Hendin, H.M. 132
Henik, A. 33
Hepper, P.G. 114
Hettinger, C.C. 17, 140
Heubeck, B.G. 120
Hidi, S. 44, 65, 66, 72
Hierarquia das necessidades
    segundo Alderfer 52-53, *53*
    segundo Maslow 15, 50-52, *51*, 53
    segundo McClelland 53, **54**
Hinshaw, S.P. 120
Hitch, G.J. 33
Hoagwood, K.E. 138
Hock, M.F. 29
Hodder Wayland 85
Hogan, T.P. 24
Holbein, M. 153
Holmes, A. 28

Hong-Nam, K. 29
Hoover, W.A. 24, 27
Hornby, G. 20
Horner, R. 123
Hornstra, L. 140
Howlett, C.A. 89
Hughes, L. 124, 125
Hughes, M.T. 28
Hughes, T.A. 139
Huitt, W. 48, **48**, 74, **75**
Hull, C.L. 15
Hulme, C. 20
Humphrey, N. 120, 133, 140
Huntington, D.D. 132

Idade e motivação 60
Incentivo *41*
Instance, D. 150
Interesses 43
Intervenções
  autoconceito 137-141
  desenvolvendo habilidades de leitura 78
  habilidades para a matemática 104-107
  identificação precoce e 166
  para dispraxia 113-116, **116-118**
  prevenção à evasão 156
  programas de Resposta à Intervenção 22-25
  usadas para TDAH/EBD 123-126
Inventory of School Motivation [Inventário de Motivação Escolar] 14

Jackson, N.E. 25
Jenson, J.M. 13
Johnson, B. 153
Johnson, M. 16
Jones, A. 103
Jones, S.M. 138
Jorm, A.F. 120
Joshi, R.M. 30
Juel, C. 21

Kamann, M.P. 127
Kamhi, A.G. 27
Kaplan, A. 152-153
Kaplan, H. 154
Karlsen, B. 132
Katz, I. 152-153, 155
Kauffman, J.M. 13
Keller, J.M. 56
Keller, modelo ARCS de 56, **56**
Kenny, M.C. 140
Kenrick, D.T. 15
Kern, L. 123
Kindersley, K. 103
Kirby, A. 113
Klauda, S.L. 15
Kleitman, S. 157
Knight, A. 22
Knivsberg, A.N. 139
Kober, N. 11, 70, 73, 156
Koestner, R. 42
Kools, M. 150
Koukoura, K. 131
Kukla, A. 134
Kuklinski, M.R. 140
Kutash, K. 122

Lackaye, T.D. 141
Lafaele, R. 20
Lane, K.L. 122, 123
Lange, G. 59
Lauth, G.W. 120
Lawrence, D. 132
Leather, C. 132
Leavell, A.G. 29
Lee, J. 23
Lee, Y. 123
Lefl y, D.L. 30
Leitura
  associando significado a 84
  ativando o conhecimento prévio com a 83

autoavaliação da 84, 85
autoestima dos estudantes e 77
como habilidade fundamental 81
compreendendo a dislexia 79-81
ensino recíproco da 84-85
estabelecendo metas 86
estratégias metacognitivas para 82
fatores motivacionais para a 24-31, 76, 87
feedback na 86
intervenção precoce no desenvolvimento de habilidades 78
monitorando a compreensão 83
realização e motivação 77
recompensas para a 78-79
recursos e suporte para 85-87
tarefas andaimes [*scaffolding*] 84
usando imagens visuais com 81,82
Lepper, M. 67
Leung, C.-H. 140
Levitt, F. 30
Lewandowski, L.J. 120
Lewis, C. 33
Lewis, H.W. 138
Lewis, M. 81
Lindsay, J. 153
Lindsay, R. 159
Linnenbrink-Garcia, L. 128
Lista de palavras 89-90, **90**
Literacia 79
Livros para leitores relutantes 85
Lloyd, G. 124
Loades, M.E. 35
Locke, E. 128
Lockiewicz, M. 160
Long, J.D. 33
Longdon, W. 114
Lorusso, M.L. 22
Lundberg, I. 20
Lure of the Labyrinth 147
Luthar, S.S. 136, 140
Lyon, M.A. 136

Macintyre, C. 113, 115, 118
Mackowiak, K. 120
Maehr, M.L. 128
Mahoney, J. 73, 157
Malone, S. 120
Maloney, E. 33
Mann, M. 129
Mannuzza, S. 125
Mapas mentais 83
Margalit, M. 13, 141
Mariani, M. 123
Marsh, H.W. 134, 136, 157
Martin, A.J. 49, 128-129, 134, 136
Maslow, A.H. 15
Maslow, hierarquia das necessidades de 15, 50-53, *51*, 54
Mastroyannopoulou, K. 35
Matemática
  aumentar a motivação em 103-104
  avaliação e identificação de dificuldades em 105-107
  dicas motivacionais para 101, 107-111, **111**, 112
  discalculia 32-33, 101-103
  habilidades de intervenção para a 104-105
  sobreposição, dislexia e discalculia 33, 103
Mather, N. 13, 30, 135
Mathur, S.R. 120
Mattison, R.E. 120
Mazzocco, M.M.M. 33
McBride, H.E. 120
McCartney, K. 140
McClelland, D. 53, **54**
McClelland, Teoria das necessidades adquiridas de 53, **54**
McConaughy, S.H. 120
McDougall, S.J.P. 31
McInerney, D.M. 14
McKinney, J.D. 120
McLean, A. 161

McLoughlin, D. 131
McNamara, D.S. 29
McNeill, B. 32
McNeill, B.C. 30
McPhillips, M. 114
Meier-Hedde, R. 19, 142
Melby-Lervåg, M. 30
Mellard, D.F. 29
Melnic, A.S. 63
Memória e matemática 105
Messer, J.J. 125, 126
Metas de desempenho 45
Metas/objetivos
   estabelecendo metas realistas 164-165
   leitura 85
   valores, interesses, e 44-46
   valor motivacional das 44
Meyers, J. 73
Michael, W.B. 128
Michaels, C.R. 120
Milani, A. 22
Miles, T.R. 29, 78, 120
Miller, G.A. 55
MIND Research Institute 147
Moat, L. 93
Moats, L.C. 30
Modelo ARCS 56, **56**
Modificação comportamental 50
Mokhtari, K. 29
Molteni, M. 22
Monaco, A.P. 30
Monitoramento da compreensão da leitura 83
Monk, A.F. 31
Montague, M. 124
Mooney, P. 126
Morison, K. 12
Moseley, D. 92
Mosley, J. 77
Motivação de domínio específico 59
Motivação extrínseca 42-44, *43*
Motivação intrínseca 41, 42-44, *43*

Motivação
   características da 59-62
   categorias de automotivação 46-48
   compreendendo os fatores da 38-40
   definição 39
   dicas de matemática 101, 107-111, 112
   estratégias para a leitura 76-87
   estrutura em torno da 158-159, *160*
   ethos escolar e 161-166
   extrínseca 42-44, *43*
   fontes e avaliação da 47, **48**
   fornecendo um esquema para a 73-75, **74, 75**
   intrínseca 41, 42-44, *43*
   para professores 168-170
   processo de *41*
   recompensas como 60-62
   significado de 40-41
   usada para dificuldades de coordenação **118**
   valores, metas e 44-46, **44**
   cf. tb. Fatores de motivação; Teorias motivacionais
Motivation for Reading Questionnaire [Questionário de Motivação para Leitura] 14
Mruk, C.J. 133, 141
MTA Cooperative Group 125
Mulhern, G. 114
Mullins, P.M. 133
Murray, A. 73, 74
Murray, L. 154

Nasser, R. 14
Natali, M. 33
Nathanson, S. 30
Nation, K. 22, 27, 28
National Research Council [Conselho Nacional de Pesquisa] (Estados Unidos) 11, 61
Necessidades motivacionais dos estudantes *41*, 47, **48**

Newbury, D.F. 30
Nicholson, T. 22
Nicol, C. 92
Nicolson, R. 32, 114
Nielsen, I. 25
Niemi, P. 139
Nietzel, M.T. 126
Norbury, C.F. 27
Norem, J.K. 134
Norris, C. 124

O'Connor, E. 140
Oakhill, J. 24, 27
Objetivos de domínio 44
Ofiesh, N. 13, 135
Oka, E.R. 133
Olofsson, A. 20
Olson, R.K. 30
Omizo, M.M. 128
Ortografia oral simultânea 91-92
Ortografia
  dificuldades em 101
  estratégias visuais para 90-91
  lista de palavras para 89-90, **90**
  materiais de recursos para 92, 93
  oral simultânea 91-92

Pachran, P. 69
Pais
  atitudes em relação à escola 154
  competência percebida 153-154
  qualidade do envolvimento dos 152
  regras de casa 155
Pajares, F. 16
Palincsar, A. 84
Paracchini, S. 30
Paris, S.G. 24, 26, 133
Park, L.E. 132
Patall, E.A. 128
Paul, G. 128
Pearson, P.D. 29
Peele, M. 123

Peetsma, T. 149
Pelham, W.E. 126
Pellitteri, J. 13, 139
Pennington, B.F. 30, 34, 121
Perez, L. 73
Pesquisa sobre DAEs
  aprendizado como motivação 17-31
  entendendo a motivação para DAEs 13-17
  motivação educacional 11-13
  tipos de dificuldades pesquisadas 31-34
Petersen, D.K. 19, 25
Peterson, C.L. 24
Peterson, R.L. 120
Peterson, S.S. 30
Piaget, J. 70
Pidgeon, E. 32
Pierson, J.M. 139
Pinkley, C. 29
Pintrich, P. 16, 42, 73
Polychroni, F. 131
Pope, M. 133
Portwood, M. 32, 113
Prensky, M. 145
Pressley, M. 20
Pribram, K.H. 55
Prochnow, J.E. 19, 22
Professores
  adotando estratégias de aprendizagem 166-168
  apreciação de fatores motivacionais 63
  associando significado à leitura 84
  ativando conhecimento prévio 83
  avaliação de fontes motivacionais 47, 48, **48**
  avaliando a dificuldade das tarefas 70-72, *71*
  compreendendo as crenças e atitudes dos estudantes 72
  encorajando o autoquestionamento dos estudantes 83

ensinando aqueles com dislexia 81-82
ensino recíproco de leitura 84
esquema para a motivação 73-75, **74, 75**
ethos positivo em relação à dispraxia 118
feedback para os estudantes 66-68
fornecendo atividades extracurriculares 73
gestão de sala de aula 68-69
métodos de avaliação pelos 69
métodos de ensino e motivação 65-66
motivação para 168-170
personalidade e motivação 64
tarefas de aprendizagem andaimes [*scaffolding*] 84
trabalho em equipe com as DAEs 167
usando recompensas 42-43, *43*
cf. tb. Intervenções
Programa Dore Dyslexia Dyspraxia Attention Desorder Treatment (DDAT) [Tratamento de Dislexia Dispraxia Transtorno de Atenção] 114
Pruslow, J. 30
Pullen, P.C. 23
Purdie, N. 123
Purvis, C.J. 30

QI e motivação 59
Qualidades pessoais dos professores 64
Quinn, M.M. 120
Quirk, M.P. 139

Rack, J.P. 32
Ramsey, E. 122
Ramus, F. 32
Ratey, N. 128
Realização
  autoestima relacionada à 131-133
  desempenho ativando o conhecimento prévio 83

motivando a leitura 77
teorias sobre a necessidade de 53, **54**
cf. tb. Metas
Recompensas
  papel na leitura 78-79
  usadas como motivação 60-62
  cf. tb. Motivação
Recursos materiais
  para a leitura 85-86
  para ortografia 91, 92
  cf. tb. Tecnologia assistiva
Redação de um ensaio 97-98
Reforço, teoria do 49-50
Regras da casa dos pais 155
Reid, G. 13, 78, 79, 116, 124
Reid, R. 121
Reiff, H.B. 132
Resiliência na aprendizagem 16-17, 134-135, 136-138
Reyes, M.R. 138
Reynolds, D. 114
Ricketts, J. 28
Riddick, B. 25, 120, 132
Rigby, C. 42
Ritchey, K.D. 23, 24
Ritchman, N. 120
Roberts, G. 23
Robins, R.W. 132
Roe, B. 65
Roeckelein, J.E. 49
Rosenberg, M. 132
Rosenthal, J.H. 132
Roth, G. 154
Rotter, J.B. 55
Rourke, B.P. 32
Rubinsten, O. 33
Rupley, W.H. 24
Rutherford, R.B. 120, 122, 123, 130
Rutter, M. 135
Ryan, R. 11, 40, 42, 44, 56, 73, 129, 155

Saracaloglub, A.S. 29
Sarkar, M. 135
Savage, R.S. 14, 140
Sawyer, J.A. 140
Scholz, U. 142
Schoon, I. 135
Schuhmann, P. 69
Schuitema, J. 149
Schunk, D.H. 16
Schwanenflugel, P.J. 139
Scratch 147
Semrud-Clikeman, M. 121
Sencibaugh, A.M. 139
Sencibaugh, J.M. 139
Sénéchal, M. 20
Shaffer, D. 146
Share, D.L. 31
Sheorey, R. 29
Shimabukuro, S.M. 126
Short, E.J. 125
Shroff, R. 149
Shulruf, B. 157
Sideridis, G.D. 133
Siegel, L.S. 31, 120
Silverman, R.D. 24
Silvestri, R. 28
Skinner, B.F. 43, 49
Sleeper-Triplett, J. 128
Smart Kids 148
Smiley, P.A. 134
Snow, C.E. 21
Snowling, M.J. 20, 22, 27, 30, 31, 88
Sobre este livro 34-37
Sorensen, L.G. 13, 140
Speece, D.L. 24
Spelling for Life (Stone) 93
Spence, K.W. 15
Spitzer, B. 140
Stackhouse, J. 32
Stanley, E. 22
Stanovich, K.E. 31
Stanovich, P.J. 25, 31, 120

Sterling, C. 25
Stetter, M.E. 28
Stevenson, J. 120
Stipek, D. 43, 47, 50, 60, 66, 68, 69
Stone, L. 93
Stoner, G. 123
Stout, V. 65
Stuck, M. 128
Student Engagement Instrument [Instrumento de Engajamento do Estudante] 14
Student School Engagement Measure [Medida de engajamento estudantil na escola] 14
Sucesso
 celebração do 162
 construindo o sucesso na leitura 77
Sugai, G. 123
Sullivan, D. 64
Swanson, H.L. 120
Swanson, J.M. 125
Sztajn, P. 128

Tarefas de aprendizagem andaimes [*scaffolding*] 84
Taylor, M.F. 114
TDAH/EBD
 aprendizagem, ambiente e motivação para 123-125
 características de 120-123, 130
 medicação e intervenções psicossociais para 125-130
 sobreposição de deficiências com 33
Techies Club 147
Tecnologia assistiva
 customização e 146
 papel da 145, 149
 tecnologia interativa e mídias sociais 149
 vídeos interativos e jogos de literacia 146-148

Tecnologia
  customização da 146
  mídias sociais e interatividade 149
  papel da 145, 149
  vídeos interativos e jogos de literacia 146-148
Teoria da autodeterminação 56
Teoria do lócus de controle 54
Teorias da expectância/expectativa e motivação 15-16, 57-58
Teorias da motivação 49-62
  Alderfer, teoria ERG de 52-53, *53*
  características motivacionais 59-62
  Keller, modelo ARCS de 56-57, **56**
  Maslow, hierarquia das necessidades de 15, 50-52, *51*
  McClelland, teoria das necessidades adquiridas de 53, **54**
  resiliência no aprendizado 16-17, 134-135, 136-138
  teoria da autodeterminação 56
  teoria do *locus* de controle 54
  teoria do reforço 49-50
  tipos de 49
  Vroom, teoria de 57-58
Textos diferenciados 85
Therriault, D. 29
Therrien, W.J. 142
Thiede, K.W. 29
Thompson, P.A. 30
Thorndike, E. 49
Tomada de notas 110, **111**
Tonks, S. 15
Torgesen, J.K. 19
Torppa, M. 30
Transtorno do défice de atenção e hiperatividade; cf. TDAH/EBD
Transtorno específico do desenvolvimento motor (CID-) ou Transtorno da coordenação motora (DSM-); cf. dispraxia
Transtornos comportamentais; cf. TDAH/EBD
Transtornos emocionais e comportamentais; cf. TDAH/EBD
Tridas, E.Q. 124
Trout, A.L. 122
Trzesniewski, K.H. 132
Tunmer, W.E. 19, 22, 24, 27, 28
Turner, J. 65, 72
Turner, J.C. 24
Turner, L. 153
Tyson, D.F. 128

UK Department for Education and Skills [Departamento de Educação e Habilidades do Reino Unido] 102
Umbreit, J. 123
UniqBio 147
Usher, A. 11, 70, 73, 156
Usher, E. 16
Ushioda, E. 40, 44, 46

Valores
  definidos 44
  encontrados num ethos escolar positivo 161-166
  metas e valores motivacionais 44
Van der Veen, I. 149
Varma, V. 120
Vaughn, S. 23, 120, 138, 142
Vellutino, F. 23
Ver, Cobrir, Escrever e Checar, estratégia em ortografia 90-91
Verhulst, S.J. 128
Vida, M. 15
Vídeos interativos e jogos de literacia 146-148
Vile-Junod, R.E. 123
Visser, J. 32
Vogel, D. 149
Vogel, S.A. 120, 141
VonSecker, C. 65
Vostanis, P. 123
Vroom, teoria da motivação de 57-58

Vroom, V.H. 57
Vygotsky, L. 70
Vygotsky, zona de desenvolvimento proximal de 70-72, *71*

Walker, H.M. 122
Walker, P. 33
Wall, S. 20
Wang, M. 151
Wanzek, J. 139
Wasik, B.A. 24
Weeks, S. 143
Weiner, B. 13, 39, 41, 55, 134, 142, 168
Weinstein, R.S. 140
Wells, B. 32
Welsh, M.C. 34
Wentzel, K. 66
Wigfield, A. 14, 59, 65
Willcutt, E.G. 121
Willems, P. 153
Williams, D.M. 16
Willingham, D. 61
Willows, D.M. 131

Wilmhurst, L. 123
Wilson, A.J. 33
Wilson, J.T. 63, 66
Wilson, K. 150
Wilson, V.L. 24
Wolters, C.A. 128
Wong, B.Y.L. 127
Wray, D. 81, 83
Wyman, P. 137

Yao, Y. 33
Young, V. 131
Yovanoff, P. 122
Yuill, N. 27

Zabell, C. 35
Zaman, M. 142
Zentall, S.S. 23, 123
Zimmerman, B.J. 135
Zona de desenvolvimento proximal 70-72, *71*
Zusho, A. 128

CULTURAL
Administração
Antropologia
Biografias
Comunicação
Dinâmicas e Jogos
Ecologia e Meio Ambiente
Educação e Pedagogia
Filosofia
História
Letras e Literatura
Obras de referência
Política
Psicologia
Saúde e Nutrição
Serviço Social e Trabalho
Sociologia

CATEQUÉTICO PASTORAL
Catequese
   Geral
   Crisma
   Primeira Eucaristia

Pastoral
   Geral
   Sacramental
   Familiar
   Social
   Ensino Religioso Escolar

TEOLÓGICO ESPIRITUAL
Biografias
Devocionários
Espiritualidade e Mística
Espiritualidade Mariana
Franciscanismo
Autoconhecimento
Liturgia
Obras de referência
Sagrada Escritura e Livros Apócrifos

Teologia
   Bíblica
   Histórica
   Prática
   Sistemática

REVISTAS
Concilium
Estudos Bíblicos
Grande Sinal
REB (Revista Eclesiástica Brasileira)

VOZES NOBILIS
Uma linha editorial especial, com importantes autores, alto valor agregado e qualidade superior.

VOZES DE BOLSO
Obras clássicas de Ciências Humanas em formato de bolso.

PRODUTOS SAZONAIS
Folhinha do Sagrado Coração de Jesus
Calendário de mesa do Sagrado Coração de Jesus
Agenda do Sagrado Coração de Jesus
Almanaque Santo Antônio
Agendinha
Diário Vozes
Meditações para o dia a dia
Encontro diário com Deus
Guia Litúrgico

CADASTRE-SE
www.vozes.com.br

EDITORA VOZES LTDA.
Rua Frei Luís, 100 – Centro – Cep 25689-900 – Petrópolis, RJ
Tel.: (24) 2233-9000 – Fax: (24) 2231-4676 – E-mail: vendas@vozes.com.br

UNIDADES NO BRASIL: Belo Horizonte, MG – Brasília, DF – Campinas, SP – Cuiabá, MT
Curitiba, PR – Fortaleza, CE – Goiânia, GO – Juiz de Fora, MG
Manaus, AM – Petrópolis, RJ – Porto Alegre, RS – Recife, PE – Rio de Janeiro, RJ
Salvador, BA – São Paulo, SP